傣语四音格研究

吴东海 著

中国社会科学出版社

图书在版编目(CIP)数据

傣语四音格研究/吴东海著 . —北京:中国社会科学出版社,2016.6
ISBN 978 - 7 - 5161 - 8471 - 4

Ⅰ.①傣… Ⅱ.①吴… Ⅲ.①傣语—语音—研究 Ⅳ.①H253.1

中国版本图书馆 CIP 数据核字(2016)第 146147 号

出 版 人	赵剑英
责任编辑	郭 鹏
责任校对	朱妍洁
责任印制	李寡寡

出 版	中国社会科学出版社
社 址	北京鼓楼西大街甲 158 号
邮 编	100720
网 址	http://www.csspw.cn
发 行 部	010 - 84083685
门 市 部	010 - 84029450
经 销	新华书店及其他书店

印 刷	北京金瀑印刷有限责任公司
装 订	廊坊市广阳区广增装订厂
版 次	2016 年 6 月第 1 版
印 次	2016 年 6 月第 1 次印刷

开 本	710 × 1000 1/16
印 张	14.25
插 页	2
字 数	241 千字
定 价	56.00 元

凡购买中国社会科学出版社图书,如有质量问题请与本社营销中心联系调换
电话: 010 - 84083683

目　　录

序

　　四音格是汉藏语系各语言一种独特的语言现象，它给语言添加了无限的表现力，使语言韵味无穷，充满生机 。

　　傣语中的四音格同样丰富多彩，又有它自身的特点，同样吸引着研究者的关注。近年来有人研究德宏傣语、金平傣语中的四音格，至于西双版纳傣语的四音格，我记得 20 世纪 80 年代初，我的老朋友巫凌云和他的夫人张秋生合写过一篇《西双版纳傣语中的四音格结构 》的文章，这大概是关于西双版纳傣语四音格的第一篇文章，也是傣语四音格研究的开篇之作了。现在看着吴东海关于西双版纳傣语四音格的论文，想起老友巫凌云已作古多年，心中不胜苍凉。

　　吴东海的论文在材料的收集上已相当全面，在理论观点上较 20 世纪的研究有了较大的跨越，已经是一篇带有 21 世纪特点的成果了，读来令人喜悦。如今他又在论文基础上作了补充修改，作为专著出版，值得庆贺 。

　　在《走向 21 世纪的语言科学 》这篇文章中，我曾经说过："21 世纪的语言学必将实现一次思维框架的转换，即从理论到方法都将焕然一新 。这个新的思维框架，与当代的社会实际 、时代思潮和科学发展紧密联系，将使语言学在理论和方法上引起划时代的变革 。"这个变革首先表现在语言研究与文化的结合上，即将语言与文化联系起来，将语言纳入文化的大范围之中 。其次是方法上对语言作非线性的分析，即从浑沌学的理论和方法来研究语言问题 。这两点在吴东海的著作中都已经有所体现。这部著作既重视应用传统语言学的方法，归纳、描写傣语四音格的状况，说明四音格的特征、功能和性质，又从四音格所处的复杂环境中分析其来源、组合、构成，进一步把四音格与社会文化问题联系在一起，通过四音格看其中所反映的经济关系、社会制度、日常生活、医药卫生、家庭爱情、文学艺术、宗教信仰等内容，此外还能看到四音格是一个复杂的动态系统，并认为这个复杂系统由语音流畅性、结构平行性和意义整体性三个吸引子表现出来，由此从整体上把握其变化和走向。这就是浑沌学理论和方法的运用，是一种新的观点和视角，是本书的重要特点。

19 世纪以来，语言学经历了几种思潮的变迁和更迭，从而不断得到发展。这种种思潮都带有自己的时代特色。如今我们多数人仍使用历史语言学、结构主义语言学或者转换生成语法的方法来研究各种语言现象。但是，语言学也像别的学术思潮一样，一个时代有一个时代的特色，一个时代带有一个时代的印记。时代在发展，语言学也在演进，21 世纪的语言学必然带有 21 世纪的特色。在我看来，这个特色就是对语言进行非线性分析，也就是在语言学中对浑沌学理论和方法的应用。目前，这样的想法还刚刚兴起，未必能立刻为多数人所接受，但我坚信，这是一次思维框架的转换，它已是形势所趋，势不可当。吴东海为此走出了有意义的一步。

对非语言学专业的人来说，语言学著作太枯燥，太艰涩。首先是使用的音标就把大部分读者挡在了门外，其次是表述的术语也很乏味，最后是语言学著作的语言太枯燥贫乏，缺乏吸引力。对结构主义语言学或者转换生成语法的著作来说尤其如此。如此一来，许多人对语言学实在是不敢问津了。其实，语言本身是那么生动美妙，活灵活现，为什么研究它的著作却枯燥乏味呢？这就是由于语言学长期以来把自己孤立起来，长期脱离社会文化，就语言历史讲历史，就语言结构讲结构，于是与人们的人文关怀越离越远了 。文化语言学把语言与文化联系起来,把语言纳入文化的大范围之中,自然能使自己回归到平常人的生活之中,重新获得生气 。虽然音标是语言学著作躲不开的工具和手段,但研究的视角和对人与文化的关怀有可能吸引人们更多的注意力 。试看吴东海著作最后的余论部分,他把傣族作为水的民族的那段叙述,把水的品格和四音格的特点联系起来,把水的温顺恬淡 、朴素娇柔与四音格的表现方式联系起来,余音袅袅,韵味无穷 。我想,这应该是未来语言学表达方式的方向之一 。

吴东海的著作对西双版纳傣语四音格的研究材料丰富全面,观点新颖,这是在传统语言学基础上进行新的方法论尝试的一个可贵的成果 。著作中一定还有不足之处,细心的读者肯定能提出不同的看法和意见,作者将会认真听取并不断补充修改 。作为本书最早的读者之一,希望作者再接再厉,继续作出新的成绩 。

张公瑾

2014 年 10 月 8 日于北京

第一章 概述

第一节 傣族

一 自然环境

傣族是中国五十六个民族之一，人口约一百一十六万，主要分布在云南省南部和西南部的五十多个县市，集中居住地主要有西双版纳傣族自治州、德宏傣族景颇族自治州，以及耿马傣族佤族自治县、孟连傣族拉祜族佤族自治县、新平彝族傣族自治县、元江哈尼族彝族傣族自治县等。此外，四川省金沙江流域也有少量傣族。傣族地区，多数处于祖国的边境，与缅甸、老挝、越南等国接壤，和泰国邻近。

傣族地区地处云贵高原的西端。这里，高黎贡山、怒山、哀牢山、无量山等大山逐渐趋于平缓，而怒江、澜沧江、元江又逐渐变得宽阔，于是，在这山山水水之间就形成了许多峡谷平坝，这大大小小的平坝就是傣族人民的家园。傣族坝子处于群山环抱之中，地势低矮，北边有高山做天然屏障，故冬季不受寒潮侵袭，南面临近印度洋西南季风区和太平洋东南气流区，故气候高温多雨。这里没有春夏秋冬之分，只有干湿两季或凉、热、雨三季。

由于特殊的地理位置和气候特征，傣族地区土地肥沃，资源丰富。傣族地区有"植物王国"之称，这里有保存完好的原始森林，种类繁多的奇花异草和珍稀木材。这里也是"动物之乡"，孔雀、野象名闻天下，珍禽异兽时常可见。此外，这里铜铁、金银，琥珀、水晶等矿产资源也十分丰富。

二 历史文化

傣族的族名是新中国成立后依照傣族人民的意愿，根据其自称
"tai²"确定的。各地傣族的自称又各有区别，西双版纳的傣族自称"傣
泐"，德宏的傣族自称"傣那"，元江、新平等地的傣族自称"傣雅"，
耿马、澜沧一带的傣族自称"傣绷"，金平等地的傣族自称"傣端"。中
国历代典籍对傣族的称呼也各有不同，西汉时称作"滇越"，东汉时称作
"掸"，魏晋时期称作"僚""鸠僚""骆""闽越""濮"等，唐宋时
称作"金齿""黑齿""绣脚""绣面""茫蛮""白衣"，元代称作
"白夷""金齿白夷"，明代则称作"百夷""伯夷"，到清朝以后，则
称作"摆夷""摆衣"。

多数学者认为，傣族源于古代越人族属，这是古代分布在中国南方广
大地区的一个最大族系，又称"百越"。从历史文献、考古文物来看，古
代"百越"与现在傣族有许多相同的物质文化特征，例如，水稻种植、金
属冶炼、陶器制作、干阑建筑、文身饰齿、舟楫水行等，而且，现在傣族
自称"tai²"，就来源于古代傣族先民的自称"越"。[①]

傣族居住地区，自古以来就是中国不可分割的领土。汉武帝开西南
夷，置益州郡，领域就包含有傣族地区。东汉时建永昌郡，德宏便属于永
昌郡境。唐时，德宏属南诏永昌府境，西双版纳为南诏银生节度管辖地。
元代，将德宏及其邻近地立为金齿宣抚司，分置六路总管府，西双版纳境
为车里总管府。明代建立了一套完整的土司制度，傣族地区分别建置土
司，清代基本沿袭明朝制度，傣族地区的土司制度一直延续到新中国成立
前。历代封建王朝的统一管理，加强了傣族人民与汉族和周围其他少数民
族的经济文化交流。

[①] 张公瑾：《傣族自称"tai²"来源于古越人的"越"字》，《张公瑾文集》（卷二），中央民族大学
出版社 2013 年版，第 13 页。

傣族人民居住在中国西南边陲，他们和东南亚各国家、各民族也有着长期的来往，并通过东南亚这个中介地大量接触到印度文化。傣族的民间文学和歌舞艺术与东南亚和印度文化的关系就十分密切，而小乘佛教就是在这种交往过程中传入傣族地区，并对傣族社会产生了深远影响。

第二节 傣语傣文

一 语言

傣族有自己的语言和文字。一般认为，傣语属于汉藏语系壮侗语族壮傣语支，国内同语族的语言还有壮语、布依语、侗语、水语、仫佬语、毛南语、拉珈语、黎语等，在国外与泰语、老挝语、缅甸的掸语以及印度阿萨姆邦的阿霍姆语和罕底语等都是关系很近的亲属语言。这种亲属关系与这些民族在历史上有共同渊源是一致的。

傣语主要分为两种方言，即西双版纳方言和德宏方言。前者分布地区除了西双版纳傣族自治州外，还包括孟连、金平、澜沧、普洱、元江、墨江、江城等县的傣族地区，后者除了德宏傣族景颇族自治州外，还包括耿马、双江、镇康、沧源、景谷、景东等县的傣族地区。两种方言分别以景洪话和芒市话为标准音点。

傣语的共同特点是：在语音方面，声母比较简单，只有二十个左右的辅音音位；韵母则较复杂，多达七八十个，但它们都由九个单元音（a、i、e、ε、u、o、ɔ、ɯ、ə）和八个韵尾（-i、-u、-m、-n、-ŋ、-p、-t、-k）交叉组合而成，结构整齐；两种方言都有六个舒声调和三个促声调，声调同声母、韵母都有密切的关系。在语法方面，基本语序是主语—谓语—宾语，名词修饰语在中心语之后，结果补语在动词和宾语之后，指示词后置，量词不重叠，人称代词有双数，动词和形容词可带多种形式的后附音节。词汇以单音节词根为基础，有许多汉语和巴利语借词。

　　傣语不但是傣族内部的交际工具，而且通用于当地少数民族之间。西双版纳地区的布朗族、哈尼族、佤族、拉祜族、瑶族及克木人等族际就常用傣语交际。德宏地区的德昂族、阿昌族、景颇族等，男子一般皆兼通傣语，而布朗族、德昂族还使用傣文，有的甚至完全改用傣语。这种状况可能与小乘佛教的传播有关。

二　文字

　　傣族历史上不同支系使用过四种不同形体的文字，即傣泐文、傣那文、傣绷文、傣端文。四种傣文都属于印度婆罗米字母体系，都是拼音文字，皆自左而右横书，行序自上而下。婆罗米字母是古代印度文字体系之一，后来随着佛教的传播传至东南亚各国，并衍化成南北两系的几百种文字。四种傣文都属于北系的巴利文系统。傣泐文有字母 56 个，其中声母 49 个，因声调分为高、低两组，各拼三个声调，只用两个调号，韵母系统变化复杂。傣泐文的前 41 个字母就是巴利文的所有字母，后 15 个字母是根据傣语实际语音增加的。傣泐文与老挝的经典文字、缅甸的傣痕文、泰国的兰纳傣文都很接近。傣端文是金平等地的傣文，它的表音原则与傣泐文相似，有 48 个声母、92 个韵母和 3 个声调符号，声母也是根据声调分高、低两组。傣端文与越南的白傣文、黑傣文相近，"傣端文"的意思就是"白傣文"。傣那文和傣绷文的声母都已简化成一音一符。傣那文有 19 个声母和 45 个常用韵母，没有调号，它与印度北部的阿霍姆文和罕底文接近。傣绷文有 18 个声母、8 个单韵母和 2 个复韵母，字母形式与缅文近似。形体上，傣泐文、傣绷文是圆形字母，傣那文是方形字母，傣端文方圆兼备。

　　由于文字的存在，傣族历史上留下了大量的文献典籍，其中包括著名的贝叶经。傣文文献可分为两部分：一部分为世俗文书，内容包括政治、历史、法律、道德、天文、历算、农田、水利、文学、科技、军事、语文等方面；另一部分则是宗教典籍，内容包括大宗的佛教经典和后来记录的原始宗教资料。这些都是傣族文化的精品，也是傣族社会发展的珍贵史料。

新中国成立后，国家对傣泐文和傣那文分别进行了改进。为了区别，改进前的傣文一般都称为老傣文，改进后的傣文则称为新傣文。新傣文保留了原来的字母形式和表音特点，同时，对原来的字母符号做了适当的增删和规范。改进后的傣泐文有 42 个辅音字母，分高、低两组代表 21 个辅音音位，有 90 个韵母和 2 个调号。傣那文有 19 个辅音字母，84 个韵母和 5 个调号。改进后的新傣文标音准确，形体美观，便于印刷，但历史继承性差。如今，新老傣文同时使用，而宗教领域则只用老傣文。

第三节 傣语四音格

一 研究现状

傣语四音格在傣语各方言中都普遍存在，其语言特征也基本相同。从语言状况上看，西双版纳傣语与傣族原生文化更为接近。本书主要以西双版纳傣语四音格为研究材料，除特别指出外，文中所用傣语四音格，皆属西双版纳傣语。

傣语四音格在傣语中十分丰富，无论是口语交际还是书面表达，傣族人民都喜欢使用四音格。傣语四音格也很有特色，它不仅增强了傣语的表现力，也展现了傣族文化的独特韵味。正因为这样，傣语四音格引起了很多人的兴趣，已经有越来越多的学者开始研究傣语四音格。

巫凌云、张秋生在《西双版纳傣语文概况》中说：

傣语中的四音格都由并立结构所组成，是语言中的一个重要组成部分。在句子里，四音格的作用相当于一个复合词，但有自己的一定特点。①

龚锦文在《傣文化研究》中说：

> 所谓四音格词，即由四个音节按照一定的规格组合成比较固定的词组。这种词组结构整齐，简洁精练，人们常常把它作为一个完整的单位来使用，共同表示一个概念。②

孟尊贤在《傣语四音格浅析》中说：

> 傣语德宏方言里有一种语言形式——四音格词语（以下简称为"四音格"），在口头交际、书写文章、进行翻译时都离不开它。同成语一样，它起着增强语言的表达能力的作用，有许多四音格本身就是成语。这些四音格在句子里的作用相当于词或词组。它们在语音形式、语法结构、形态变化诸方面都有着自身的特点和规律。③

郭玉萍则从近义结合和近义联用的角度，分析了相关傣语词汇的语音和结构以及用法和功能，而其中的四音节的近义结合主要是傣语四音格④。

除了上述有关傣语四音格的文章之外，还有一些傣语工具书。这些工具书在收录傣语一般词汇的同时，也收有许多傣语四音格。

《傣汉词典》，西双版纳傣族人民政府编，云南民族出版社 2002 年版。该词典所收傣语词汇用西双版纳老傣文书写，用汉语解释。全书收录了西双版纳傣语常用词约两万条，其中傣语四音格有一千多条。

《傣仂汉词典》，中国社会科学院民族研究所喻翠荣、罗美珍主编，

---

① 巫凌云、张秋生：《西双版纳傣语文概况》，云南民族出版社 1981 年版，第 68 页。
② 龚锦文：《傣文化研究》，云南民族出版社 2003 年版，第 137 页。
③ 中央民族学院少数民族语言研究所：《民族语文论丛》第一集，1984 年。
④ 郭玉萍：《傣族文化探究》，广西民族出版社 2002 年版，第 1 页。

民族出版社 2004 年出版。该词典所收傣语词汇用西双版纳新傣文书写，用汉语解释。全书收录了西双版纳傣语常用词一万三千八百余条，其中傣语四音格有八百多条。该词典在正文中对所收傣语四音格逐一加以注明，使用起来十分方便。

《汉傣泰常用会话手册》，玉康编，云南民族出版社 2001 年版。该书用汉、傣、泰三种文字分类收集了一些常用的词汇和会话，其目的可能是为不同民族之间的旅游交往服务。该书在最后把常用傣语四音格作为一类，收录了常用傣语四音格四百多个。

这些有关傣语的工具书，虽然没有关于傣语四音格的明确论述，但是从它们对傣语四音格的收录范围中，还是可以间接地得出一些对傣语四音格的认识。

二　本书思路

本书可以分为三个层级，下一个层级的研究都是在上一层级研究成果的基础上进行。

第一层级是分析总结傣语四音格的语言特征。

关于傣语四音格的语言特征，人们已经做了许多工作，但是，这些工作还不够全面。这里，本书主要做了两个方面的工作。

首先，从语言实际出发，尽量掌握语料。在研究的开始，暂时不管傣语四音格的定义，也就是不管具体语言性质，尽可能多地收集傣语四音格，掌握大量语言材料。收集的标准是，只要是傣族人民在感性上能认可的，都予以收集。本书的附录《常用傣语四音格（西双版纳）》就是这样做的结果。

其次，详细描述，全面分析。在掌握了丰富的语言材料的基础上，再对这些材料进行多方位、多角度的考察。考察力求细致，傣语四音格的各种细微特征都是考察对象；考察还力求全面，既要考察傣语四音格静态特征，还要考察傣语四音格的动态功能；考察更力求多样，既有对傣语四音格的定性分析，也有对傣语四音格的定量统计。这样做的目的是要尽可能地把傣语四音格的语言特点展现出来。

上述工作很有必要，它是整个研究的基础。没有这些工作，后面的研究都成为无源之水、无本之木。然而，这样的工作还不能代表全部，人们对傣语四音格的研究还必须要继续揭示人们对傣语四音格的理性认识。

第二个层级是认识傣语四音格的语言性质。

到目前为止，还没有一个关于傣语四音格的完整的定义。上述不同的论述，有的只是对傣语四音格部分性质的说明，而不是完整的定义。此外，各种认识并不统一，取舍范围也各不相同。因此，根据现有观点和认识，尚不能得出关于傣语四音格的一致结论。

由于傣语四音格的复杂性，本书借鉴了浑沌学的相关理论，以便人们能更好地认识傣语四音格的语言性质。

首先，用整体性方法来研究傣语四音格。在认识傣语四音格的语言性质时，不仅依据傣语四音格内部诸特征的分析，而且把傣语四音格与汉藏语系其他语言四音格进行比较，找到它们在本质上的一致性，从而对傣语四音格的语言性质做出有说服力的回答。同时，还把这种认识推及现代汉语"成语"，试图纠正人们关于汉语成语的诸多误解。

其次，用浑沌性来解释傣语四音格各种特征的存在状态。

傣语四音格有许多特征，这些特征可以在语音、结构、意义等方面有十分鲜明的表现。但是，傣语四音格各种特征并不为所有傣语四音格必然具备。如何理解傣语四音格的这些特征与傣语四音格的关系呢？浑沌学关于动态系统中的吸引子理论，客观事物的连续体性以及事物是有序与无序统一的认识等，都为理解这种复杂关系提供了理论基础。

第三个层级是探索傣语四音格与傣族文化的关系。

关于语言与文化的关系，很多学者都有论述。张公瑾先生提出，要从语言的文化性质和语言的文化价值两个方面来认识语言与文化关系。本书的《傣语四音格的产生》一章，就是把傣语四音格看作是傣族文化系统中的一员，分析了傣语四音格产生的历史背景和文化氛围，这是从语言的文化性质来进一步认识傣语四音格。本书的《傣语四音格中的傣族文化》一章则分析了傣语四音格所蕴涵的傣族文化的方方面面，这是对傣语四音格文化价值的考察。

此外，本书在认识傣语四音格的语言性质的同时，对语言与文化的关系也有一些独特的感受。

语言与文化都是复杂的动态系统，现实中的语言总是与特定的文化紧密联系在一起的。在具体的语言现象中，语言与文化的关系就如一张纸的正反两面，而理解这种关系，对认识语言现象的性质是十分重要的。

一方面，纸的两面有不同的本质，它们都有自己的规定性。具体语言现象也是这样，它既有语言特征，也有文化特征，二者不可替代，而对于各种语言四音格来说，语言特征是共同的，文化特征是多样的。在认识汉语成语的本质时，首先应认识成语的语言本质，而不是它的文化特征，否则就是舍本求末，造成混乱。另一方面，纸的两面是互相依存、不可分开的。具体语言现象在一个层面上表现的是语言特征，而在另一个层面上表现的可能就是文化特征。例如，成语"安居乐业"，从一个层面看体现了四音格"结构平行性"的语言特征，从另一个层面看又体现了汉民族重对偶均衡的文化特征。语言特征是根，文化特征是叶，文化特征借语言特征安身立命，语言特征凭文化特征荣华富贵。这就是本书对具体语言现象中，同一层次的语言与文化关系的认识。

三　名称规范

最后还想讨论一下傣语四音格的名称问题。

　　名称问题是与认识问题联系在一起的。一方面，事物的不同名称可能反映了人们对事物的不同认识；另一方面，恰当的名称能够巩固认识的成果，并为今后的研究带来方便。目前，由于对傣语四音格的本质认识不清，傣语四音格的名称也比较混乱。

　　与傣语四音格类似的语言现象在汉藏语系各语言中普遍存在。对这类语言现象，有的称"四音格"，有的称"四字格"[①]，还有的称"成语"[②]。即使是称为"四音格"的，其具体用法也不完全一样，如在上述几部论著中，有的用"四音格词"，有的用"四音格词语"，还有的用"四音格结构"[③]。

　　"四音格"与"四字格"相比，二者的意思相近，但是，前者着眼的是"音"，后者着眼的是"字"。语言的特点更多的是表现在语音上，而"字"只不过是语言的书面表现形式，更何况，"四音格"比"四字格"的使用更为普遍，因此，"四音格"比"四字格"更为恰当。

　　"成语"这个名称，更多的是在汉语内部使用，汉语成语有很多特征体现了汉民族独特的文化特色，这些特征不一定为其他语言中类似语言现象所具备，因此，用"成语"来指称这类普遍的语言现象是不恰当的。尽管人们有时也跨语言使用"成语"这一名称，如"英汉成语""俄汉成语"等，但是，此时的"成语"是一个不同的概念。有关"成语"的问题，在《从傣语四音格看汉语成语》一章中有专门的讨论。

　　"四音格词""四音格词语"之类的说法，可能是为了既表明语言单位的特征，又表明语言单位的性质。然而，"四音格"中的"格"字已经对语言单位的性质有所提示，因此，从语言经济性原则看，称"四音格"就行了。至于"四音格结构"，也是不太准确。人们可以说"主谓结构"

---

① 马国凡：《成语》，内蒙古人民出版社1997年版，第128页。
② 孟尊贤：《傣汉成语词典》，德宏民族出版社2003年版。
③ 喻翠荣、罗美珍：《傣仂汉词典》，民族出版社2004年版，第4页。

"动宾结构""介词结构"等，这是由于这些名称表明了各种结构的特点，而"四音格"并不是"结构"的特征。

因此，我们建议，共同的名称为"四音格"，具体语言可分别称为"傣语四音格""苗语四音格""土家语四音格"等。这样的名称，既能反映各语言中该类现象在语言特征上的共性，又能反映各自的文化特色，体现了共性和个性的统一。

第二章　傣语四音格的特征和功能

　　傣语四音格是傣语的基本语言单位之一。任何语言单位，都包含形式和内容两个方面的特征，傣语四音格也是这样。傣语四音格的形式就是傣语四音格的语音，内容就是傣语四音格的意义，因此，语音和意义是研究傣语四音格的两个重要方面。同时，傣语四音格毕竟包含四个音节，而这些音节往往是有意义的语素，傣语四音格本身就是由这些有意义的成分按照一定的规则结合起来的。这样，傣语四音格的结构，也应该是分析的对象。

　　语音、结构、意义等都只是傣语四音格的内部特征，要全面认识傣语四音格，还必须进一步考察傣语四音格的外部特征。傣语四音格在整体上表现出的词性，在句子中的功能，以及在言语中的作用等都是傣语四音格的外部特征，这些自然也是考察的内容。

　　这一章的任务，就是对傣语四音格的各种语言特征作详细的描述和准确的概括，为进一步认识傣语四音格的本质做好必要的准备。

第一节　傣语四音格的语音特征

一　傣语四音格的音节形式

　　傣语四音格，顾名思义，是由四个音节组成的。根据傣语四音格内部四个音节的整体特点，可以把傣语四音格分为以下四类。

（一）ABCD 类型

ʔău¹to¹pin¹tək⁸ 以身作则　　　　pɯɯn²ti⁵li⁵din¹ 本地人

keu⁵xău³səu⁵năm⁴ 收割　　　　　pʰi⁴xŭ⁷săŋ¹xă⁸ 僧侣

xăŋ³na³băŋ¹ta¹ 掩盖　　　　　　măk⁸pɛ⁴tsa¹lə¹ 好胜夸强

xɔt⁹ven²mai¹măn³ 订婚　　　　　fa⁴kʷaŋ³din¹na¹ 天高地厚

sop⁷van¹tsăi¹sum³ 口是心非　　　lă⁸hai⁴su³di¹ 改邪归正

pat⁹tsin⁴tʰə¹năŋ¹ 剥皮剐肉　　　lăm⁴dăp⁷xăp⁸xau² 连续不断

在这种类型中，组成傣语四音格的四个音节各不相同。本文附录收集傣语四音格共 2349 条，其中这种类型的傣语四音格有 1167 条，占总数的 49.6%。

（二）ABAC 类型

tʰɔŋ¹hu⁴tʰɔŋ¹tsaŋ⁶ 精通　　　　len²văn²len²xɯɯn² 整天整夜

nɔ⁵hin¹nɔ⁵pʰa¹ 石笋　　　　　hăt⁷kɯɯt⁸hăt⁷pɔŋ¹ 敢想敢做

pak⁹din³pak⁹xo¹ 开玩笑　　　　duŋ¹kă⁷duŋ¹ko² 原始密林

pʰan⁴xa¹pʰan⁴xɛŋ⁶ 绊手绊脚　　bău⁵bit⁷bău⁵beŋ⁵ 不偏不倚

luŋ¹hun⁵luŋ¹hɛu¹ 迷失方向　　　bok⁷hăi⁶bok⁷son¹ 开园子掘地

făŋ²păi¹făŋ²ma² 想来想去　　　hum⁶ban³hum⁶mən² 同乡

在这种类型中，傣语四音格的第一、第三两个音节相同，而第二、第四两个音节不同。附录中，这种类型的傣语四音格有 1088 条，占总数的 46.3%。

（三）AABB 类型

xup⁷xup⁷xəŋ⁵xəŋ⁵ 磨磨蹭蹭　　sɯ⁶sɯ⁶săi¹săi¹ 老老实实

xău³xău³ʔɔk⁹ʔɔk⁹ 进进出出　　sɛt⁸sɛt⁸sɯ⁶sɯ⁶ 正正直直

kat⁸kat⁸kɔi⁴kɔi⁴ 一再错过　　　jăm⁶jăm⁶jɔk⁸jɔk⁸ 践踏

tsik⁷tsik⁷tsɔk⁷tsɔk⁷ 叽叽喳喳　　tap⁹tap⁹fuŋ¹fuŋ¹ 补补钉钉

jɔp⁷jɔp⁷jɔi¹jɔi¹ 寥寥无几　　　tɯɯt⁸tɯɯt⁸lak⁸lak⁸ 拉拉扯扯

pǎi¹pǎi¹ma²ma² 来来去去   pak⁹pak⁹xo¹xo¹ 说说笑笑

在这种类型中，傣语四音格的第一、第二两个音节相同，第三、第四两个音节也相同。附录中，这种类型的傣语四音格有 65 条，占总数的 2.7%。

（四）其他

ʔǎu¹vǎi²dǎi³vǎi² 及时   pak⁹di¹va⁶di¹ 和气

kɛu³kǎm²sɛŋ¹kǎm² 金言玉语   tʰǎp⁸dǎi¹paŋ¹dǎi¹ 历次

bǎu⁵lɛu⁴lot⁸lɛu⁴ 不了了之   xǎk⁷mǎn⁵jo²jo² 勤勤恳恳

va⁶tɛ⁴mi²tɛ⁴ 活灵活现   tin¹fɔŋ⁵mɯ²fɔŋ⁵ 毛手毛脚

tɛ⁵dǎi¹ma²dǎi¹ 历来   kǎm⁴tsu²mun¹tsu² 援助

su⁵ha¹sɛŋ¹ha¹ 盼望已久   kum⁴vǎ⁸kum⁴vǎ⁸ 一散一合

这里包括除上述三种类型以外的所有傣语四音格，其音节形式有 ABCB、ABAB、ABCC 等，其中以 ABCB 最多。附录中，这种类傣语四音格总共只有 29 条，占总数的 1% 多。

可以看出，傣语四音格的音节形式，ABCD 类型和 ABAC 类型占绝对优势，二者之和，达全部傣语四音格的 95.9%。

然而，仅有音节整体形式的分析，尚不足以全面认识傣语四音格语音方面的特点，例如在 ABCD 类型中，尽管从音节的整体上看，四个音节各不相同，但是在音节的内部，各个音节在声韵调上还有一定的联系。因此，还必须深入傣语四音格音节内部，分析傣语四音格音节内部的特点。

傣语音节的内部包括声母、韵母、声调三个部分，接下来，就从押韵和音变两个方面，继续分析傣语四音格的语音特征。

二　傣语四音格的押韵

押韵是不同音节之间的韵母联系。在后面的分析中将会看到，傣语四音格的四个音节在节奏上是"二二"分开的，分开后，两部分的音节在韵母上常常有一定的联系，这样就形成了傣语四音格的内部押韵。傣语四音格的内部押韵灵活自如，形式多样。不仅押韵部位多种多样，而且押韵要求也可宽可严。下面就对傣语四音格的押韵情况做简要分析。

（一）从押韵部位分析

1. 押首韵

这种情况是指，傣语四音格的四个音节按序两两一组，而每组的第一个音节相互押韵。

xau³ju⁵hau²kin¹ 生活　　　　　　　　pʰăi⁶nɔi⁴tăi²pa¹ 百姓

xăn³fun¹băŋ¹lum² 遮风挡雨　　　　　va⁶hai⁴tsa⁴xat⁹ 说坏话

sɛŋ¹di¹pɛŋ²ka⁶ 贵重财产　　　　　　hɔk⁹dap⁹mɔk⁸nat⁸ 刀枪

da⁵tɔ²va⁶hai⁴ 谩骂　　　　　　　　bau⁵tsău³sau¹naŋ² 公主少爷

na³tsum⁶ta¹măn² 和颜悦色　　　　　bɛŋ⁵fun⁴tɛŋ⁵pʰak⁸ 分化瓦解

以"da⁵tɔ²va⁶hai⁴ 谩骂"为例，这个四音格可分为"da⁵tɔ²"和"va⁶hai⁴"两组，其第一个音节分别为"da⁵""va⁶"，它们的韵母是相同的，都是a，所以押韵。这种类型的押韵，在傣语四音格中不是很多，在所有 1167 条 ABCD 类型的傣语四音格中，只有 37 条是押首韵的，占所有 ABCD 类型的 3.2%。

2. 押腹韵

这种情况是指，傣语四音格的四个音节按序两两一组，后面一组的第一个音节与前面一组的第二个音节互相押韵。

ʔɛu⁵lɔ⁶pʰɔ⁵tɔŋ² 观光　　　　　　　sut⁷năm⁴săm⁴făi² 没办法

kăi¹sɔn¹mɔn²dɔk⁹ 花蕊　　　　　　jau³hən²pʰən¹kin¹ 家庭

kan³kuŋ⁵huŋ⁶hən² 繁荣昌盛　　　　suɯ⁶săi¹năi²tsɛŋ³ 光明磊落

xɛk⁹ma²ka¹tău³ 门庭若市　　　　　tăn¹ha¹ta¹loŋ¹ 眼大肚小

ŋɔm²xău³bău⁵tʰɔi¹ 一往无前　　　　tɛt⁷ʔɔn¹sɔn¹lun² 惩前毖后

să⁷dăp⁷kăp⁷tam¹ 随行　　　　　　năm²făi²măi³to¹ 引火烧身

以"tɛt⁷ʔɔn¹sɔn¹lun² 惩前毖后"为例，这个四音格可分为"tɛt⁷ʔɔn¹"和"sɔn¹lun²"两组，其第二个音节和第三个音节分别为"ʔɔn¹""sɔn¹"，它们的韵母是相同的，都为-ɔn，所以押韵。这种类型的押韵在傣语四音格中最为普遍，在所有 1167 条 ABCD 类型的傣语四音格中，有442 条是这样押韵的，占所有 ABCD 类型的 37.9%。

3. 押尾韵

这种情况是指，傣语四音格的四个音节按序两两一组，而每组的后一个音节相互押韵。

kɯŋ⁵na³ŋam²ta¹ 够体面   tăp⁷tăi¹xoŋ²năi² 膣肝肚杂

ka⁵di¹bun¹mi² 命好，有福气   len⁶peŋ²kăn¹seŋ³ 一律平等

băŋ³făi²dɔk⁹măi⁴ 火花   ka⁶nɔi⁴xăi¹jɔi⁶ 小商小贩

ju⁵măn³tăŋ³xăn¹ 深居简出   kăŋ⁶kăi⁴luŋ¹lăi¹ 惊慌失措

tsɛn⁴xa⁶vuŋ²sa¹ 宗族   dɔi³ʔim⁵kin¹tim¹ 丰衣足食

tsut⁸hăi⁴xen¹tsăi¹ 贫苦   hăŋ⁶mi²pin¹di¹ 生活富裕

以"hăŋ⁶mi²pin¹di¹ 生活富裕"为例，这个四音格可分为"hăŋ⁶mi²"和"pin¹di¹"两组，其第二个音节和第四个音节分别为"mi²""di¹"，它们的韵母是相同的，都为-i，所以押韵。这种类型押韵的四音格，数量也不是很多，本文的附录只收有 50 条，占所有 ABCD 类型的 4.3%。

可见，傣语四音格的押韵是以押腹韵最为典型，在所有押韵的 ABCD型的傣语四音格中，押腹韵的占 83.5%。正因为如此，许多人在分析傣语四音格时，只将这一种情况视为押韵。押腹韵是傣语四音格最独特的，也是最常见的押韵方式，是傣语四音格押韵的典型形式。

需要说明的是，以上只是在 ABCD 类型内来看押韵的，这样看到的都只是韵母相同而声母不同的押韵，如果在整个傣语四音格各种类型内来看押韵，即不考虑声母是否相同，而只考虑韵母是否押韵，这样就把上述 ABAC、ABCB 类型也看作押韵了，那么，押韵现象在傣语四音格中就更为普遍了。

以上三种押韵是傣语四音格最基本的押韵类型，在此基础上，傣语四音格还有一些较为复杂的押韵方式，虽然数量不是很多，但是也能体现傣语四音格的特点。通常情况下有双重押韵和兼类押韵两种情况。

4. 双重押韵

所谓双重押韵，是指傣语四音格的四个音节按序两两一组，每组的前一个音节相互押韵，同时，每组后一个音节也相互押韵。也就是说，在同一个四音格中同时押首韵和尾韵。这种押韵多数出现在 ABAC 类型傣语四音格中。例如：

hăi³tai¹hăi³vai² 无可奈何 　　　　　　lək⁸ti⁶lək⁸mi² 某些地方有

xăŋ³na³băŋ¹ta¹ 掩盖 　　　　　　　　mu⁵xău³mu⁵lău³ 酒席

bău⁵tʰai⁵bău⁵dai¹ 相当多，不一般 　　năp⁸va⁶năp⁸tsa¹ 瞎说

no²tai¹no²vai² 真是 　　　　　　　　tsa¹bau⁵tsa¹sau¹ 谈情说爱

tan²năm⁴tan²tʰăm² 布施 　　　　　　tăi⁵ti⁵săi⁴si⁴ 盘根问底

tsăi¹dăm¹săi³kăm⁵ 黑心肠 　　　　　xuŋ⁵tʰɯŋ¹xuŋ⁵tɯŋ² 想起

以 "xăŋ³na³băŋ¹ta¹ 掩盖" 为例，这个四音格可分为 "xăŋ³na³" 和 "băŋ¹ta¹" 两组，其中的 "xăŋ³" 与 "băŋ¹"，"na³" 与 "ta¹" 分别押韵，所以是双重押韵。

5. 兼类押韵

所谓兼类押韵，是指在同一个傣语四音格中，除了押腹韵外，还同时押首韵或尾韵，也就是说，除了四音格的第二个、第三个音节押韵外，四音格的第一个或第四个音节也同时入韵，这样，四音格第二个或第三个音节就同时兼作两种押韵方式的韵脚。

"首韵+腹韵" 式兼类押韵：

mău²lău³mău²pɛŋ³ 醉酒 　　　　　　xă⁸nă⁸tă⁸tiŋ¹ 镇压

măi³tsăi¹măi³xɔ² 心急如焚 　　　　　na³fa⁴ta¹văn² 天日，晴天

pɔŋ⁵lɔŋ⁶pɔŋ⁵xau⁶ 报讯 　　　　　　tsăi⁴păi⁴tsăi⁴xəi¹ 说媒

xău³lău⁵xău³duŋ¹ 不走正路　　　　　ku¹hu⁴ku¹lăk⁷ 自作聪明

以"xă⁸nă⁸tă⁸tiŋ¹镇压"为例，这个四音格可分为"xă⁸nă⁸"和"tă⁸tiŋ¹"两组，其中的"nă⁸"与"tă⁸"是押腹韵，同时"xă⁸"与"tă⁸"又押首韵，所以是兼类押韵。

"腹韵+尾韵"式兼类押韵：

tsăi²jă⁸tsă⁸nă⁸ 胜利　　　　　　　　xi⁵ma⁴ʔa³xa¹ 骑马叉腿

kun²xan⁴jan³kan¹ 懦夫懒汉　　　　　bŭ⁷pʰa¹ma²la² 花

sɛp⁵săi³măi³tsăi¹ 气炸了肺　　　　　tsit⁷măi¹tsăi¹făi² 急躁

以"bŭ⁷pʰa¹ma²la² 花"为例，这个四音格可分为"bŭ⁷pʰa¹"和"ma²la²"两组，其中的"pʰa¹"与"ma²"是押腹韵，同时"pʰa¹"与"la²"又押尾韵，所以是兼类押韵。

（二）从押韵要求分析

1. 同韵同调相押

kaŋ¹kɛŋ⁵xɛŋ⁵văn² 光天化日　　　　tsă⁷lat⁹pʰat⁹pʰai¹ 聪明伶俐

kin¹ŋɔi⁶pɔi⁶dău³ 轻而易举　　　　　tsăm¹ŋai¹sai¹taŋ² 路标

bi¹ti¹jin²di¹ 无限感激　　　　　　　na³năi⁶xăi⁶xo¹ 笑容满面

xɯn³dăi³hăi³luŋ² 骑虎难下　　　　　bɛŋ⁵fun⁴tɛŋ⁵pʰak⁸ 分化瓦解

xet⁹dɛn¹pɛn¹məŋ² 边界　　　　　　　să⁷nuk⁷suk⁷tsăi¹ 幸福

kun²tsăi⁴măi⁴teu² 媒人　　　　　　　săŋ⁵nep⁹kep⁹hɔi³ 再三嘱咐

以"kaŋ¹kɛŋ⁵xɛŋ⁵văn² 光天化日"为例，"kaŋ¹kɛŋ⁵"和"xɛŋ⁵văn²"中的"kɛŋ⁵"与"xɛŋ⁵"押韵，它们不仅韵母相同，声调也相同。

2. 同韵异调相押

hon⁶hɔŋ⁴kɔŋ³dăn² 热火朝天　　　　bau⁵tsău³sau¹naŋ² 公主少爷

haŋ⁴mai³tai⁴hăk⁸ 鳏寡孤独　　　　　hun⁵haŋ⁶jaŋ⁵pəŋ¹ 模样

hăn⁶mi²pin¹di¹ 生活富裕　　　　　　lăm⁴dăp⁷xăp⁸xau² 连续不断

bap⁹na¹ʔa⁷tʰăm² 罪恶滔天　　　　　hoi³taŋ⁴vaŋ⁵xău¹ 山沟

hə⁵pǎŋ²dǎŋ¹jɔi⁴ 汗流浃背　　　　　luk⁸me²pe¹fai³ 家眷

hu¹tsɛŋ³ta¹lɛŋ² 耳灵眼快　　　　　lǎm⁴loŋ⁶koŋ⁵kai¹ 太过分

以"hon⁶hɔŋ⁴kɔŋ³dǎŋ² 热火朝天"为例，"hon⁶hɔŋ⁴"和"kɔŋ³dǎŋ²"中的"hɔŋ⁴"与"kɔŋ³"押韵，它们韵母相同，但声调却不相同。

在附录中，442 条押腹韵的傣语四音格，有 210 条是同韵同调相押，有 232 条是同韵异调相押，二者比较接近，可见傣语用韵对声调的要求并不是很严。但是，舒声、促声之间，长音、短音之间绝对不能相押。

以上分析，无论是四音格音节类型，还是四音格押韵特点，都仅是就傣语四音格语音形式的分析，没有涉及傣语四音格的意义，然而，傣语四音格的某些语音形式特点却与傣语四音格的意义紧密联系在一起的，这就是傣语四音格中的音变现象。

三　傣语四音格中的音变

傣语四音格中的音变，是从傣语四音格内部音节的韵母变化来考察傣语四音格的。傣语中，为了表达特定的附加意义，某些双音节词语会进行两两重复从而形成一个四音格，但是在重复过程中，原有词语的一个或两个音节的韵母发生了一定程度的变化，这种现象就称为傣语四音格中的音变。

某一傣语四音格中是否存在音变，不是仅从四音格语音形式上就能看得出来的，还必须结合语义来具体分析。断定傣语四音格的音变应该注意以下几方面问题。

首先，傣语四音格中的音变，是在现有双音节语素比照下原有音节的韵母发生语音变化，变化的结果是成为没有意义的音节。因此，一些音节相似，而都有意义的成分组成的四音格，就不是四音格的音变。例如在"tsɔm²xin⁴tsɔm²xo² 继承遗产"中，"xin⁴"意思是"私"，"xo²"意思是"物"，它们是不同意义的两个词，因而，这种情况就不是音变。

　　其次，傣语四音格中的音变，是由双音节词语重复而来的，而部分形式为 AABB 的傣语四音格，也是由双音节词语重复而来，但是，它们的区别是明显的。一是重复方式不同，音变中的重复是整个词语的重复，AABB 形式的傣语四音格只是词语中的语素重复。二是语音变化不同，音变中的重复，原来词语中的音节语音会发生一定的变化，正因为如此，傣语四音格中几乎没有 ABAB 类型，而 AABB 形式的傣语四音格是词语在重复时音节语音没有变化的结果。

　　然而，在 AABB 类型傣语四音格内部，也可能存在音变现象。一些常见的单音节词语可以先用音变的方式形成一个双音节词，这个双音节词再进行重复就成了 AABB 类型的四音格了。例如：kin^1（吃）→kin^1kan^1→$kin^1kin^1kan^1kan^1$。

　　再次，傣语四音格中的音变本来只涉及韵母的变化，但是，由于西双版纳傣语的声母与声调有关，一些音变中的声调变化也使声母的高低音有了变化，这在书面上是用不同的字母来表示的。例如：$ʔăm^4ʔɯ^4ʔăm^4ʔɯt^7$（彷徨），$ʔɯ^4$ 的声母是低音，而 $ʔɯt^7$ 的声母变成了高音。

　　傣语四音格中，音变的形式多种多样，可以从不同角度来进行分类。

　　（一）从韵母变化的程度来看

　　1. 音变时仅仅改变了声调

$ko^3lo^3ko^3lo^2$ 杂乱无章　　　　　　$hɔm^1ʔon^3hɔm^1ʔon^5$ 香郁

$ju^4ja^4ju^4ja^6$ 皱皮皱垮　　　　　　$he^6hai^4he^6hai^2$ 七零八落

$luŋ^1lɔ^3luŋ^1lɔ^1$ 癫狂　　　　　　　$bak^9bə^3bak^9bə^1$ 满地

$luk^7lu^4luk^7lu^5$ 摸不着头脑　　　　$sip^7ha^4sip^7ha^6$ 辣得吸呼吸呼

　　2. 音变时只是元音发生变化

$kot^8dɔk^7kot^8dɛk^7$ 弯弯转转　　　　$sɔi^2kup^7sɔi^2kăp^7$ 乱得乱切

$poŋ^5soŋ^2paŋ^5saŋ^2$ 疯疯癫癫　　　$kăm^2sɔp^8kăm^2sɛp^8$ 悄悄话，闲话

$top^8mɔp^7top^8mɛp^7$ 随便折　　　　$put^7juk^7put^7jăk^7$ 破破烂烂

măi⁴kup⁷măi⁴kăp⁷ 下脚木料

tăm¹pʰɯŋ¹tăm¹pʰăŋ¹ 横冲直撞

kin¹tsip⁷kin¹tsɔp⁷ 吃零嘴

ʔi⁷du¹ʔi⁷dɛ¹ 可怜可怜

tap⁹pʰot⁹tap⁹pʰat⁹ 左拍右拍

lum⁴kəi⁴lum⁴kai⁴ 羞答答的

3. 音变时增加或脱落塞音音尾

ʔăm⁴ʔɯ⁴ʔăm⁴ʔɯt⁷ 彷徨

mup⁸ma⁴mup⁸map⁸ 垂危

ŋău¹ŋu²ŋău¹ŋup⁸ 萎靡不振

ʔăm³ʔɯ³ʔăm³ʔɯt⁷ 模棱两可

ŋau³ŋɯ³ŋau³ŋɯt⁷ 疼得打滚

xem¹ xek⁷xem¹xe⁵ 贫困

kăn⁴ku⁴kăn⁴kut⁸ 很吃力

xot⁷tsɔk⁷xot⁷tsɔ¹ 蹲缩着

sop⁸ʔe⁴sop⁸ʔek⁸ 打晃儿

jai¹je⁴jai¹jet⁹ 摆得满地

4. 音变时整个韵母都改变了

siŋ⁶so⁴siŋ⁶son² 摇摇晃晃

tsă⁷lă⁸tsă⁷lăi² 乱貌

ŋo⁴ŋa⁴ŋoŋ⁵ŋaŋ⁵ 手脚不灵

pʰi¹pʰə⁴pʰi¹pʰai² 鬼怪

sop⁸vi³sop⁸văk⁷ 打盹儿

pʰi³li¹pʰa⁶la⁶ 乱七八糟

tʰă⁷lă⁷tʰi¹li¹ 成片的

ŋɔ²ŋot⁸ŋɔ²ŋɛu⁴ 弯弯曲曲

dot⁸da⁴do²dă⁷ 走路蹒跚状

săp⁷pit⁸săp⁷pe² 滑头滑脑

（二）从音节变化的数目来看

1. 音变时，一个音节发生变化

bak⁹bə³bak⁹bə¹ 满地

săm⁶pŏ⁸săm⁶pĕ⁸ 摸黑

kin¹tsip⁷kin¹tsɔp⁷ 吃零嘴

sɯp⁹săi³sɯp⁹sai¹ 接连不断

ŋɛn³ŋut⁷ŋɛn³ŋăt⁷ 啃的样子

tʰi¹ni³tʰi¹na³ 推这推那

kun⁶ŋut⁷kun⁶ŋăt⁷ 接连地倒下

ka¹lă⁸ka¹le² 游荡

soi²puk⁸soi²păk⁸ 扑扑跳的声音

xot⁷tsɔk⁷xot⁷tsɔ¹ 蹲缩着

lum⁴kəi⁴lum⁴kai⁴ 羞答答的

săp⁷pă⁸săp⁷pet⁸ 各式各样

2. 音变时，两个音节都发生变化

pʰi³li¹pʰa⁶la⁶ 乱七八糟

tʰă⁷lă⁷tʰi¹li¹ 成片的

ŋo⁴ŋa⁴ŋoŋ⁵ŋaŋ⁵ 手脚不灵

pʰo⁶lo⁶pʰe⁶lɔ⁶ 花盛开，散开

tsɔn¹lɔn¹tsɛn¹lɛn¹ 动作灵敏　　　　ʔɔk⁷lɔk⁷ʔɛk⁷lɛk⁷ 坑坑洼洼

ʔum¹pum¹ʔăm¹păm¹ 鼓鼓囊囊　　　poŋ⁵soŋ²paŋ⁵saŋ² 疯疯癫癫

ʔɔk⁷tsɔk⁸ʔɛk⁷tsɛk⁸ 耷耷晃晃　　　dot⁸da⁴do²dă⁷ 走路蹒跚状

音变后的傣语四音格与原有词语相比，词语的基本意义并没有改变，但是增加了一些附加意义，有的表示客观事物的杂乱无章，有的表示主观上不耐烦。傣语四音格中的音变具有一定的形态变化的意味。

押韵是傣语四音格内部不同音节之间的韵母呼应，而音变是傣语四音格内部不同音节之间的韵母变化，它们着眼的都是韵母。其实，我们还可以换个角度，从声母来看傣语四音格中的音变。傣语四音格中的音变，可以是声调、元音、韵尾甚至整个韵母的改变，声母一般是不改变的，而这样的结果也可以看作是声母呼应。

第二节　傣语四音格的结构特征

结构问题比较复杂。对于语音来说，结构是内容；对于意义来说，结构又是形式。结构有时很具体，有时又很抽象；有时是表层结构，有时是深层结构。在傣语四音格中，有的是单层结构，有的是双层结构。下面就从结构层次、结构关系、结构模式等方面来分析傣语四音格的结构特征。

一　傣语四音格的结构层次

（一）单层结构的四音格

在这种类型中，傣语四音格的内部结构只有一个层次，结构关系也很简单。最普遍的情况是，组成四音格的四个音节分别是四个意义相近的语素，它们共同组成一个相关语义场。

jǎi⁵ jau² xau¹ suŋ¹ 魁梧

　大　长　白　高

pet⁷ kǎi⁵ mu¹ ma¹ 家禽家畜

　鸭　鸡　猪　狗

pi¹ dən¹ van² jam² 岁月

　年　月　日　时间

tse⁵ pa² da¹ hɔi³ 背负

　背　背　背　挂

ma⁴ la² ho² xʷai² 牲口

　马　驴　黄牛　水牛

be³ ŋɯɯn² lan² xǎm² 钱财

贝壳　银　贝叶　金

sə¹ mi¹ hɛt⁸ tsaŋ⁴ 猛兽

　虎　熊　犀牛　象

pu⁵ ja⁶ ta¹ nai² 祖辈，前辈

爷爷奶奶舅公外婆

kǎm⁵ dǎm¹ mɯɯt⁸ sǎu³ 一团漆黑

（米）黑（鸡）黑（天）黑暗淡

lǎk⁷ lɛu¹ sɛu² ka³　聪明伶俐

　聪明　流利　锋利　强壮

bap⁹ bun¹ kun² tot⁸ 善恶功过

　罪孽　恩　功　罪

nɔi⁴ jǎi⁵ jɔm¹ pi² 大小瘦胖

　小　大　瘦　胖

　　当然，傣语四音格的每个音节并不必然是一个语素，因此，还有部分傣语四音格，从语义上看是三个成分的并列或两个成分的并列，而不是四个成分的并列。

ma¹nǎi² sə¹ mi¹ 豺狼虎豹

　狼　　虎　熊

ʔa²ju² sǎn¹xan¹ 年纪

年纪　新年

　　不管是几个语素的并列，这些傣语四音格都有共同的特征，它们的内部语素各自独立，互不结合，并且意义密切相关相近，它们的结构层次也是到此为止，不能再分，它们的结构关系都是并列关系。这样的四音格在傣语中并不是很多。

　　（二）双层结构的傣语四音格

　　在这种类型中，傣语四音格的四个音节从中间两两分开，形成第一个层次，　同时，第一层次的两个直接成分至少有一个仍可以再分，形成傣语四音格的第二个层次，这样，整个傣语四音格就包含了两个层次。

　　这又可以分为以下几种情况：

　　1. 傣语四音格的两个直接成分只有一个可以再分，另一个是双音节语素。

vuŋ²sa¹ pi⁶nɔŋ⁴ 亲戚　　　　　pak⁹tu¹ hu²taŋ² 要道

　亲戚　亲戚　　　　　　　　　门　　路口

mă⁸no² ho¹tsăi¹ 心，胸怀　　　să⁷tɔn³ hɔn⁴tsăi¹ 焦急，焦躁

　心　　心头　　　　　　　　震动　焦心

vă⁸tʰŭ⁷ ŋɯn²xăm² 财经　　　mɔ³van⁵tsan¹tsin¹ 锅瓢碗盏

　经济　金银　　　　　　　　锅碗　锅碗

上述画线部分都是双音节语素，它们往往是从其他语言中借来的。

2. 傣语四音格的两个直接成分都可以再分。

kun²xăp⁷ kun²fɔn⁴ 演员　　　lɛn⁶tăi³ lɛn⁶nə¹ 东奔西跑

　唱者　　舞者　　　　　　　跑下　跑上

het⁸hăi⁶ het⁸na² 耕田种地　　pin¹di¹ mi²hăn⁶ 富有

　做地　做田　　　　　　　　变好　有财

xău³na¹ pa¹tʰuk⁹ 五谷丰登　　pʰɔ⁵tsɛŋ³ lɛŋ² hăn¹ 重视，认清

　粮　厚　鱼　贱　　　　　　望　明　亮　看

双层结构是傣语四音格最普遍的结构方式，绝大多数傣语四音格采用这种结构方式。这种结构方式虽然以并列关系为主，但是结构成分之间的具体语义关系却是丰富多彩的。同时这种结构方式的结构层次可以有两层，其下层结构关系也是多种多样。下文"四音格的结构关系"将主要就这种结构方式做出分析。

3. 整体结构的傣语四音格

所谓整体结构，是指这种类型的傣语四音格在语音停顿上可以从中间分开，但是意义上必须把四个音节连在一起，而不能从中间分开。部分这种类型的傣语四音格是由一个双音节词重叠而成的。

sa⁵sən¹ 欢喜——sa⁵sa⁵sən¹sən¹ 欢欢喜喜

su³jəm² 高兴——su³su³jəm²jəm² 高高兴兴

tap⁹fuŋ¹ 缝补——tap⁹tap⁹fuŋ¹fuŋ¹ 补补钉钉

hip⁸văi² 迅速——hip⁸ hip⁸ văi²văi² 十分迅速

ʔit⁷xa¹ 精炼——ʔit⁷ʔit⁷xa¹xa¹ 千锤百炼

hok⁷soi² 跳跃——hok⁷hok⁷soi²soi² 蹦蹦跳跳

在这样的傣语四音格中，原有语素重叠以后相互穿插，各语素之间紧密联系在一起，从而构成一个整体，并且不再能用线性的顺序给它切分出层次，因此，这样的结构方式就是整体结构。

当然，并不是所有 AABB 类型的傣语四音格都是整体结构，有些 AABB 类型傣语四音格还是可以分为两段来理解的，如"tsik⁷tsik⁷tsɔk⁷tsɔk⁷ 叽叽喳喳"等。

二　傣语四音格的结构关系

前面说过，结构问题比较复杂，结构关系尤其如此。在语言单位中，位于最表层的应该是它的语音，这是人们感知语言的物质凭借；位于最底层的应该是语义，这是人们用语言来传达的信息内涵；而结构是处于二者之间的，它一头联系着语音形式，一头联系着意义内容。一般情况下，人们似乎倾向于用"结构"一词来表示表层的形式，如"主谓结构""动宾结构"等；用"关系"一词来表示深层的语义，如 "因果关系""施事—受事关系"等，但有时又可以不加分别地把这两者统称为"结构"，如"深层结构""表层结构"。在具体语言单位中，有的深层结构与表层结构一致，有的深层结构与表层结构不同。

在傣语四音格中，结构关系与结构层次有很大关系。一般单层结构都是并列关系，而整体结构又难以在线性层面分清结构关系，并且这两类四音格在傣语中都是少数。因此，本书在讨论傣语四音格的结构关系时，一般是指双层结构的傣语四音格。

在双层结构的傣语四音格中，第一层结构的表层结构相对简单，绝大多数都是并列结构，只有极少数是偏正结构，如"tun³ho¹pʰo¹me² 原配夫妻"

"mă⁸ha¹lă⁸tsa² 大王"等，而其深层结构则相对复杂，有的是与表层结构一致的并列关系，有的是解说关系，还有的是其他一些复杂关系。

在傣语四音格中，第一层的结构关系与整个傣语四音格的意义内涵也密切相关。下文还会说到，傣语四音格的意义内涵有大有小，意义内涵小的往往是并列关系和解说关系，而意义内涵大的往往是复杂关系。

下面，先看看傣语四音格的第一层结构关系。

第一，并列关系。

在双层结构的傣语四音格中，有时第一个层次的两个直接成分，地位性质一样，意义范畴相同，那么这两个直接成分之间的结构关系就是并列关系。这时它的表层结构与深层结构是一致的。

leŋ³ba³ leŋ³mǎu² 装疯卖傻　　　　　pɔ⁶hǎi⁶ mɛ⁶na² 农民
　装疯　　装醉　　　　　　　　　　　地父　　田母

mi²kǎu⁴ mi²hak⁸ 有根有据　　　　　mu⁵xǎu³ mu⁵lǎu³ 酒席
　有根　　有根　　　　　　　　　　　餐桌　　酒席

pʰa⁴pɔm³ fãi²tsĭ⁷ 刀耕火种　　　　　pʰam¹ho²xɔk⁸ma⁴ 牛棚马厩
　刀砍　　火烧　　　　　　　　　　　牛棚　　马厩

第二，复杂关系。

在双层结构的傣语四音格中，有时第一个层次的两个直接成分，地位性质一样，意义范畴不同但密切相关，那么这两个直接成分之间的结构关系就是复杂关系。这时，两成分在形式上虽然并列，但是，具体语义关系却多种多样，因此就统称为复杂关系。

一是两个直接成分表示两种行为或事物，前者是后者的方式。

ʔət⁷hu¹lăk⁸pet⁷ 掩耳盗铃　　　　　tiu⁵xə²ha¹noi⁵ 顺藤摸瓜
　掩耳　　偷鸭　　　　　　　　　　　顺藤　　找瓜

ʔǎu¹hək⁹pin¹dɛn¹ 以牙为界　　　　　xi⁵tsaŋ⁴ lep⁸pu² 转弯抹角
　拿牙　　做界　　　　　　　　　　　骑象　　绕山

二是两个直接成分表示两种行为或事物，前者是后者的原因。

vɔk⁸tai¹ liŋ²hǎi³　兔死狐悲　　　　năm⁴xɯɯn³hə²fu²　水涨船高

　猴子死　　猴子哭　　　　　　　　水涨　　　船浮

xɔ¹tsǎu³ ʔǎu¹xɔŋ¹　谋财害命　　　　tsɔp⁸man¹pʰan²dǎi³　走运多猎

　杀人　　取财　　　　　　　　　　走运　　猎得

三是两个直接成分表示两种行为或事物，后者与前者在意义上相反。

xɯɯn³dǎi³hǎi³luŋ²　骑虎难下　　　tsə⁴tsaŋ⁴haŋ⁶mɛu²　象种猫形

　上得　　难下　　　　　　　　　象种　　猫形

xǎu³dǎi³hǎi³ʔɔk⁵　进退两难　　　　to¹tai¹tot⁸jǎn²　死有余辜

　进得　　难出　　　　　　　　　身死　罪存

四是两个直接成分表示两种行为或事物，但两者之间存在一定的先后顺序。

tǎŋ³kǎu⁴tʰɯɯŋ¹pai¹　从头到尾　　　ʔɔk⁹dɔk⁹ tsǎp⁷noi⁵　开花结果

　从根　　到梢　　　　　　　　　开花　　结果

五是两个直接成分表示两种行为或事物，但是两者不能同时存在，有一种选择性。

sə¹tai¹ sə¹nɔn²　虎死虎睡　　　　　tsǎk⁷pin¹ tsǎk⁷tai¹　生死存亡

　虎死　虎睡　　　　　　　　　　将活　　将死

第三，解说关系。

在双层结构的傣语四音格中，如果所分第一个层次的两个直接成分地位性质相同，但后一成分是对前一成分的解释和说明，那么这两个直接成分之间的结构关系就是解说关系。这是傣语四音格的一个特色，因此，把它与其他复杂关系分开，另做一类。这又可分两种情况。

一是翻译注释。

<u>vi⁴sa²</u> na²tsaŋ⁶　技术　　　　　met⁸hǎk⁸ <u>sǎhai¹</u>　朋友

　技术　技术　　　　　　　　　　朋友　　　朋友

<u>vuŋ²sa¹</u> pi⁶nɔn⁴　亲戚　　　　　ka¹lǎ⁸ ban³məŋ²　社会

　亲戚　亲戚　　　　　　　　　　社会　　社会

să̌ŋ¹xan¹ pi¹mă̌i⁵ 新年　　　　　　　lă̌⁸vă̌i² pă̌i¹ma² 交通

　新年　　　新年　　　　　　　　　交通　　　交通

上述画线部分都是借词，另一部分是傣语本民族词，二者意义相同或接近，这二者在一起，实际上就是用本民族的相关词语去解释外来词语。

二是解释说明。

ʔap⁹nă̌m⁴ să̌⁷ho¹ 沐浴　　　　　　　pʰi³haŋ⁴ taŋ⁵nɔn² 离婚

　洗澡　　　洗头　　　　　　　　　离婚　　　单睡

pʰat⁹mu⁵ ju⁵peu⁵ 孤独　　　　　　　ʔai³bă̌i³ ho¹loŋ¹ 蠢货

　离群　　　独处　　　　　　　　　傻瓜　　　大头

tă̌p⁷tă̌i¹ xoŋ²nă̌i² 膁肝肚杂　　　　 xă̌u³nă̌m⁴taŋ²kin¹ 食物

　膁肝　　　肚杂　　　　　　　　　粮食　　　食物

这里的两个直接成分之间也是解说关系，不过，这两个直接成分都是傣语本民族的词语，两个词语意义相关，其中一个词语是对另一个词语的进一步解释。

再看看傣语四音格的第二层结构关系。

与第一层结构相比，傣语四音格第二层结构的表层结构要复杂得多，这里"主谓结构""动宾结构""动补结构"等应有尽有。当然，傣语四音格的两个直接成分的内部结构，大多数是相同的，少数是不同的。

第一，两个直接成分都是偏正结构。

ban³lɯ⁴ məŋ²tă̌i² 傣族地方　　　　 kan¹hă̌m⁶ kan¹hen² 学业

傣村　　　傣勐　　　　　　　　　学业　　　学业

het⁹na³ het⁹lă̌ŋ¹ 前因后果　　　　 kun²xă̌p⁷ kun²fɔn⁴ 演员

前因　　　后因　　　　　　　　　唱者　　　舞者

ʔă̌u¹pin¹ ʔă̌u¹tai¹ 你死我活　　　　 fa⁴heŋ³ pi¹xem¹ 旱灾

将活　　　将死　　　　　　　　　天干　　　年旱

第二，两个直接成分都是动宾结构。

lop⁸dɔi³ lop⁸kin¹ 骗吃骗喝

　骗吃　　　骗吃

het⁸hăi⁶ het⁸na² 耕田种地

　做地　　　做田

kum³jau³ kum³hən² 顾家

　顾家　　　顾家

kit⁷xaŋ³ kit⁷ʔɛu¹ 碍手碍脚

　碍肋　　　碍腰

keu⁵leŋ² keu⁵xa² 割茅草

　割茅草　　割茅草

ko¹tok⁸ ko¹jap⁹ 怕苦怕累

　怕穷　　　怕苦

第三，两个直接成分都是主谓结构。

dɔi¹suŋ¹ taŋ²liŋ⁵ 山高坡陡

　山高　　　路陡

xău³na¹ pa¹tʰuk⁹ 五谷丰登

　粮厚　　　鱼贱

xɛk⁹ma² ka¹tău³ 门庭若市

　客人来　　喜鹊到

ku¹hu⁴ ku¹lăk⁷ 自作聪明

　我聪明　我聪明

第四，两个直接成分都是动补结构。

lɛn⁶tăi³ lɛn⁶nə¹ 东奔西跑

　跑下　　　跑上

sɯ⁴tʰuk⁹xai¹peŋ² 投机倒把

买得便宜 卖得贵

ju⁵kăt⁷ nɔn²nau¹ 生活清贫

　住得凉　　睡得冷

luk⁸tsău⁴ nɔn²dək⁷ 起早贪黑

　起得早　　睡得晚

第五，两个直接成分的结构不同。

ju⁵suk⁷ kin¹van¹ 安居乐业

　住幸福　吃甜的

pʰɔ⁵tsɛŋ³ lɛŋ²hăn¹ 重视，认清

　望明　　　亮看

pin¹di¹ mi²hăn⁶ 富有

　变好　　有富

pʰi³haŋ⁴ taŋ⁵nɔn² 离婚

　离婚　　　单睡

tsum⁶na³ ta¹ban¹ 喜笑颜开

　笑颜　　　眼开

jok⁸jun² păt⁸lum² 煽风点火

　煽动　　　刮风

傣语四音格第二层结构的深层结构与一般句法关系的深层结构大致一样，这里就不多说了。

三 傣语四音格的结构模式

一些傣语四音格，不仅有相同的结构关系，而且有相同的成套提示成分，这种类型的傣语四音格放在一起，使傣语四音格显示出格式化的特征。

$ik^9jot^8t^hεm^1tsɯŋ^2$ 增添光彩

$ik^9di^1t^hεm^1di^1$ 好上加好

$ik^9hu^4t^hεm^1lăk^7$ 增长知识

$ik^9tok^8t^hεm^1p^han^1$ 穷上加穷

$ik^9hăŋ^6t^hεm^1mi^2$ 富上加富

$ik^9năm^4t^hεm^1kə^1$ 添油加醋

这组傣语四音格，有着相同的语素成分"ik^9（增）"和"$t^hεm^1$（添）"，并且都是并列关系的结构，这样，就形成了一个"ik^9（增）×$t^hεm^1$（添）×"的结构模式。

当然，傣语四音格的结构模式也可以是非并列关系的。

$ău^1to^1pin^1tək^8$ 以身作则

$ău^1hək^9pin^1dεn^1$ 以牙为界

$ău^1to^1pin^1năk^7$ 以自己为重

$ău^1săk^7pin^1jăi^5$ 以头衔为大

$ău^1xău^3pin^1kău^4$ 以粮为纲

$ău^1tsăi^1pin^1kăn^1$ 同心协力

这是一组"$ău^1$（以）×pin^1（为）×"模式的傣语四音格，但是，它们的内部结构关系却并不是并列关系。

有时候，模式中的两个提示成分是相同的。

$pin^1kăŋ^6pin^1lăi^1$ 匆匆忙忙

$pin^1xau^6pin^1xə^2$ 有条不紊

pin¹xɛm⁴pin¹tʰi⁵　　清清楚楚

pin¹su³pin¹jəm²　　欢欢喜喜

pin¹mu⁵pin¹tsum²　成群结队

pin¹mɯn⁵pin¹sɛn¹　成千上万

这组傣语四音格的结构模式是"pin¹×pin¹×"，这里的两个提示成分都是"pin¹（成）"。

应该注意的是，有些形式相同的四音格并不属于同一模式，例如"jeŋ⁶×jeŋ⁶×"这个形式，实际上包含着两个四音格结构模式。一个"jeŋ⁶×jeŋ⁶×"模式是并列关系，其中的"jeŋ⁶"的意思是"一"。

jeŋ⁶xɔ³jeŋ⁶ta¹　　　个把件

jeŋ⁶kɔ⁴jeŋ⁶kun²　　个把人

jeŋ⁶tə⁶jeŋ⁶ti²　　　个把次

jeŋ⁶mə⁶jeŋ⁶jam²　　一朝一夕

jeŋ⁶tso⁶jeŋ⁶tsat⁸　一生一世

另一个"jeŋ⁶×jeŋ⁶×"模式是复杂关系，其中的"jeŋ⁶"的意思是"越……越……"。

jeŋ⁶ko¹jeŋ⁶tai¹　　越怕死越死

jeŋ⁶kin¹jeŋ⁶van¹　越吃越好吃

jeŋ⁶het⁸jeŋ⁶di¹　　越做越好

jeŋ⁶lai¹jeŋ⁶di¹　　越多越好

jeŋ⁶het⁸jeŋ⁶hai⁴　变本加厉

jeŋ⁶ju⁵jeŋ⁶lai¹　　越来越多

不能把上述两个模式等同起来，相同的形式可能包含不同的结构模式。正因为如此，前面指出傣语四音格结构模式时，不但要求提示成分对应，还要求结构关系相同。

　　傣语四音格结构模式的对应成分并不总是出现在四音格的第一个和第三个音节上，还可以出现在第二个和第四个音节上，例如，下面四音格的模式是"×na³（脸）×ta¹（眼）"。

su⁵na³hăn¹ta¹　　会见

sĕ⁷na³sĕ⁷ta¹　　使别人出丑

tsi⁴na³păk⁷ta¹　　指名道姓

suɯ⁶na³suɯ⁶ta¹　　正前面

pʰɔm⁶na³xaŋ²ta¹　光临，参加

văi⁴na³văi⁴ta¹　　留情面

傣语四音格结构模式还有很多。

"bău⁵（不）×bău⁵（不）×"　　　　"×tɛ⁴（真）×na⁶（真）"

"ba⁵（肩）×hɛŋ²（力）×"　　　　"×tsăi¹（心）×xɔ²（脖）"

"ha¹（找）×ha¹（找）×"　　　　"×păi¹（去）×ma²（回）"

"pʰɔm⁶（参加）×pʰɔm⁶（参加）×"　　"×mok⁷（心）×tsăi¹（心）"

　　有些模式，既可以出现在一、三音节上，也可以出现在二、四音节上，例如：

"ban³（村）×məŋ²（勐）×"　　　　"×ban³（村）×məŋ²（勐）"

"hu¹（耳）×ta¹（眼）×"　　　　"×hu¹（耳）×ta¹（眼）"

"na³（脸）×ta¹（眼）×"　　　　"×na³（脸）×ta¹（眼）"

　　傣语四音格模式的存在，使傣语四音格既有稳定性和整体性，又有灵活性和适应性，增强了傣语四音格的表现力。

第三节　傣语四音格的意义特征

　　傣语四音格的意义，必须从多方面来考察。可以分析傣语四音格作为整体所表现的意义，也可以分析傣语四音格内部各成分的意义，还可以分

析这些意义之间的关系。下面，我们就从多个角度来认识一下傣语四音格的意义特征。

一　傣语四音格的意义涵量

傣语四音格内部包含着若干成分，这些成分都是有意义的，但是，由于这些成分的性质和相互关系不同，傣语四音格内部的意义涵量也有大有小。可分为三种类型：意义涵量较小、意义涵量较大、意义涵量很大。

（一）意义涵量较小，整个傣语四音格只表达一个简单概念

sa⁵sa⁵sən¹sən¹ 欢欢喜喜　　　　　ku¹ ku¹ ka¹ ka¹ 我

欢喜　　　　　　　　　　　　　　我　我　（音变）

kin¹ kin¹ kan¹ kan¹ 吃　　　　　kăm⁵ dăm¹ muɯt⁸ său³ 一团漆黑

吃 吃　　（音变）　　　　　　（米）黑（鸡）黑（天）暗淡

ʔok⁷tsɔk⁸ ʔɛk⁷tsɛk⁸ 旮旮旯旯　　tse⁵ pa² da¹ hɔi³ 背负

旮旯　　（音变）　　　　　　背　背　背　挂

上述傣语四音格内部，有的是单音节词语，有的是双音节词语；有的是原词语与音变词语的并列，有的是同义并列。各个词语所表达的基本概念是一样的，整个傣语四音格内部的意义涵量较小。

（二）意义涵量较大，整个傣语四音格表达一个较复杂的概念

ʔot⁹hăn⁶ ʔot⁹mi² 夸富显有　　　tsăp⁷mok⁷ tsăp⁷tsăi¹ 情投意合

夸富　　　夸有　　　　　　　合心　　　合意

ju⁴păi¹ju⁴ma² 推来推去　　　　ʔik⁹hu⁴ tʰem¹lăk⁷ 增长知识

推来　　推去　　　　　　　　增知识　　添聪明

tsăp⁷mə⁶ men⁶jam² 适时　　　　ja³het⁸ ŋɔm²peŋ¹ 强制施行

适时　　　合时　　　　　　　强作　　　硬做

上述傣语四音格内部都包含着两个意义相近的直接成分，而每个直接成分又都由两个概念组成的复杂概念。这里的每个直接成分，有的相当于

主谓短语，有的相当于偏正短语，有的相当于动宾短语，有的相当于动补短语，等等。

（三）意义涵量很大，整个傣语四音格表达一个很复杂的概念

bău⁵pʰɔ̌⁷ bău⁵tăŋ³ 不破不立　　　　　　sə¹tai¹ sə¹nɔn² 虎死虎睡

不破　　　　不立　　　　　　　　　　虎死　　　虎睡

tsɔp⁸man¹ pʰan²dăi³ 走运多猎　　　　　tsăk⁷pin¹ tsăk⁷tai¹ 要死要活

走运　　　　多猎　　　　　　　　　　将活　　　将死

tsə⁴tsaŋ⁴ haŋ⁶mɛu² 象种猫形　　　　　　xam³năm⁴ pot⁷xo¹ 过河拆桥

象种　　　猫形　　　　　　　　　　　过河　　　拆桥

上述傣语四音格都是复杂关系的傣语四音格，这样的傣语四音格的意义内涵是很大的。它们的内部一般都包含着两个短语，而这两个短语之间存在着各种关系，有的是因果关系，有的是选择关系，有的是转折关系，等等。

二　整体意义与成分意义之间的关系

傣语四音格是由一定的语言成分组成的，傣语四音格的整体意义也必然与其成分意义有一定的关系，但是，傣语四音格的整体意义有其自身的独立性，它并不一定就是成分意义之和，可以有多种情况。

（一）整体意义与成分意义完全一致

在这种情况下，傣语四音格的整体意义是其各成分意义的简单叠加。这种情况在各种意义类型的傣语四音格中都有。

vuŋ²sa¹ pi⁶nɔŋ⁴ 亲戚　　　　　　　　　kun²pin¹ kun²xăi³ 病人

亲戚　　　　亲戚　　　　　　　　　　病人　　　病人

ʔău¹to¹pin¹tək⁸ 以身作则　　　　　　　ʔik⁹hu⁴ tʰɛm¹lăk⁷ 增长知识

以自己　做基础　　　　　　　　　　增知识　添聪明

tai¹moi⁴tai¹miŋ⁶ 死绝死尽　　　　　　　kin¹tsip⁷ kin¹tsɔp⁷ 吃零嘴

死绝　　　死尽　　　　　　　　　　　吃零嘴　　吃零嘴

这些傣语四音格成分之间有的是并列关系，有的是复杂关系，有的是解说关系。在并列关系中，有的是古今同义并列，有的是方言同义并列，还有的是音变同义并列。

（二）整体意义小于成分意义

在这种情况下，傣语四音格的两个直接成分意义属于同类，但是傣语四音格的整体意义只与其中一个直接成分一致，而与另一个直接成分无关。

keu⁵xǎu³ sɵu⁵nǎm⁴ 收割

割谷子　收（水）

leŋ⁴mu¹leŋ⁴mɛŋ² 养猪

养猪　养（虫）

sɔŋ¹tsǎi¹ sɔŋ¹xɔ² 三心二意

二心　　二（脖子）

lǎp⁷hu¹lǎp⁷ta¹ 合眼

闭（耳）闭眼

jɯ⁶nok⁸ jɯ⁶nu¹ 打鸟

射鸟　　射（鼠）

ha¹pu¹ ha¹pa¹ 捕鱼

找（螃蟹）找鱼

（三）整体意义是成分意义的引申

在这种情况下，傣语四音格的整体意义是在其成分意义的基础上推演而生的。这又可以分多种类型。

1. 比喻

ʔət⁷hu¹ lǎk⁸pet⁷ 掩耳偷鸭

掩耳　　偷鸭

vɔk⁸tai¹ liŋ²hǎi³ 兔死狐悲

猴死　　猴哭

ʔik⁹nǎm⁴ tʰɛm¹kə¹ 添油加醋

加水　　添盐

dɔm¹kɔk⁹ tʰa³fan² 守株待兔

看树　　等麂子

2. 概括

jǎi⁵ jau² xau¹ suŋ¹ 魁梧

大　长　白　高

ma⁴ la² ho² xʷai² 牲口

马　驴　黄牛　水牛

kǎŋ⁶hǎi⁶ kǎŋ⁶na² 农忙

忙地　忙田

be³ ŋɯn² lan² xǎm² 钱财

贝壳　银　贝叶　金

3. 借代

xău³na¹ pa¹tʰuk⁹ 五谷丰登　　　su⁵na³ hăn¹ta¹ 会见

粮厚　　鱼贱　　　　　　　　　会面　　见眼

lăp⁷ta¹ ʔət⁷hu¹ 闭目塞听　　　ju⁵suk⁷ kin¹van¹ 安居乐业

闭目　　塞耳　　　　　　　　　住幸福　吃甜的

三　成分意义的相互关系

（一）　同义关系

傣语四音格的各组成成分意义完全相同。

tʰɔ³mok⁷ tʰɔ³tsăi¹ 操心　　　　kin¹jăi⁵ kin¹loŋ¹ 大吃大喝

操心　　操心　　　　　　　　　大吃　　大吃

tʰoi³van⁵ tsan¹tsin¹ 锅碗　　　　tăŋ²tso⁶ tăŋ²tsat⁸ 终生

锅碗　　锅碗　　　　　　　　　毕生　　整辈子

kan¹hăm⁶ kan¹hen² 学业　　　　taŋ²dɔi³ taŋ²kin¹ 食物

学业　　学业　　　　　　　　　食物　　食物

（二）　近义关系

傣语四音格的各组成成分意义相近。

lɛŋ³băi³ lɛŋ³mău² 装疯卖傻　　pɔk⁸vai⁵ leu¹xɯn² 回头

装傻　　装醉　　　　　　　　　回头　　又转

ja⁵fau⁴ ja⁵hip⁸ 别忙　　　　　ʔɔk⁹vek⁸ păi¹kan¹ 出工

别忙　　别催　　　　　　　　　出工　　去工作

pʰɔŋ²dăi³ pʰɔŋ²ʔău¹ 谋取　　　xa³hɔ¹ kun²hən² 家奴

企图得　企图拿　　　　　　　　宫奴　　家奴

（三）　类义关系

傣语四音格的各组成成分意义属于同类。

kai⁵xo¹ mɛ²taŋ² 修桥铺路　　　taŋ⁵ban³ taŋ⁵mən² 他乡

搭桥　　修路　　　　　　　　　别的村　别的勐

ju⁵kǎt⁷ nɔn²nau¹ 生活清贫　　juŋ²xop⁷ mɛŋ²kap⁸ 蚊虫叮咬

住得凉　　睡得冷　　　　　蚊子叮　　虫子咬

xǎŋ³fun¹ bǎŋ¹lum² 遮风挡雨　　tǎŋ³xǎu³ tǎŋ³pʰǎk⁷ 煮饭菜

挡雨　　　遮风　　　　　　煮饭　　　烧菜

（四）　反义关系

傣语四音格的两个组成成分意义正好相反。

bǎu⁵ho¹ bǎu⁵haŋ¹ 不伦不类　　pʰan⁶hɔn⁴ pʰan⁶nau¹ 发冷发热

不头　　　不尾　　　　　　忽冷　　　忽热

luk⁸tsǎu⁴ nɔn²dək⁷ 起早贪黑　　jɔn⁵xɯɯ³ jɔn⁵luŋ² 提上吊下

起得早　　睡得晚　　　　　吊上　　　吊下

pʰɔn⁵pin¹ pʰɔn⁵tai¹ 舍生忘死　　tsɔm²na³ tsɔm²lǎŋ¹ 前呼后拥

拼活　　　拼死　　　　　　拥前　　　随后

（五）　关联关系

傣语四音格的两个组成成分意义只是偶尔关联。

ʔǎu¹to¹ pin¹tək⁸ 以身作则　　xop⁹pi¹mi²mə⁶ 一年一度

以自己　　做基础　　　　　一年　　　有时间

tsǎi¹nɔi⁴mən¹kǎi⁵ 胆小如鸡　　lək⁸ti⁶ lək⁸mi² 某些地方有

胆小　　　如鸡　　　　　　选地　　　选有

四　整体意义之间的关系

傣语四音格整体意义之间的关系，可以有两种情况：一是不同傣语四音格之间的同义关系，一是同一形式傣语四音格之内的多义关系。

（一）同义傣语四音格

这里所说的同义傣语四音格，是指意义完全相同的傣语四音格，而不包括意义相近的傣语四音格，这与通常讲的同义词是有所不同的。

傣语中，有的两个傣语四音格完全同义，例如：

tsɔŋ⁶nɔi⁴hɔi²fan² 羊肠小道

tsɔŋ⁶nɔi⁴taŋ²fan² 羊肠小道

有的三个傣语四音格完全同义，例如：

kɛu³kăm²sɛŋ¹kăm² 金言玉语

pak⁹jăm¹kăm²ka⁶ 金言玉语

pak⁹lem³pʰem⁴xum² 金言玉语

有的四个傣语四音格完全同义，例如：

xa³tsăi⁴kun²sɔi¹ 用人

xa³jau³kun²hən² 用人

pʰu³tsăi⁴kun²sɔi¹ 用人

xa³hɔ¹kun²hən² 用人

有的五个傣语四音格完全同义，例如：

mɯɯn⁵tso⁶sɛn¹tsat⁸ 千秋万代

mɯɯn⁵tso⁶sɛn¹tsɯɯn⁶ 千秋万代

hɔi⁴tso⁶sɛn¹tsin⁶ 千秋万代

hɔi⁴tso⁶sɛn¹tsat⁸ 千秋万代

hɔi⁴tso⁶sɛn¹pan¹ 千秋万代

有的六个傣语四音格完全同义，例如：

bɯɯn¹na³bɯɯn¹ta¹ 嬉皮笑脸

bɛn³na³bɛn³ta¹ 嬉皮笑脸

ləm³na³ləm³ta¹ 嬉皮笑脸

lɯɯn⁶na³lɯɯn⁶ta¹ 嬉皮笑脸

din³na³din³ta¹ 嬉皮笑脸

bɛn³hu¹kɯ¹kɯ¹ta¹ 嬉皮笑脸

语言中词义完全相同的词语是不必要的，有待规范。傣语四音格之所以
会有如此多的同义词，主要是由于书面傣语不够普及，傣语主要是以口语形
式存在，这就使得同一意义的傣语四音格，在各地使用的时候有所差别。

形成傣语四音格同义词的手段有的是同义语素替代，如："leŋ³ba³leŋ³mǎu² 装疯卖傻"与 "leŋ³bǎi³leŋ³mǎu² 装疯卖傻"，这里用"bǎi³ 傻"替换了"ba³ 疯"就形成了另一个傣语四音格。这是同义傣语四音格形成的最主要手段。

同义傣语四音格的形成还可以用变换语序的手段，如："lak⁸xɛŋ⁶lak⁸xa¹ 拖后腿"与"lak⁸xa¹ lak⁸xɛŋ⁶拖后腿"，这里，把"lak⁸xɛŋ⁶拖后腿"与 "lak⁸xa¹拖后腿"换位，就形成了不同的傣语四音格。

还有的同义傣语四音格是由于它们的形成方式不同造成的，如： "soi⁶na³soi⁶ta¹洗脸"与"soi⁶na³soi⁶ni³洗脸"，前者是近义并列，后者是音变并列。

（二）多义傣语四音格

有许多傣语四音格包含有几个义项。这几个义项之间既有联系，也有区别。

它们有的是色彩意义不同：

ʔeŋ²pʰǎi¹ʔeŋ²mǎn²　　①争先恐后（褒）　　②各自为政（贬）

pǎi⁵kǎu⁵ʔǎu¹mǎi⁵　　①吐故纳新（褒）　　②喜新厌旧（贬）

vak⁸na³leu¹lǎŋ¹　　①瞻前顾后（贬）　　②三思而行（褒）

有的是词性的不同：

xɛ²pʰǎk⁷xɛ²jə³　　①菜汤 （名）　　②做菜汤 （动）

pit⁸tsǎ⁷lǎ⁸na²　　①小心 （形）　　②设法（动）

pin¹na³pin¹ta¹　　①体面（形）　　②为名（动）

有的是词面意义与引申意义的不同：

puŋ¹hap⁹vaŋ²pa²　　①卸下担子　　②分娩

ŋǎu³hak⁸ho¹san¹　　①树根　　②根源

paŋ⁵paŋ⁵lɛŋ²lɛŋ²　　①清爽明亮　　②光明正大

tǎn¹tik⁷tǎn¹te¹　　①密密实实　　②一窍不通

　　上述每个傣语四音格的第二个义项都是第一个义项的引申。一般前者比较具体，后者比较抽象。

第四节　傣语四音格的语言功能

　　前面分析了傣语四音格的各方面特征，这是从傣语四音格的组成要素，也就是从傣语四音格的内部来认识傣语四音格的性质。我们还可以从傣语四音格的外部，也就是从傣语四音格的语言功能上，来认识傣语四音格的性质。傣语四音格在语言运用中最基本的功能是造句，此外，傣语四音格还有各种特殊的语用功能，正因为如此，傣语四音格才会有很强的生命力。

一　傣语四音格的句法功能

　　傣语四音格之所以称为"格"，是因为傣语四音格有很强的独立性。傣语四音格在语言中是作为整体发挥作用的，它的句法功能具体表现在以下几个方面。

　　（一）作为构词语素构成新词

ja¹ho¹mǎi⁴ho¹dɔk⁹ 草药　　　　　　kan¹ pu¹pa¹ŋa²li⁶　渔业

药　树根草头　　　　　　　　　　事　小鱼小虾

tsǎi¹tɔm⁵tit⁷tɔm⁵tɔi³ 提心吊胆　　　mo¹ja¹nǎi²ban³nǎi²xoŋ⁵ 赤脚医生

心　提心吊胆　　　　　　　　　　医生　　村里

　　这样的例子虽然不是很多，但是说明了傣语四音格具有较强的构词能力。尽管有四个音节，四音格作为构词语素，是以一个整体在发挥作用的，这也是傣语四音格独立性的体现。傣语四音格的主要功能是在句子中充当各种句子成分。

（二）在句子中作主语

1. xa³sək⁷sat⁷tlu¹ kɔ⁴ bǎu⁵ hǎt⁷ ma² lɔŋ⁶lai²kai¹kǎi³.①

　　　敌人　　　　　也　不　敢　来　　　侵犯

汉译：敌人也不敢来侵犯。

（《太阳和月亮》）

2. xɔ³ju⁵hau²kin¹ pʰǎi⁶mən² kɔ⁴ sen¹lɛ̌⁸mən¹ kɔi⁶ ju⁵ kɔi⁶ di¹ ma²

　　生活　　　　人民　也　　同样　　　越来越好　　来

nǎŋ³mɯ⁴nǎŋ³vǎn².

一天天地

汉译：人民的生活也同样一天天地越来越好。

（《太阳和月亮》）

（三）在句子中作谓语

3. xǎm²tsen¹ xɯn³ pin¹ pʰǎ²ja²tsǎu³mən² se¹lɛu⁴, dǎŋ⁵ mən² luk⁸ ni⁶ kɔ⁴

　　罕尖　　上　做　　国王　　之后　（而）地方　从　这　也

hak⁹xǎu³na¹pa¹tʰuk⁹······.

就　五谷丰登

汉译：罕尖当国王之后，国家从此五谷丰登······。

（《太阳和月亮》）

4. pɔ⁶ sen³tso⁶vai²pan¹ se¹lɛu⁴, luk⁸ kǎu⁴ to¹ tsɯ⁶ xǎm²tit⁸ kɔ⁴ dǎi³ sǎ⁷vəi¹

　　父亲　去世　　之后　　儿子首个　个名　罕迪　就　得　治理

la²tsǎ⁸sǎm¹pǎ⁷ti⁷ pin¹ pʰǎ²ja²tsǎu³mən² tɛn² ti⁶nǎŋ⁶ pɔ⁶.

大　　俸禄（地方）做　　　国王　　接替　座位　父亲

汉译：父亲去世之后，长子罕迪就继承父亲的王位治理地方，当了国王。

（《太阳和月亮》）

---

① 下文所用傣语语料除特别注明外，均出自戴洪亮、张公瑾编《西双版纳傣语基础教程》（中央民族大学出版社 2012 年版）中的课后阅读材料。

（四）在句子中作宾语

5. tuɯŋ² tso⁶ mǎn² kɔ⁴ tsaŋ⁶ lu⁶tsiŋ² ʔau¹ vǎ⁸ťǔ⁷xǎu³xɔŋ¹ ŋɯn²xǎm² pən⁶.

　整　　世　他　也　会　掠夺　拿　财富　　　金银　　别人

汉译：他生来就只会掠夺别人的金银财宝。

（《六月新年为什么泼水》）

6. pʰeu³ mu⁵xǎu³mu⁵lǎu³ se¹lɛu⁴…

　收拾　　　酒席　　　　之后

汉译：收拾完酒席之后……

（《六月新年为什么泼水》）

（五）在句子中作定语

7. bǎu⁵ hu⁴ taŋ² ʔum³xa³ʔau¹pʰai⁶, tsaŋ⁶ ka⁶ xǎ⁷nap⁹ pʰai⁶mən² tsɔŋ⁶ deu¹.

　不　　知　事情　照管百姓　　　会　只　迫害　人民　　样　单一

汉译：不会照管百姓的事情，只会迫害人民。

（《太阳和月亮》）

8. tsǎu³lǎ⁸si¹ mi² tsǎi¹ ʔi⁷du¹xun¹na² pʰai¹pʰot⁷.

　召拉西　　有　心　怜悯　　拯救

汉译：召拉西有怜悯之心想救活他。

（《老虎死了还是睡了》）

（六）在句子中作状语

9. ʔai³suk⁷ dǎi³ jin² lɛu⁴ kɔ⁴ tsɛn⁵ luk⁸ma², bǎu⁵fau⁴bǎu⁵hip⁸ lě⁸ va⁶:

　　岩苏　得　听　了　就　站　起来　　不慌不忙　地　说

"ŋai⁶ ja⁵, bǎt⁷deu⁵ xɔi³ di⁵ tsɛt⁷ hɯ³ tǔ⁸pu⁵ tǒŋ²."①

容易　嘛　　现在　我　就　数　给　佛爷　看

汉译：岩苏听了以后，就站了起来，不慌不忙地说："这容易，我现

---

① 语料来自《岩苏和佛爷》，玉康、张秋生、岩温龙主编《西双版纳傣语基础教程》，云南民族出版社
2006年版，第159页。

在就数给佛爷看。"

（《岩苏和佛爷》）

10. kɔ⁴ bɔk⁹jǎŋ² het⁹ kan¹ tɛ⁵kǎu⁴tʰɯŋ¹pai¹ hɯ³kɛ⁵ ma¹tsi⁴tsɔk⁹ to¹ nǎn⁶
　就　告诉　原因 事情　从根到梢　　给　狐狸　　只 那
faŋ²hǎn³ lɛ̆.
　听　了

汉译：就把事情的原因从头到尾讲给那只狐狸听了。

（《老虎死了还是睡了》）

（七）在句子中作补语

11. xɔ³ju⁵hau²kin¹ pʰǎi⁶mǝŋ² kɔ⁴ sɛn¹lɛ̆⁸mǝn¹ kɔi⁶ ju⁵ kɔi⁶ di¹ ma²
　　生活　　　人民　也　同样　　越来越好　　　来
nǎŋ³mɯ⁴nǎŋ³vǎn².
一天天地

汉译：人民的生活也同样一天天地越来越好。

（《太阳和月亮》）

12. ʔai³suk⁷ xɯn³ tʰǝn⁵ pǎi¹ kau⁴ mak⁷hin¹ lɔŋ¹ kǝk⁵ lɯŋ² ma²
　　岩苏　上　山林 去　撬　石头　　大　滚　下　来
xɯŋ⁴lɯŋ⁴xɯŋ⁴lɯŋ⁴.
轰隆轰隆

汉译：岩苏上了山林，把大石头撬下来轰隆作响。

（《岩苏和佛爷》）

（八）在特定条件下，傣语四音格还可以独立成句

13. sǝ¹tai¹sǝ¹nɔn²
　虎 死 虎 睡
汉译：老虎死了还是睡了？

（《老虎死了还是睡了》）

14. nam⁴tsau³din¹tsau³

　　水　召　土　召

汉译：水和土都是召片领的。

（《傣族谚语》^①）

二　傣语四音格的语用功能

傣语四音格是在傣语运用过程中逐步发展起来的，傣语四音格之所以产生，是因为傣语四音格有其独特的表现力。单从表意角度来说，即使不用傣语四音格，也能把意思表达清楚，但是，表达的效果就大不一样。那么，傣语四音格有哪些独特的语用功能呢？大致说来有以下几个方面。

（一）语音和谐

15. ok⁵pem⁴som⁴li⁶seŋ⁵van⁵tsaŋ⁶xan⁵hɔŋ⁴o¹o¹me⁶pa².^②

　　娥嫔　　甜言蜜语　　会　喊　叫　　大妈

汉译：娥嫔会甜言蜜语地叫大妈。

（《娥嫔与散洛》）

16. kɛn⁴ăn⁶sop⁴lăm⁵xam¹tə¹　tan²pɛn⁶pə¹lăm⁵lɔn⁴.

　　就是　　多言多语　　说　过分　　繁多

汉译：就是多言多语，言过其实说个不停。

（《娥嫔与散洛》）

这里，运用傣语四音格，使句子在句中押韵，读起来朗朗上口，悦耳动听。句子中，大多数傣语四音格都有语音和谐的功能，只是有的语音和谐的作用更为突出。傣语四音格的音节形式、押韵、音变等都能达到语音和谐的效果。

---

① 高立士：《傣族谚语》，四川民族出版社 1990 年版。
② 15、16 两个例句都是德宏傣语，其四音格的性质与西双版纳傣语相近。参见郭玉萍《傣族文化探究》，广西民族出版社 2002 年版，第 51 页。

（二）语义丰富

"sə¹tai¹sə¹nɔn²虎死虎睡"是一篇傣族寓言的题目。这篇寓言是说，一位智者救了一只恶虎，反要被恶虎吃了充饥。他四处找人说理都没说赢，最后还是兔王用智慧帮他逃脱灾难。故事教育人们对坏人不要怜悯，这样复杂的内涵就包含在短短的四个音节中，这是语言发展到一定的程度才能出现的现象。一些傣语四音格，如"ʔət⁷hu¹lǎk⁸pet⁷掩耳偷鸭""vɔk⁸tai¹ liŋ²hǎi³兔死狐悲"等也是这样，它们都是借助特定的具体事物来说明一些复杂的抽象道理。这样的傣语四音格已经超越了字面意义，隐含着丰富的内涵。

（三）加深语义

17. dǎŋ⁵ni⁶, pʰǎi⁶məŋ² kɔ⁴ hak⁹ mi² xʷam² <u>mun⁵lǎu⁴sǎu⁴mɔŋ¹</u> tsu⁶

　　　这样　　　人民　　也　就　有　　事情　　郁郁寡欢　　　各

nɔi⁴jǎi⁵jiŋ²tsai².

男女老少

汉译：如此，黎民百姓不论男女老少都愁容满面。

（《太阳和月亮》）

"mun⁵lǎu⁴sǎu⁴mɔŋ¹郁郁寡欢"是在"mun⁵mɔŋ¹忧郁"的基础上扩张而成的傣语四音格，二者意义基本相同，但是，前者语义程度比后者要深，这对于意义的准确表达十分重要。许多傣语四音格都是这样，它们的出现，就是为了能起到加深语义的作用。

（四）形象生动

18. mə⁶ pɔk⁸ma² nǎn⁴, tu²pu⁵ xi⁵ma⁴ʔa³xa¹ vaŋ²mok⁷vaŋ²tsǎi¹ ju⁵ʔɔn¹.

　　时候　回来　那　佛爷　　趾高气扬　　安安逸逸　　　在　前

汉译：回来的时候，佛爷趾高气扬安安逸逸地走在前面。

（《岩苏和佛爷》）

这里的"xi⁵ma⁴ʔa³xa¹"直译是"骑马叉腿",在句中用来描写佛爷趾高气扬得意忘形的神态,这比其他普通词语要形象得多。傣语中,许多傣语四音格的整体意义,都是在其成分意义的基础上,通过各种修辞方式形成的,这些傣语四音格都有形象生动的语用功能。

(五)语义明确

19. tăŋ²lai¹hɯ³ mi² mɯ² tʰɯ¹ <u>kăn²tʰa⁴ xɔŋ¹hɔm¹</u> lai¹ siŋ⁵……

　　大家　给　有　手　拿　花束　　香物　多　种

汉译:大家手持各种鲜花……

（《维先达罗本生经·十愿经》）

句中"kăn²tʰa⁴"（花束）来自巴利语,人们对其意义不甚了解,加上傣语"xɔŋ¹hɔm¹"（香物）形成四音格后,它的语义就明确了。傣语有许多四音格都是这样,它的两个组成部分是解释与被解释的关系,其目的就是为了语义明确。

(六)语言简练

下面两个句子出自同一篇文章,请比较句中的画线部分:

20. tɛ⁵ năn⁶ xa¹tăŋ²sɔŋ¹ kɔ⁴ pʰɔm⁴kăn¹ lău⁶jăn² het⁹ kan¹ ʔan¹ năn⁶

　　从　那　他俩　就　一起　讲述　原因事情　件　那

tăŋ³tɛ⁵ kău⁴hen⁴tɔ⁵ tău⁶ tʰɯŋ¹ pai¹ hɯ³kɛ⁵ teu²va⁴da¹ tun¹ năn⁶ făŋ²du¹.

从　根　一直对　至　到　梢　给　神仙　位　那　听

汉译:于是,他俩就一起把那件事情的原因从头到尾讲给那位神仙听。

21. kɔ⁴ bɔk⁹jăn² het⁹ kan¹ <u>tɛ⁵kău⁴tʰɯŋ¹pai¹</u> hɯ³kɛ⁵ ma¹tsi⁴tsɔk⁹ to¹ năn⁶

　　就　告诉　原因事情　从根到梢　给　狐狸　只　那

făŋ²hăn³ lĕ.

听　了

汉译:就把事情的原因从头到尾讲给那只狐狸听了。

（《老虎死了还是睡了》）

"tăŋ³tɛ⁵ kău⁴hen⁴ tɔ⁵ tău⁶ tʰɯŋ¹ pai¹" 与 "tɛ⁵kău⁴tʰɯŋ¹pai¹" 意义相同，后者是在前者的基础上产生的，但是后者是傣语四音格，比前者明显要简练。一些傣语四音格，就是在提炼句子或短语意义的基础上形成的，它们成为傣语四音格后，在语言形式上就比原来要简洁得多。

第五节　　傣语四音格的词性与成分来源

一　傣语四音格的词性

从词性上看，傣语四音格基本上分为以下几类：

（一）名词性傣语四音格

kok⁷kău⁴kɔn⁵ʔɔn¹ 领导　　　　　kun²het⁸kun²saŋ³ 劳动者

ʔa²ju²săŋ¹xan¹ 年纪　　　　　kăm²pak⁹lik⁸to¹ 语文

ʔă⁷lŏ¹ʔă⁷sin⁶ 远古　　　　　xo²dɔi³xo²kin¹ 食物

kaŋ¹tuŋ⁶kaŋ¹na² 田野，田间　　　xəŋ⁶păn¹na²kan¹ 礼物

xa³hai⁴kun²tson¹ 土匪，匪徒　　　xəŋ⁶pit⁸xəŋ⁶măi² 武器

kun²xăp⁷kun²fɔn⁴ 演员　　　　　să⁷xǐ⁷tsăm¹ŋai¹ 标记

（二）动词性傣语四音格

tsăp⁷tsɔt⁹hɔt⁸tʰɯŋ¹ 到达　　　　pak⁹pɔŋ⁴xɔŋ³xɯ² 干涉

să⁷kău³dăm¹ho¹ 洗头　　　　　păn³ʔun⁵păn³tsăi¹ 安慰

tsep⁷măi³xăi³nau¹ 生病　　　　ju⁵hə⁴nɔn²hɔ¹ 服劳役

să⁷lăŋ³săŋ¹ka¹ 怀疑　　　　　jin⁵lap⁹jin⁵pʰɔn⁵ 忏悔

su⁵na³hăn¹ta¹ 会见　　　　　jɔk⁹dăi³jɔk⁹ʔău¹ 随意拿取

suŋ⁵xɯn¹xɯn²xai² 送还　　　　dɔm¹kɔk⁹tʰa³fan² 守株待兔

（三）形容词性傣语四音格

tsaŋ⁴tʰău³jăm⁶ŋoŋ² 老态龙钟　　　tsəŋ⁴tin¹tsəŋ⁴mɯ² 笨手笨脚

kan³kuŋ⁵huŋ⁶həŋ² 繁荣昌盛　　　tsum⁶na³ta¹ban¹ 喜笑颜开

sɯ⁶sɯ⁶jo²jo² 老老实实　　　　jəm²su³sa⁵sən¹ 兴高采烈

xi³paŋ³pum¹ləŋ¹ 面黄肌瘦　　　up⁸jup⁸jău⁶jău⁶ 密密麻麻

sop⁸său²ŋău¹ju⁵ 萎靡不振　　　ta¹jăi⁵lə¹tɔŋ⁴ 贪婪

ba⁵xɛŋ¹hɛŋ²tăŋ³ 身强力壮　　　tăn¹ha¹ta¹lɔŋ¹ 眼大肚小

（四）副词性傣语四音格

tsəŋ⁴tsəŋ⁴tʰəŋ²tʰəŋ² 慢腾腾地　　tăŋ³nɔi⁴tʰɯŋ¹jăi⁵ 从小到大

tɛ⁵kău⁴tʰɯŋ¹pai¹ 从头到尾　　　taŋ⁵kun²taŋ⁵ju⁵ 各在各的

năŋ³mɯ⁴năŋ³văn² 一天天　　　　pă⁷lam²pă⁷la² 一连串

bău⁵fau⁴bău⁵hip⁸ 不慌不忙　　　pak⁹nan²xan¹tsəŋ⁴ 慢条斯理

to¹pʰăi¹xiŋ²măn² 各人，各自　　lăp⁸na³lăp⁸ta¹ 背地里

傣语四音格毕竟不同于一般的词，从意义涵量上看，傣语四音格有的相当于词，有的相当于短语，还有的相当于复句。意义上的复杂性，给确定傣语四音格的词性带来了一定的困难，好在多数傣语四音格意义并不是非常复杂，少数傣语四音格可以在具体的语境中，根据上下文来确定它们的词性。当然，部分傣语四音格确实具有多种词性，这是兼类傣语四音格。

二　傣语四音格的成分来源

任何民族，在其发展史上都会与其他民族发生交往，在此过程中，各民族之间在文化、语言等方面就会相互借鉴，相互交流。傣语也是这样，傣族人民在其发展的历史长河中，曾经与许多兄弟民族有过密切的交往，因此，傣语中也有许多来自其他民族语言的成分。傣语对这些成分进行改造利用，使它们成为傣语的有机组成部分。这些成分不仅丰富了傣语的表现力，也是傣族与兄弟民族交往的见证。傣语四音格的成分主要来自本民族的语言，但是也有许多成分来自其他民族的语言，这主要来自汉语、缅甸语、巴利语等。

（一）来自古汉语

傣族与汉族的交往历史十分悠久，最早可追溯到先秦时期。在古代的民族交往中，傣语从汉语中借用一定的词汇是毫无疑问的，但是，由于历史悠久，汉语与傣语又同属汉藏语系，具体语言成分究竟是同源还是借用，存在争论。一些这样的成分也进入了后来的傣语四音格。

jok⁷ 药—kin¹jok⁷kin¹ja¹ 吃药，服药

pʰan¹贫—ʔik⁹tuk⁸tʰɛm¹pʰan¹ 穷上加穷

mɯn⁵万—pin¹mɯn⁵pin¹sɛn¹ 成千上万

kǎi⁵鸡—tsǎi¹nɔi⁴mən¹kǎi⁵ 胆小如鸡

sɯ⁴市—sɯ⁴pik⁸sɯ⁴hɛ² 买布匹

ŋɯn²xǎm²金银—vǎ⁸tʰǔ⁷ŋɯn²xǎm² 财经

ʔǎu¹要—ʔǎu¹na³ʔǎu¹ta¹ 要面子，争光

xɛk⁹客—xɛk⁹ma²ka¹tǎu³ 门庭若市

（二）来自现代汉语

现在，傣语人民与汉族的交往十分密切，傣族人民在同汉族交往的过程中吸收了大量汉语词汇，尤其是一些现代社会的新词汇，不过，这些借词的语音都是汉语西南方言的语音，一般很容易辨认。很多这样的借词也进入了傣语四音格。

fa⁴tsan² 发展—puŋ⁵nəŋ²fa⁴tsan² 发展

tsoŋ⁶ji⁶ 中医—mɔ¹ja¹tsoŋ⁶ji⁶ 中医

sau⁵jau⁴ 造谣—sau⁵jau⁴tsǔ⁸sɔ⁵ 造谣

pʰo⁵xʷai⁵ 破坏—maŋ⁴lu⁴pʰo⁵xʷai⁵ 破坏

xi³li⁵利率—nǎm⁴sɔn⁵xi³li⁵ 利率

tsǎŋ³vɯn² 站稳—tsɛn⁵mǎn³tsǎŋ³vɯn² 立场坚定

si⁵tən⁶汽灯—pʰaŋ¹mǎn²si⁵tən⁶ 汽灯

pǎu⁶pan⁵ 包办—pǎu⁶pan⁵het⁸taŋ¹ 包办代替

（三）来自巴利语

傣族社会受小乘佛教影响非常深刻，小乘佛教的经典语言是巴利语，随着小乘佛教的传播，许多巴利语词汇已经进入傣语的基本词汇之中，因此，傣语四音格中也有大量的巴利语成分。

ka¹lă⁸ 社会—ka¹lă⁸ban³məŋ² 社会

ʔa²lam² 佛寺—văt⁸va²ʔa²lam² 佛寺

să⁷tʰe¹ 富翁—să⁷tʰi¹să⁷tʰe¹ 大富翁

bun¹ 福气—kam⁵di¹bun¹mi² 命好有福气

ka¹ja² 身体—nə⁴to¹ka¹ja² 身体

vi⁴sa² 技术—vi⁴sa²na²tsaŋ⁶ 技术

vă⁸tʰŭ⁷ 经济—vă⁸tʰŭ⁷ŋɯn²xăm² 财经

să⁷lot⁷ 高升—băŋ³fãi²să⁷lot⁷ 高升

（四）来自缅甸语[①]

巴利语是随着小乘佛教经由斯里兰卡、缅甸等国再传入我国傣族地区的，这样巴利语在进入傣语之前就受到了缅语等的影响，一些缅语也随着小乘佛教进入傣语之中，其中一部分还进入傣语四音格。

ka⁴买卖—ka⁴nɔi⁴xăi¹jɔi⁶ 小商小贩

săk⁷xi¹ 证据—săk⁷xi¹pʰim²jan² 证据

să⁷la⁵ 师傅—să⁷la⁵să⁷xu² 师傅

măk⁸mam³ 贪心—măk⁸mam³tăn¹ha¹ 贪得无厌

taŋ⁵ 运载—taŋ⁵păi¹taŋ⁵ma² 运输

tsum²num² 汇合—pʰă⁷sum²tsum²num² 集中

tʰam²担负—ʔum³vek⁸tʰam²kan¹担负工作

tʰən²缓慢—tsən⁴tsən⁴tʰən²tʰən²慢腾腾地

---

① 由于巴利语现在已经不使用，有些词究竟来自缅甸语还是巴利语，我们不能确定。这里所列缅甸语借词都是依据郭玉萍《傣族文化探究》中的《论现代傣语借词的构成》确认的。

第三章　傣语四音格的语言认识

在考察了傣语四音格的各种语言特征之后，有必要来研究一下什么是傣语四音格。前面的考察，已经对傣语四音格有了大致的认识，然而，要把什么是傣语四音格解释清楚，却仍然感到力不从心。通常，在界定某一事物时，人们常常会给该事物找到一条或几条标准。吕叔湘先生说过，"理想的标准应该是对内有普遍性，对外有排他性（不开放性）……"[①]。但是，这对傣语四音格来说，却是困难重重。到目前为止，还没有人完整地论述过傣语四音格的定义，许多说法都只是从某一个角度对傣语四音格部分性质的说明，这样的论述显然达不到理想标准的要求。例如，有人指出傣语四音格都是"并立结构"，但是，一方面，有人却指出，傣语四音格绝大部分是并列结构，还有少部分不是并列结构，另一方面，人们也不能保证，傣语中所有"并立结构"都是傣语四音格。同样，有人强调傣语四音格具有"押韵"的特征，但是，人们发现还有许多傣语四音格并不"押韵"。可见，"并立结构""押韵"等特征并不是识别傣语四音格的充分条件。傣语四音格是一种客观存在的语言现象，不同学者对傣语四音格可能有不同的认识。为什么要把那少部分非并列结构也看作傣语四音格？为什么傣语四音格也有不押韵的？所有这些都需要从理论上对傣语四音格做出解释。看来，只有用一种新的观念重新审视人类的语言，才能为这些难题找到答案。而浑沌学理论正为找到这种新的语言观念提供了理论基础。

[①] 吕叔湘：《汉语语法分析问题》，商务印书馆 1979 年版，第 34 页。

第一节 语言认识的新观念

浑沌学[①]是 19 世纪末从数学和物理学等学科中发展起来的一门学科。与以往许多学科相比，浑沌学的研究兴趣不是集中在事物的简单性上，而是集中在事物的复杂性上，因而，它对那些研究对象具有复杂性的学科特别适用。浑沌学诞生后，逐渐超出了原来的数学、物理学范围，分别在气象学、生物学、经济学等领域取得了成功。如今在中国，已有学者主张把浑沌学应用到医学领域，而在 20 世纪 90 年代，以张公瑾先生为代表的一批学者，又呼吁把浑沌学引入语言研究之中。[②]

一 浑沌学理论有助于人们进一步认识人类语言

浑沌学研究表明，人类所处的客观世界并不是完全规则、秩序井然的世界，而是一个充满浑沌的世界。所谓浑沌并不等于无序，它包含无序的一面，但同时还包含有序的一面。浑沌是一种有序与无序两种倾向都很明显，哪一方面都不能忽略的对象，是有序和无序的统一。与此相关，人们所处的浑沌世界是一个确定性与不确定性统一的世界，一个稳定性与不稳定性统一的世界，一个完全性与不完全性统一的世界，一个自相似性与非自相似性统一的世界。

浑沌学为人们展现了一个全新的世界图景，也改变了人们对自身所处世界的认识，这样的认识也必定会影响到人们对语言的认识，促使人们重新检讨以往的语言研究。

在浑沌学产生以前，有序成为一个科学概念，被理解成事物空间排列上的规则性和时间延续中的周期性，无序被理解为空间中的偶然堆砌和时

---

① 关于浑沌学理论思想，可参见苗东升、刘华杰《浑沌学纵横论》，中国人民大学出版社 1993 年版。
② 张公瑾：《文化语言学发凡》，云南大学出版社 1998 年版，第 89 页。

间中的随机变化。科学的任务就是透过无序的现象去发现有序的本质。长期以来，语言研究一直就是在这样的思想指导下进行的。

文艺复兴时期的语言研究是以一种人为的秩序去约束语言，普遍语法学派是以主观中的普遍规则去替代语言，他们的共同点是用主观理性的有序去研究语言。现代语言学的进步表现在用客观的态度取代了主观的态度，但是他们与以往的研究有一个共同的地方，那就是，他们都认为语言是纯有序的。

早期的历史比较主义致力于具体语言的比较，但是这种比较是以一种强烈的信念为前提：人类语言的演化是完全有序可循的；晚期的青年语法学派把这种思想发挥到极至，他们宣称语音定律没有例外。

20 世纪初产生了以索绪尔为代表的结构主义语言学。索绪尔从语言活动中排除言语得到语言，又从语言中排除外部语言要素得到内部语言要素，再从内部语言要素中排除历时语言事实，最后得到共时语言系统。索绪尔层层剥夺言语活动的过程，实际上就是舍弃语言无序性寻找语言有序性的过程。

20 世纪 50 年代，产生了以美国乔姆斯基为代表的转换生成语言学，乔姆斯基认为，人类的大脑有一种天生的语言机制，人类的语言就是由于这种天生的语言机制，通过一系列规则，由深层结构到表层结构的转换而生成的。该理论所追求的用有限规则去充分描述人类自然语言的目标，正是基于对语言有序性的坚强信念。

可见，以往的语言研究关注的只是语言的有序性，忽略甚至排斥语言的无序性，这是不全面的。语言研究必须同等重视语言的无序性，因为无序性与有序性一样，都是语言本质所在。

浑沌学还为科学研究带来了方法论的变革。

资产阶级大革命以后，在西方世界中，认为世界是简单有序的形而上学的世界观占主导地位，因而，在科学领域，还原论是支配科学发展的主导思想。这种理论认为，整体的或高层次的性质可以还原为部分的或低层次的性质，认识了部分和低层次，通过加和即可以认识整体和高层次。与还原论相适应的是分析—累加的方法，即还原方法。然而，浑沌研究表明，世界并不是简单有序的，而是浑沌的，即有序与无序的统一，浑沌是系统的一种整体行为方式，浑沌运动本质上不能还原为部分特性，不能用分析—累加方法去把握。对于浑沌现象，必须用整体论的方法去研究。

在浑沌理论影响下，整体论的研究方法得到推广，并在研究各种复杂的动态系统中显示出魅力。人类自然语言在本质上也是一种复杂的动态系统，整体论的研究方法也必定能为语言研究带来新的活力。

二　浑沌学理论有助于人们更好地理解语言与文化的关系

20 世纪 50 年代出版的罗常培先生的《语言与文化》是文化语言学的开山之作，这是第一次从理论高度自觉地把语言与文化结合起来研究。该书主要从语词的含义出发，在六个方面探讨了语言与文化的关系，并在总结中深刻地指出，今后语言研究要注重口语、方言、民族语言等方面的研究，这实际上也就是语言研究与文化研究相结合的道路。

80 年代，文化语言学在中国正式诞生。此后，在一定的语言观和文化观的基础上，学者们都阐述了自己对语言与文化关系的认识。

申小龙认为[①]，语言规范着一个民族看待世界的样式，规范着一种文化的深层结构。他认为，有一种语言就有一种对世界的观点，而从语言中看到的世界已非纯粹的客观世界，而是经过特定的文化分类、组合，充盈着人的主体意识的世界。这种观点起源于洪堡特[②]，发展于萨皮尔、沃尔夫。这种观点在语言与文化关系上，主张语言表达文化，决定着文化。

---

① 申小龙：《中国文化语言学》，吉林教育出版社 1990 年版。
② [德]威廉·冯·洪堡特：《论人类语言结构的差异及其对人类精神发展的影响》，姚小平译，商务印书馆 1999 年版。

邢福义认为[①]，语言与文化的关系包括三个方面：一、语言是文化的一个重要组成部分，属于制度文化层次；二、语言是记录文化的符号体系；三、语言与文化相互制约和影响。在此基础上，邢先生把文化语言学定位"关系科学"，"从理论上说既不是语言学的一个分支，也不是文化学的一个分支"。

戴昭铭认为[②]，一方面，语言是人类文化的重要组成部分，是人类文化得以建构和传承的形式和手段；另一方面，文化又无时无地不对语言有制约作用和决定性影响。他认为，尽管文化语言学所要研究的是语言与文化的关系，但是，文化语言学是语言学扩展领域和变革方法而形成的语言学科，仍应归属语言学。

张公瑾先生认为[③]，语言与文化的关系，包含着语言的文化性质和语言的文化价值两方面的内容。语言的文化性质指语言本身就是文化，是一种文化现象；语言的文化价值指语言包含着丰富的文化内容，是体现文化和认识文化的一个信息系统。尤为重要的是，张先生在此提出，要把浑沌学理论作为文化语言学的本体观和方法论。

语言与文化关系的实质是复杂的动态系统之间的关系，二者都具有复杂性、系统性、动态性，它们之间的关系都是在此基础上展开的。

首先，语言与文化都具有多方面的属性。"语言是人类特有的符号系统。当作用于人与人的关系的时候，它表达相互反应的中介；当作用于人和客观世界关系的时候，它是认知事物的工具；当作用于文化的时候，它是文化信息的载体。"[④]文化的定义多达几百个，有的认为文化包括物质文化、制度文化、精神文化三个方面，有的认为只包括人的能力和习

① 刑福义、周光庆：《文化语言学》，湖北教育出版社 1990 年版。
② 戴昭铭：《文化语言学导论》，语文出版社 1996 年版。
③ 张公瑾：《文化语言学发凡》，云南大学出版社 1998 年版。
④ 《语言文字百科全书》，中国大百科全书出版社 1994 年版，第 386 页。

惯，有的认为文化是一系列规范和准则，还有的认为文化是人的能力和效果，等等。

其次，语言与文化都是庞大的系统。"语言是一种分层装置，这种装置靠组合和替换来运转。"[1]运转的结果是产生语素、词、句子等语言单位。"文化从内部看是一个庞大的系统结构，整体中包括许多子系统，泰勒的定义中就包括知识、信仰等许多项目。在每个子系统里又有许多具体、个别的文化现象，如酒文化、茶文化、蜡染文化……"[2]

再次，语言与文化都是动态系统。语言系统与文化系统都时刻处在变化之中，它们不断地与外界交换着各种因素，促进自身发展；同时，它们相互之间也在交换，并互相促进，互相制约。

这样，语言与文化之间，不是单个事物与单个事物之间的简单对应关系，而是一个多层级的体系与另一个多层级体系之间的立体对应关系。这样的关系是异常错综复杂的，有必要对它们进行适当的分类。这些关系从性质上可分为，语言与文化的总体关系，语言与文化的个体关系。这是两类性质不同的关系，前者是关于语言与文化关系的哲学思辨，后者是关于语言与文化关系的具体认识，二者不可混淆。

从总体上看，语言是文化的组成部分，但它是一个特殊的部分。浑沌学理论认为，世界是一个自相似又非自相似的世界。在一定的尺度内，部分与整体有某种程度的自相似性，部分中包含了整体的许多信息。语言是文化的重要组成部分，因此，语言与文化的关系是部分与整体的关系，然而，在文化这个大系统中，语言是非常特殊的一元，语言系统中凝聚着所有文化的成果，保存着一切文化的信息，语言和文化之间有某种程度的自相似性。

---

[1] 叶蜚声、徐通锵：《语言学概论》，北京大学出版社 1997 年版，第 31 页。
[2] 张公瑾：《文化语言学发凡》，云南大学出版社 1998 年版，第 24 页。

语言与文化的这种特殊关系，使人们既能从语言看文化，又能从文化看语言。这就好比人们的眼睛与客观世界的关系，眼睛可以看到客观世界的各种事物，然而眼睛本身又是客观世界的一部分。人们可以从眼睛来认识客观世界，也可以把眼睛作为客观之物来看待，但是，这两者对眼睛来说有本质的不同，前者是眼睛的物质功能，后者是眼睛的物质属性。对于语言来说，前者是语言的文化价值，后者是语言的文化性质。

除语言与文化的总体关系外，还有语言与文化之间的个体关系。个体关系十分复杂，如罗常培先生在《语言与文化》中分析的六个方面，都是语言与文化的个体关系。这里还仅仅是从词义出发，大家的出发点当然还可以是语音、语法、句子等。

语言与文化是相互影响、相互制约的，这样，现实中的具体语言现象往往就是语言因素与文化因素双重制约的结果。当然，从根本上说语言本身就是文化的一部分，但是，语言毕竟有自己的特质，在一定的范围内可以与文化并列。实际上，即使撇开语言就是文化这个命题不说，具体的语言现象也总是与特定的文化相联系的，从来就没有脱离特定文化的纯语言。因此，在认识具体语言现象时，分清哪些特征属于语言，哪些特征属于文化，就使人们既能认识具体语言现象的语言本质，又能了解具体语言现象的文化特色。

总之，浑沌学理论是本文认识傣语四音格的方法论，认清语言特征与文化特征的关系是本文认识傣语四音格的重要内容。

第二节   傣语四音格与四音格

傣语不是单独存在的，它总是与其他的语言有一定的联系。傣语属于汉藏语系壮侗语族壮傣语支①，如果把傣语与相关语言进行比较，这对认识傣语四音格或许很有帮助。

　　汉藏语系诸语言普遍存在着一种类似的语言现象，语言研究者把这些类似的语言现象统称为"四音格"。初步调查研究表明，各种语言四音格的性质和总体特征基本相同，只是数量多少以及具体存在形式有所差异。例如，同是藏缅语族，四音格在彝语支、缅语支较多，而在藏语支、羌语支就较少；即便是同一个语支，也不完全一样，如彝语支的哈尼语四音格就很少，而彝语和傈僳语等则较丰富②。既然汉藏语系语言都有四音格，那么，在研究傣语四音格时，就有必要联系这些语言的四音格来研究傣语四音格。只有这样，才能了解傣语四音格在整个四音格中的角色，从而认识傣语四音格的本质；也只有这样，才会看出哪些特征属于所有四音格，哪些特征是傣语四音格独有的，从而认识傣语四音格的个性。

　　这里仍然是从语音、结构、意义三个方面来考察。

一　语音

　　从音节形式上看，各种语言四音格的音节形式都很丰富，一般都有下面三种类型：

（一）ABCD 型

傣语　keu⁵xǎu³səu⁵nǎm⁴ 收割　　　　xɔt⁹ven²mai¹mǎn³ 订婚

苗语　box yeus loul hluak 男女老少　ndox shab deb ghel 天高地厚

彝语　ɬi³³tʼuⁿ⁵⁵hi¹³mi²¹ 四时八节　　zi²¹do³³ɬie³³mu²¹　水涨船高

汉语　朝三暮四　　　　　　　　　　前赴后继

（二）ABAC 型

傣语　　tʰɔŋ¹hu⁴tʰɔŋ¹tsaŋ⁶ 精通　　　hǎt⁷kɯut⁸hǎt⁷pɔŋ¹ 敢想敢做

---

① 这个问题有争论，但这种说法最为普遍。
② 荣晶：《藏缅语族的四音格形式》，《云南民族大学学报》(哲学社会科学版)2003 年第 4 期。

| 苗语 | zhod zaix zhod ndrous 花斑虎 | gid dax gid dol 平路 |

苗语　　　zhod zaix zhod ndrous 花斑虎　　gid dax gid dol 平路

彝语　　　$ni^{33}vu^{33}ni^{33}vi^{33}$ 心慌意乱　　$\mathcal{z}o^{33}mu^{21}\mathcal{z}o^{33}\mathcal{z}a^{13}$ 自作自受

汉语　　　任劳任怨　　　　　　　　　　　将信将疑

（三）AABB 型

傣语　　　$set^8set^8s\mathrm{u}^2s\mathrm{u}^2$ 正正直直　　$pak^9pak^9xo^1xo^1$ 说说笑笑

苗语　　　ndex ndex ghangb ghangb 前前后后

　　　　　hnob hnob hmaot hmaot 日日夜夜

彝语　　　$mi^{21}mi^{21}ɬo^{33}ɬo^{33}$ 宁静　　　$k\mathrm{u}^{33}k\mathrm{u}^{33}bo^{33}bo^{33}$ 本分

汉语　　　勤勤恳恳　　　　　　　　　　清清楚楚

此外，不同语言还有一些其他类型四音格，如 ABCC 型（彝语）、ABCB 型（羌语）、AABC 型（汉语）、ABAB 型（景颇语）等。不同语言中，不同类型四音格所占分量是不一样的，例如，彝语的 AABB 型较多，羌语的 ABCB 型较多。

傣语四音格中，ABCD 型和 ABAC 型所占分量最大，AABB 型和 ABCB 型有一点，而 ABAB 型和 ABCC 型几乎没有。

傣语四音格中的音变现象，在许多语言四音格中也有，例如彝语、景颇语、苗语等。与傣语四音格一样，有音变现象的四音格在整个四音格中所占的比例不是很大。

有些语言的四音格在语音上有自己的独特之处，例如，汉语四音节成语有许多都是平仄协调的，有人统计，汉语四音节成语平仄协调的占到 70%[1]。

押韵，尤其是押腹韵，是傣语四音格最独特的语音现象。尽管其他语言四音格也有押韵现象，如有人统计，汉语成语中有 4.5%的押韵[2]，然而，傣语四音格中有 23%的押韵，其中，又有 83.5%的押腹韵，而其他语言四音格是很少押腹韵的。

---

[1] 伍崇文：《成语的音读美》《康定民族师范高等专科学校学报》1987 年第 00 期,第 74 页。
[2] 同上。

从总体上看，虽然各种语言四音格的语音形式各有特色，但是它们都在追求语音效果的和谐性。因为，无论是从音节类型来看，还是从音变和押韵来看，其目的都是为了傣语四音格的语音悦耳动听。

不同语言四音格在语音形式上可能都有自己的特色，而押腹韵和 ABAC 型音节形式则是傣语四音格在语音上的鲜明个性。

二　结构

各种语言四音格在结构上也表现出很多共同点。

（一）在结构层次上，各种语言四音格也都可以分为单层结构、双层结构和整体结构三种类型，并都是以双层结构为主体。

1. 单层结构

傣语　$sə^1 mi^1 het^8 tsaŋ^4$ 猛兽　　　　$ma^4 la^2 ho^2 x^wai^2$ 牲口

苗语　gud dix ved njoul 兄弟姐妹　　　nyox nenl yangx chik 牲畜

汉语　牛鬼蛇神　　　　　　　　　　　吃喝嫖赌

2. 双层结构

傣语　$het^8hǎi^6 het^8na^2$ 耕田种地　　$pin^1di^1 mi^2hǎn^6$ 富有

苗语　hnangd zhox nzuas nbuas 穿绸下缎　nbuax del ndouk deut 手舞足蹈

彝语　$su^{21}ndi^{55} ʐo^{33}k'ɯ^{21}$ 人想己推　$mə^{55}tie^{21} zu^{33}ɦʋ^{33}$ 娶妻育子

汉语　心甘情愿　　　　　　　　　　　一箭双雕

3. 整体结构

傣语　$su^3su^3jəm^2jəm^2$ 高高兴兴　　$ʔit^7ʔit^7xa^1xa^1$ 千锤百炼

苗语　hobhobnongsnongs 雷雨交加　　　ndex ndex ghangb ghangb 前前后后

彝语　$gu^{21}gu^{21}lɯ^{21}lɯ^{21}$ 周围　　$mo^{21}mo^{21}zɯ^{33}zɯ^{33}$ 老幼

汉语　高高兴兴　　　　　　　　　　　老老实实

（二）在结构关系上，各种语言四音格的第一层结构关系都是并列关系占优势，相当于复句的复杂关系也有不少，例如：

1. 并列关系

傣语　lɛŋ³ba³ lɛŋ³mǎu² 装疯卖傻　　　　pʰam¹ho²xɔk⁸ma⁴ 牛棚马厩

苗语　uat ghongb uat longt 做庄稼　　　　bit nenx bit zhangd 拜亲拜戚

彝语　pʻo³³nid⁵⁵ɕi³³ndi⁵⁵ 左思右想　　　mu³³dạ¹³mi³³bu³³ 天崩地塌

汉语　朝三暮四　　　　　　　　　　　　前赴后继

2. 复杂关系

傣语　vɔk⁸tai¹ liŋ²hǎi³ 兔死狐悲　　　　nǎm⁴xɯn³hə²fu² 水涨船高

彝语　mu³³dze³³vi³³na³³ 骑马观花　　　　ɣʋ⁵⁵na³³dzʋ²¹dzu³³ 看菜吃饭

汉语　掩耳盗铃　　　　　　　　　　　　杯水车薪

复杂关系四音格在汉语中最多，而在其他语言中却很少，甚至没有，即使有，也几乎都与汉语相对应，这不排除是汉语的对译。

其他关系在各语言四音格中的情况有所不同，如汉语四音格、彝语四音格中都还有一些主谓关系、偏正关系、动宾关系等，而傣语四音格还有一类特殊的解说关系。

总之，并列关系在各种语言四音格中都占绝对优势，即使是其他关系，其内部结构也都是"二二"式的，因此，所有语言四音格在结构上都表现出平行性。傣语四音格的结构平行性十分强烈，在本书所收集到的2349 个傣语四音格中，并列性的傣语四音格超过 2300 个，占总数的98%；而在《汉语成语小词典》[①]中，并列性的汉语成语不足 30%。正因为绝大多数傣语四音格都是并列结构，所以，有学者就把结构并列性视为傣语四音格的必要条件之一[②]。

---

① 陆俭明、鲁国尧等：《汉语成语小词典》，商务印书馆 1998 年版。
② 巫凌云、张秋生：《西双版纳傣语文概况》，云南民族出版社 1981 年版，第 68 页。

三　意义

（一）整体意义

各种语言常常通过多种方式在其成分意义的基础上形成整体意义，以下方式在各种语言四音格中都很常见。

1. 比喻

傣语　jok^{8}jun^{2}pǎt^{8}lum^2 煽风点火　　　tse^{5}luk^{8}ha^{1}luk^8 骑马找马

苗语　nbangb nded chaotlot 手长衣袖短　dlex nchab bangl ndrod 污泥浊水

彝语　zi^{21}do^{33}ɬie^{33}mu^{21} 水涨船高　　vi^{33}di^{13}mʊ^{21}gʊ^{21} 开花结果

汉语　鹤立鸡群　　　　　　　　为虎作伥

2. 夸张

傣语　lan^{4}tsat^{8}sen^{1}tsin^6 千年万代　　xai^{5}fa^{4}naŋ^{6}din^1 天罗地网

苗语　cab nax bunt xongt 千年百岁　　dax jax dax dual 非常平坦

彝语　mu^{33}da^{13}mi^{33}bɯ^{33} 天崩地塌　mu^{33}tʊ^{33}ma^{13}mi^{21} 千马万军

汉语　顶天立地　　　　　　　　怒发冲冠

3. 借代

傣语　xǎu^{3}na^1 pa^{1}tʰuk^9 五谷丰登　ju^{5}suk^7 kin^{1}van^1 安居乐业

苗语　uat naoz uat hnangd 生活　　hnangd nyax nzuas gob 穿金戴银

彝语　tɕ'i^{33}pa^{13}la^{13}n̦o^{33} 拦脚绊手　ɬʊ^{33}dzl^{13}mi^{13}ɦia^{55} 张口伸舌

汉语　窗明几净　　　　　　　　灯红酒绿

4. 概括

傣语　jǎi^5 jau^2 xau^1 suŋ^1 魁梧　　kǎŋ^{6}hǎi^6 kǎŋ^{6}na^2 农忙

苗语　nyox nenlɕ yangx chik 牲畜　　boa yeus loul hluak 男女老少

汉语　上蹿下跳　　　　　　　酸甜苦辣

（二）意义涵量

各种语言四音格的意义涵量有多有少，有的表达简单概念，有的表达较复杂的概念，还有的表达很复杂的概念。

1.表达简单概念

傣语　kin¹ kin¹ kan¹ kan¹ 吃　　　　　ku¹ ku¹ ka¹ ka¹ 我

彝语　vi⁵⁵h̩³³ve⁵⁵ga³³ 衣服　　　　　sʅ³³dza³³lʅ³³ma³³ 水果

汉语　啰里啰嗦　　　　　　　　　　　稀奇古怪

2.表达较复杂的概念

傣语　ju⁴pǎi¹ju⁴ma² 推来推去　　　　tsăp⁷mə⁶ mɛn⁶jam² 适时

彝语　ni³³lo¹³dzʋ²¹dȩ²¹ 心满意足　　　p'a³³ɕi³³p'a³³so³³ 半死半活

汉语　任劳任怨　　　　　　　　　　　抛头露面

3.表达很复杂的概念

傣语　xam³năm⁴ pot⁷xo¹ 过河拆桥　　tsɔp⁸man¹ pʰan²dǎi³ 走运多猎

彝语　ɕe³³ŋo²¹di³³tsa¹³取长补短　　　zi²¹gɯ⁵⁵t'ɯ³³t'a³³过河拆桥

汉语　画龙点睛　　　　　　　　　　　枕戈待旦

总体上看，汉语四音格意义涵量比其他语言四音格要大，但是，与语音和结构相比，各语言四音格在意义上的差别不是十分突出。应该说，意义的整体性是所有语言四音格最基本的特征，人们之所以说各种语言都存在四音格，就是因为四音格能以整体性的特征与一般词组相区别，四音格的"格"就表明了它是一个固定的语言形式。

可见，汉藏语系各语言的四音格在各个方面的特征尽管都有差异，但是它们在主要特征上的共同性还是十分突出的。汉藏语系各语言四音格的共同特征是"语音的和谐性、结构的平行性、意义的整体性"。由于这些共同特征的存在，完全可以把各语言的四音格视为本质相同的一类语言现象。因此，傣语四音格不过是汉藏语系四音格大家族的一员，各种语言四音格的根本性质应该是一致的。当然，与其他语言四音格一样，傣语四音格也有自己的个性，这种个性表现在语言形式上就是：并列性结构特征十分突出，以 ABAC 型和押腹韵为语音特色。

第三节　傣语四音格的浑沌性

一　傣语四音格是一个复杂的动态系统

浑沌研究表明，客观世界是一个连续体，事物之间没有一个非此即彼的绝对界限。傣语四音格也是这样，傣语四音格是一种客观存在的语言现象，是傣族人民在长期的语言实践中逐步发展起来的。因此，一方面，由于傣语四音格已经在傣语实践中形成了自己的鲜明特点，在傣语使用中有特定的作用和功能，因而必须把它作为一类独立的语言现象加以研究；另一方面，傣语四音格与其邻近的一些语言现象，如一般词组等，还存在着千丝万缕的联系，它们之间不存在不可逾越的鸿沟。所谓"傣语四音格"只是语言研究者为研究的方便对某类语言现象的命名。同样的语言现象，这里称"傣语四音格"，傣语中有时又称为"kăm^{4}tsap^{8}lɛp^8（韵语）"，而《傣汉词典》则称为"四字格"。正如许多事物的名称一样，这样的名称只能概括客观事物的大致范围，而不能对客观事物做出精确的界定。而且，不同的研究者，由于宽严把握的不同，也会对边缘区域的语言现象作不同的取舍，例如，有人主张所有傣语四音格都是并列结构[①]，有人则把"mă^{8}ha^1（大）lă^{8}tsa^2（王）大王"这样的偏正结构也列入傣语四音格之中[②]。同时，不同特征之间也会有矛盾，各个特征之间存在着一些无序状态，例如，上述的"mă^{8}ha^1（大）lă^{8}tsa^2（王）大王"，虽然在结构类型上属于少数类，但是，在语音形式上它还押韵，又属于多数类。由于这些

[①] 巫凌云、张秋生：《西双版纳傣语文概况》，云南民族出版社 1981 年版，第 68 页。
[②] 玉康：《汉傣泰常用会话手册》，云南民族出版社 2001 年版，第 151 页。

不确定性因素的存在，几条语言特征已不能把所有傣语四音格一一区分开来了。

那么，这是否意味着认识傣语四音格不用去研究傣语四音格的语言特征呢？当然不是。前面的研究之所以遇到困难，是因为人们总是用傣语四音格的各种语言特征，去衡量傣语四音格的每个个体。浑沌学理论认为，整体论的方法是研究复杂系统的重要方法。整个傣语四音格是个复杂系统，对于这样的复杂系统，必须要有整体论的思想。也就是说，人们应从傣语四音格的整体上去考察傣语四音格的语言特征。

从整体论的观点来看，整个傣语四音格实际上是一个有序和无序相统一的动态系统。不仅如此，傣语四音格的语音、结构、意义等也都是这样的复杂系统。

傣语四音格是有序和无序的统一体。一方面，各种傣语四音格的语言特征丰富多样，差异悬殊。傣语四音格的语言特征可以表现在语音、结构、意义等方面。语音方面有音节形式、押韵、音变等；结构方面有结构层次、结构关系、结构模式等；意义方面有内部意义、整体意义，以及它们之间的相互关系等。所有这些特征，它们所在层次可能不同，表现程度也有差异，在同一个傣语四音格中，各方面特征也不是互相对应。另一方面，在这些形式各异、程度不等的语言特征背后，总还有一些规律性的东西，它们分别在各自的领域主导着傣语四音格发展方向，并使得傣语四音格的整体在各个方面呈现出一定的有序性。

经典动力学理论认为，"系统运动只有到达吸引子上才能稳定下来并保持下去"。[①]可见，稳定的动态系统都有吸引子维系着。傣语四音格是一个动态系统，虽然这个动态系统的边界不是完全封闭的，系统的内外还在不停地进行着交换，但是，该系统每个方面的众多特征都有自己的统一主题，也就是说，都有自己的吸引子。这些吸引子分别在各自的领域维持

---

① 苗东升、刘华杰：《浑沌学纵横论》，中国人民大学出版社 1993 年版，第 99 页。

系统的动态平衡，规定着系统的本质，引导着系统的趋势。找到这些吸引子，就是我们认识傣语四音格本质的重要结论。

二 傣语四音格的三个吸引子

前面的分析把傣语四音格分为语音、结构、意义三个方面，实际上，这里的每个方面都是一个复杂的动态系统，它们也都有各自的吸引子。经过对傣语四音格进行的内外对比分析，我们认为，反映傣语四音格本质的吸引子主要有以下三个方面。

（一）傣语四音格在语音系统的吸引子是语音的和谐流畅性

首先，傣语四音格的各种语音特征，都是为了使傣语四音格的语音效果变得和谐流畅，悦耳动听。

大多数傣语四音格内部都是并列结构，即使那些非并列结构，例如"$tun^3ho^1p^ho^1me^2$原配夫妻"等，人们在口读时，也总是处理成"二二"模式。可见，傣语四音格内部一般存在着两个"语音块"，傣语四音格要想使整个语言单位变得流畅自然，朗朗上口，就只需要协调好这两个"语音块"之间的语音效果，而不必四个音节逐个考虑。傣语四音格在语音形式上的各种表现，其实都是为了协调这两个"语音块"。

傣语四音格的音节形式，以 ABAC 类型最为典型，这里的两个"语音块""AB"和"AC"中有共同的"A"，这样，这两个"语音块"在音节上就前呼后应，和谐顺畅。

音变现象是傣语四音格中很有特色的语音形式之一，其实，音变的效果也是协调傣语四音格内部的两个"语音块"。傣语四音格中的音变，可以是声调的变化，可以是元音的变化，还可以是整个韵母的变化，语词中唯一不改变的是声母，这样，在傣语四音格中，前后两个词语就会在声母上保持一致。如此看来，傣语四音格中的音变现象，不就是在追求声母呼应吗？有时两个音节同时产生音变，这时声母和谐流畅的效果就更为明显了。

押韵是傣语四音格最有特色的语音形式。傣语四音格中，押韵的方式是灵活自如的，可同韵同调相押，也可同韵异调相押；可押腹韵，可押首韵，可押尾韵；可双重押韵，还可兼类押韵，短短的四个音节，竟能千变万化。傣语四音格以押腹韵最为普遍，这种押韵方式的特点是两个"语音块"首尾相押。如果说音变等手段造成了傣语四音格的前后呼应，那么押腹韵就造成了傣语四音格的蜿蜒回环。

其次，在全体所有各傣语四音格中，大多数傣语四音格都具有语音流畅性。

在本书附录所收集的傣语四音格中，ABAC 类型的有 1088 条，AABB 类型的有 65 条，其他类型的有 29 条，这几种类型的傣语四音格都具有语音流畅的特征，没有语音流畅特征的只可能存在于 ABCD 类型中。而在全部 1167 条 ABCD 类型中，有 37 条是押首韵的，有 442 条是押腹韵的，有 50 条是押尾韵的，还有 18 条是两个音节都音变的。这样，在声韵上具有语音流畅特征的傣语四音格占总数的 75%左右，更何况这里还没有考虑声调变化的情况。

再次，语音流畅性是傣语四音格语音的发展趋势。

在分析傣语四音格的语音形式特征时，可以明显感觉到，一些傣语四音格的音节形式是经过精心选择的。一些同义傣语四音格的存在，清楚地展示了这个语言的选择过程。例如："hə⁵păŋ²dăŋ¹jɔi⁴汗流浃背"与"hə⁵tok⁷jaŋ¹jɔi⁴汗流浃背"，二者的意义完全一样，但是，前者押韵而后者不押韵，这就为语言的选择创造了条件。

许多傣语四音格是从双音节词语发展而来的，语言单位从双音节形式发展为四音节形式有多方面的原因，其中有一个原因就是追求语音流畅。例如："laŋ⁵tin¹laŋ⁵mɯ²失手"，它包括了"laŋ⁵tin¹失脚""laŋ⁵mɯ²失手"两个部分，从表意的角度来看，"laŋ⁵muɯ²失手"足矣，之所以加上"laŋ⁵tin¹失脚"，就是为了语音流畅。傣语四音格中，这样的例子是十分普遍的。

总之，在傣语四音格的语音系统内部，各种语音特征都有自己的特点，其表现程度也呈现出有差异的连续状态，但是，语音流畅是整个傣语四音格系统在语音系统的吸引子。

（二）傣语四音格在结构系统的吸引子是结构的并列性

首先，傣语四音格绝大多数在结构上都表现出并列性的特征。所谓结构的并列性是指傣语四音格的构成成分之间具有相同、相对或相类的关系。

从结构层次上看，单层结构的傣语四音格几乎都是并列结构；双层结构的绝大多数是并列结构；整体结构中，部分傣语四音格的成分之间不是并列结构，但是，整体结构的傣语四音格并不是很多，在本文收集的 2349 条傣语四音格中只有 65 条。

从结构关系上看，并列关系的并列性是十分明显的；解说关系的两个直接成分在语义上几乎一样，因而，也具有并列性；复杂关系的傣语四音格的两个直接成分之间的语义关系虽然是多种多样的，但是，其中有的是下层结构相同，有的是成分意义相近、相对或相类，从而也表现出并列性。只有很少部分傣语四音格没有明显的并列性。

其次，结构并列性对傣语四音格的结构有强大的引导作用。

傣语四音格的结构并列性之所以是傣语四音格的吸引子，还因为结构并列性对傣语四音格的结构有强大的引导作用。

很多傣语四音格本身在语义上就有很强的并列性，如："kai⁵xo¹mɛ²taŋ²修桥铺路""kǎm⁵fun¹lum²fa⁴暴风骤雨"等。然而，一些在语义上没有并列因素的傣语四音格，也往往经过多种方式的包装，最后以并列结构的形式出现。

例如"kǎm¹muɯ²kǎm¹ma²握手"，从语义上讲它与"kǎm¹muɯ²握手"完全一样，但是这里通过音变的方式加上了"kǎm¹ma²"，从而成为并列结构。

又如"na³ban³ta¹məŋ²地区面貌"，它的语义是"na³ta¹（面貌）ban³məŋ²（地区）"，但是在傣语四音格中就被重新组合成"na³ban³ta¹məŋ²"的形式，这样就成为并列结构了。

最明显的是"lək⁸ti⁶lək⁸mi²"，它的语义是"lək⁸（某些）ti⁶（地方）mi²（有）"，这里的三个语义成分之间毫无并列因素，但是通过重复"lək⁸"，它成了傣语四音格，这时的"lək⁸ti⁶"与"lək⁸mi²"在形式上就成了并列关系，全然不顾"ti⁶（地方）""mi²（有）"之间的本来语义关系，傣语四音格追求结构成分并列性的力量由此可见一斑。

傣语四音格结构并列性的强大引导作用还表现在，非并列结构傣语四音格语言节奏的偶分性上。

仍然有少部分傣语四音格在结构上没有表现出并列性，个别复杂关系的傣语四音格，因其内部语义关系比较复杂，其内部成分的意义有可能不是两两对立，例如"tsǎi¹jǎi⁵tan⁵tsaŋ⁴胆大如象"，其内部成分的意义组成是"tsǎi¹jǎi⁵（胆大）tan⁵（如）tsaŋ⁴（象）"，但是，即使如此，在口读时，人们仍然会在语音节奏上把这些傣语四音格处理成两两对立，也就是说，这里的音步仍然是"二二"式。

总之，傣语四音格通过多种方式，将其复杂的语义关系进行包装，使其内部成分能以并列的面目展现出来。在傣语四音格系统中，具体的傣语四音格的并列性程度有高有低，但是整个傣语四音格系统追求结构平行性的趋势是十分明显的。

（三）傣语四音格在意义系统的吸引子是意义整体性

傣语四音格的整体性是傣语四音格最基本的特征。傣语四音格不同于一般的词组。在语言实践中，傣语四音格是作为一个整体在行动的，因而，这是一种特殊的语言单位，具有自己的独特个性。

语言单位的整体性包括形式和内容两个方面的整体性，但是，内容是根本，内容决定形式，形式表现内容。傣语四音格的内容是它的意义，形式包括结构和语音。因此，严格来说，所有傣语四音格都必须具有意义整体性的特点，不过，不同的傣语四音格表现意义整体性的方式可能有所不同，意义整体性的强弱也可能有所不同。

从意义构成上看，傣语四音格所包含的意义成分有的简单、有的复杂，但是无论怎样，各个意义成分必须行动一致，不能单独发挥作用，也就是说，傣语四音格在意义上必须是一个整体。

傣语四音格的整体意义是在其成分意义的基础上形成的，但是，傣语四音格的整体意义并不是各成分意义的简单叠加，而是有自己的独立性。从前面的分析可以看到，傣语四音格的整体意义并不都是与其成分意义相一致的。有的整体意义小于其成分意义，如"$jɯ^2nok^8$（射鸟）$jɯ^2nu^1$（射鼠）打鸟"；有的整体意义是成分意义的引申，如"$xǎu^3na^1$（粮厚）$pa^1tʰuk^9$（鱼贱）五谷丰登"。这些傣语四音格的整体意义与其成分意义有明显的不一致性。

当然，还是有一些傣语四音格的整体意义与其成分意义有很大的一致性，如"$tai^1moi^4tai^1miŋ^6$ 死绝死尽"，不过，这样的傣语四音格的意义仍然有整体性特征。因为，这些成分意义在使用中总是连接在一起的，共同表达特定意义，只是它们的整体性程度不是很高。

傣语四音格意义的整体性还表现在它的语言功能上。傣语四音格的意义与功能是傣语四音格的两个不同方面，意义是内在的，功能是外显的。在使用过程中，傣语四音格意义的整体性就会明显地表现出来。从前面的分析可以看到，傣语四音格既可以作为构词语素与其他语素构成新词，还可以充当各种句子成分甚至句子。这就是说，傣语四音格的语言功能与一般的词是完全相当的，这表明，傣语四音格的意义已经凝结成一个完整的整体。

　　傣语四音格意义的整体性还表现在它的语言形式上。傣语四音格的意义有时十分复杂，能与单句、复句相当，然而，傣语四音格将这些复杂的意义包含在四个音节之中，这就表明这些意义无论多么复杂都是一个整体。不过，傣语四音格意义的整体性更主要的表现在傣语四音格的句法功能相当于词。傣语四音格与单句、复句的实质不同，不在于傣语四音格形式的简短，而在于简短的形式使傣语四音格能够像普通的词一样充当各种句子成分，人们也能像对待词一样为各种傣语四音格找到它的词性。

　　综上所述，傣语四音格本身是个复杂系统，这个复杂系统可以在语音、结构、意义三个方面表现出来，而语音流畅性、结构平行性、意义整体性分别是这三个复杂系统的吸引子。之所以称这些语言特征为吸引子，是因为这里是用动态的眼光来看待它们的。一方面，这些语言特征并不必然为每个傣语四音格完全具备，这些语言特征在傣语四音格个体上的参差表现，使得傣语四音格的外在形式丰富多彩。另一方面，这些语言特征对傣语四音格的系统整体又有着强大的引导作用，从而使傣语四音格成为有鲜明个性的语言现象。

三　傣语四音格的三大吸引子是相互支持的

　　傣语四音格语言特征上的三大吸引子是相互联系、相互支持、相互促进的。傣语四音格某一方面吸引子的存在和发展，也会促进其他方面吸引子的存在和发展。

　　（一）音节形式的重复使结构成分的并列性外显

　　傣语四音格的音节形式有许多是"ABAC""ABCB"等类型，这固然是为了达到语音效果悦耳动听的目的，然而，这样的音节形式，再加上口语上的"二二"音部，也使得其内部结构的并列性加强了，同时，由于存在共同的提示音节"A"和"B"，也使傣语四音格内部成分自然联系在一起，这也使其意义的整体性得到加强。

（二）同义傣语四音格的存在为语音和谐提供了条件

在分析傣语四音格的意义时已经看到，傣语四音格存在着大量的同义词。从语言经济性角度看，这些意义完全相同的语言单位是没有存在的必要，但是，从语言生动性角度看，正是大量同义傣语四音格的存在，为傣语四音格的语音和谐提供了条件。这些同义傣语四音格的区别，有的是押韵与否的不同，如"tsoŋ⁶nɔi⁴hɔi²fan² 羊肠小道"与"tsoŋ⁶nɔi⁴taŋ²fan² 羊肠小道"；有的是押韵方式的不同，如"kɛu³kăm²seŋ¹kăm² 金言玉语"与"pak⁹lem³pʰem⁴xum² 金言玉语"，这样，在具体的语言实践中，就能根据不同语音效果的要求，随意选用。可见，这些多样的形式，增加了语用的选择性，提高了语言表达的效果。同时，从这里也可以清楚地看到，傣语四音格是如何反复锤炼自己，使自己从不甚成熟走向更为成熟的过程。

（三）语音和谐和成分并列的实现手段也使意义整体性得到加强

押韵是增强语音效果的常见手段，例如"xa³tsău³ʔău¹xoŋ¹ 谋财害命"，这里是傣语四音格最常见的押腹韵。该傣语四音格内第二和第三个音节中共同的"-ău"显然是表明，该傣语四音格内部的两个片段"xa³tsău³"与"ʔău¹xoŋ¹"是连在一起的。语音和谐的其他手段也都有类似的作用，可见，这些手段在增强语音效果的同时，也使得意义的整体性得到了加强。

前面已经说过，傣语四音格常常将一些语义上没有并列因素的内部成分进行重新包装，以便使自己内部成分用并列的面目出现，包装的手段通常有"补足"和"编插"。"补足"的结果也造成了语音和谐，语音和谐也加强了意义的整体性。"编插"是把两个双音节词语相互编插在一起，这样在不改变意义的条件下，却使得原来的非并列结构的短语，变成了并列结构的傣语四音格。例如，"na³len⁶ta¹peŋ² 眉清目秀"这个傣语四音格，就是由"na³ta¹（眉目）len⁶peŋ²（清秀）"这个短语经过"编插"而来的。这样的编插固然形成了结构成分的并列，但是，在编插后的傣语四音格中，原有的词语相互缠绕，难解难分，也使傣语四音格的整体性加强了。

综上所述，傣语四音格在语音、结构、意义等方面都存在着强大的吸引子，分别促使傣语四音格朝着语音流畅性、结构平行性、意义整体性方面去发展，同时，傣语四音格的这三个吸引子也是相互促进，共同发展的。

傣语四音格的三大吸引子对整个傣语四音格系统有着强大的吸引作用，这表现在所有傣语四音格都在朝这三大吸引子指导的方向发展。在具体语言实践中，如果三大吸引子的力量都完备充足，就形成了傣语四音格的典型形式；如果三大吸引子的力量没有完备充足，就形成了各种状态不同的傣语四音格的非典型形式。

第四节　四音格的语言性质

一　如何认识四音格的语言性质

再来考虑这个问题：四音格的语言性质是什么？

对于普遍意义上的语言，一般分为词、词组、句子这三级单位。这里所说的四音格的语言性质，就是指四音格究竟属于哪一级语言单位。

通常情况，很少有人把四音格作为句子看待，因此，这里实际上要讨论的只是四音格到底是词还是词组①。对于这个问题，归纳起来，有三种不同的回答：（1）是词，如许多学者在研究四音格时都称"四音格词"；（2）是词组，如许多学者在讨论汉语成语时，都把汉语成语看成词组；（3）还有人认为四音格中有些是词，有些是词组②。

词与词组的区别，在印欧语系语言中十分明显，人们从物质形式上就可以深刻感知，用不着煞费苦心地借助定义去理性分辨。而在汉藏语系中，词与词组在物质形式上的区别十分有限，于是人们就试图在理性上找到它们的本质，那些关于词或词组的定义就是这些理性思考的结果。然

---

① 这里的词组仅指一般性词组，不包括通常所谓的固定词组。
② 谢志礼、苏连科：《谈四音格词语的结构兼及凉山彝族的源流问题》，《西南民族学院学报》1990 年第 1 期。

而，许多著名学者一面在为词下定义，一面也不得不承认，为词下定义是十分困难的①。因此，判断四音格是词还是词组，不能仅从人们的习惯称呼出发，也不能从尚不健全的定义出发，而应抓住词和词组的各种特征，全面分析它们各方面的差异，找到它们之间的本质区别，然后，再把四音格与二者进行综合比较，看四音格在本质上与哪个相同，如此才能做出正确的判断。如果汉藏语系各语言四音格的各方面语言特征都基本相同，它们的语言性质也应该是相同的。

二　四音格的语言特征与词更接近

词与词组最明显的不同是词的整体性。词在形式上是一个独立的整体，它的各个组成部分在句子中是从不分开的；而词组是词的临时组合，它虽然也能充当各种句子成分，但是，在充当句子成分时，词组不一定是作为整体在行动。例如"复习功课"，这是一个普通词组，但是在"他在复习功课"这句话中，它却同时容纳了谓语、宾语两个句子成分，这时它们是分开的。前文已经说过，四音格在形式上也是一个整体，它的各个成分在句子中也是从不分开的。同时，词的意义也是一个整体，它往往与其成分意义不一致，而是成分意义的引申，例如"爪牙""堡垒"等。词组的意义却不是这样，它与其成分意义是完全一致的。四音格的意义也常常是其成分意义的引申，如傣语四音格"xǎu³na¹（粮厚）pa¹tʰuk⁹（鱼贱）五谷丰登"等。

在语言功能上，词与词组都可以充当各种句子成分，甚至都能独立成句，但是，词还可以作为语素构成新词，词组却不能。而四音格不仅可以充当各种句子成分，还能构成新词。如傣语四音格"ho¹mǎi⁴ho¹dɔk⁹ 树根草头"与"ja¹药"可以构成新词"ja¹ ho¹mǎi⁴ho¹dɔk⁹ 草药"。

在构成方式上，词有所谓语音造词和语法造词之分，例如"拮据""彷徨"等就是语音造词，"劳动""朋友"等就是语法造词；四音格也

---

① 叶蜚声、徐通锵：《语言学纲要》，北京大学出版社 1997 年版，第 91 页。

是这样，"xem¹ xek⁷（无意义）xem¹xe⁵（贫困）贫困""ʔĩ⁷du¹（可怜）ʔĩ⁷dɛ¹（无意义）可怜"等傣语四音格，就可以看作是语音造词，"ʔău¹pʰo¹ʔău¹me² 结婚""jɔ²kuŋ⁵jɔ²ku² 歌功颂德"等就是语法造词。词还可以是偏义，如"国家""动静"等，而傣语四音格"juɯ⁶nok⁸（打鸟）juɯ⁶nu¹（打鼠）打鸟""leŋ⁴mu¹（养猪）　leŋ⁴mɛŋ²（养虫）养猪"等也是如此。但是，这些情况在词组中就基本上没有。

可以看出，无论是整体性，还是功能或构造方式，四音格与词都更为接近，而与词组很不相同，有学者还论述了汉语四字格在韵律上与词的一致性[①]。因此，把四音格看作词比看作词组更为恰当。

三　词只是一个形式

许多人认为，四音格中有一部分可以看作词，还有一部分应该是词组。他们认为，部分四音格的意义涵量比一般词要大，因此，这些四音格应该是词组。其实，这是认识上的一个误区，事实上，词与词组的区别并不在于意义涵量的大小。例如，"诽谤"与"说别人的坏话"，这两者的意义涵量完全相等，《新华字典》就是用后者来解释前者的，但是，在汉语中，前者绝对是词，后者也绝对是词组。这说明，意义涵量的大小并不是词与词组的本质区别。

萨丕尔说得好：

> 从功能的观点来给词下定义实在是不可能的，因为词可以表达单个概念，不论是具体的、抽象的，或纯粹关系性的（如 of "的",by "被、当"，and "和"）也可以表达完整的思维（如拉丁语 dico "我说"，或是如形式复杂得多的奴脱加语动词形式，指"我惯于在

---

① 冯胜利：《汉语的韵律、词法与句法》，北京大学出版社 1997 年版，第 1 页。

做[某事]的时候吃二十个圆东西[即苹果]"）还可以表达二者之间的任何东西。在第二种情况下，词变得等同于句子了。词只是一个形式，一个有一定模型的东西，按照本语言的特性所能容许的程度，把完整思维的概念质料包括得多一点或是少一点。①

事实上，在有些语言中，词的意义涵量有时非常大，甚至比一般句子的意义还要复杂，例如，居住在美国犹他州西南干旱高原上的印第安人的派乌德语（Paiute）中，"Wii-to-kuchum-punku-rūgani-yugwi-va-ntū-m(ü)（将要坐着用刀子割一头牛的人们）"②，这么长的一个语言片段仍然只是一个词。

这就是说，词的内容并不是词的本质所在，词能够表达不同类型、不同级别的概念，而四音格正是这样表达概念的。既然各种语言的各种类型的四音格在其主要特征上都是相同的，那么，它们的语言性质也应该是相同的，而根据意义涵量的大小把四音格分为词和词组两类是不科学的。

从汉藏语系语言词汇的发展历史看，四音格作为词来看待是很好理解的。汉藏语系诸语言的词汇都经历一个从单音节词到双音节词的发展过程，如今再从双音节词发展出四音节词，这是汉藏语言词汇在特定条件下的发展规律。当然，这并不意味着语言词汇的长度可以无限加长，双音节词与四音节词的产生都有其特定的条件和作用，但是，四音格与复合词在诸多性质上的如此高度一致，以至人们只要还承认复合词是词，就必然要承认四音格也是词。

当然，也应该看到，四音格与一般的词是有所不同的。它是一类特殊的词，它的特殊性就在于，它的内容变得更丰富、更精确，它的形式变得更和谐、更优美。而这些特殊性也正是四音格存在的理由。

---

① [美]爱德华·萨丕尔：《语言论》，陆卓元译，商务印书馆 2000 年版，第 28 页。
② 同上书，第 27 页。

第四章　傣语四音格的产生

　　研究傣语四音格的产生，仍然要坚持整体论的方法。我们不仅要研究某个具体傣语四音格的形成过程，还要研究整个傣语四音格作为一类特殊语言现象产生的历史必然性。傣语四音格是汉藏语系四音格大家族中的一员，傣语四音格的产生也必然是与整个家族四音格的产生紧密联系在一起的，因此，这里的研究不是仅在傣语内部进行，而是在整个汉藏语系语言内进行的。傣语四音格是傣语在一定历史阶段产生的特殊语言现象，这种语言现象的产生有其特定的原因、条件及方式。汉藏语系语言词汇发展的普遍规律是四音格产生的根本原因，同时，傣语四音格毕竟隶属于傣语，傣语四音格的属性还必须与傣文化相适应，因此，傣族文化是傣语四音格产生的条件。具体傣语四音格不是凭空产生的，现实中的每个傣语四音格都必须在一定语言材料基础上才能实现，这种关于傣语四音格个体产生的问题，就是傣语四音格的形成方式问题。本章就从四音格的产生原因、傣语四音格的产生条件、傣语四音格的形成方式这三个方面来探讨傣语四音格的产生。

第一节　四音格的产生原因

一　汉藏语系语言词汇发展的历史线索

　　目前汉藏语系语言的四音格十分丰富，各语言四音格不仅数量庞大，而且形式多样。但是，汉藏语系语言四音格并不是从来就有的，各语言四音格的产生都是较晚的事情。汉藏语言词汇经历了从单音节到双音节再到四音节的发展过程，四音格的产生是汉藏语系语言词汇发展到一定历史阶段的产物。

在汉语中，上古汉语词汇以单音节为主。根据马真统计，先秦时期《诗经》《左传》《公羊传》《穀梁传》《论语》《孟子》《楚辞·屈赋部分》《荀子》等八部著作中，多音节词有 2772 个（不包括人名、地名）。随着社会的发展，双音节词逐渐增多。汉魏六朝时期，汉语中的双音节词明显增加了不少，如东汉王充的《论衡》共21 万字，其中出现的双音节词有 2300 个（包括专有名词在内的所有双音节词）；而南朝（宋）刘义庆的《世说新语》一书共有6.1 万字，大约只是《论衡》总字数的七分之二强，但是却有双音节词 1541 个（且不包括专有名词），约为《论衡》双音词的四分之三。①

上古时代几乎没有四音节词，有人统计《论语》多音词仅 3 个，《孟子》多音词仅 8 个，并且还都是三音节词②。

东汉王充的《论衡》，已有零星的四音节词，例如：

（1）使著作之人，总众事之凡，典国境之职，汲汲忙忙，何暇著作？

（2）如谓天地为之，为之宜用手，天地安得万万千千手，并为万万千千物乎？

当时，这类四音节词，不仅数量极少，而且多是重叠形式。

在南朝宋刘义庆的《世说新语》中，四音节词语形式明显增多，不过，这并不意味着四音节词已大量产生。中古时期，由于受骈体文影响，书面语言讲究"四六"和用典，一些四音节语言形式流传到现在就成了成语，但是，许多四音节语言形式在当时的性质还是"语"，而不是现在的"词"，许多地方只

---

① 梁晓虹：《佛教词语的构造与汉语词汇的发展》，北京语言学院出版社 1994 年版，第 175 页。
② 程湘清：《汉语史专书复音词研究》，商务印书馆 2003 年版，第 87 页。

是"引用"，而不是"使用"（第五章将进一步讨论这个问题），这与现在的成语不是同一事物。当然，这样的语言形式毕竟为真正成语的形成准备了材料。

在《敦煌变文集》中，四音节词开始大量出现，这不仅表现在数量的增加上，也表现在构词方式和类型的丰富多样上。例如：

（3）白鹦鹉，赤鸡赤，身上毛衣有五色，两两三三傍水波，向日遥观真锦翼。

（《百鸟名》）

（4）隐隐逸逸，天上天下无如匹。

（《大目乾连冥间救母变文并图一卷并序》）

（5）我为汝等说之，汝等谛谛听听。

（《维摩诘经讲经文》）

（6）能不能，能者高声念阿弥陀佛，讲下时用阿弥陀经。

（《佛说阿弥陀佛经讲经文》）

（7）三界众生多爱痴，致令烦恼镇相随，改头换面无休日，死去生来没了期。

（《左街僧录大师压座文》）

而明清时期，四音节词更是随处可见，如：

（8）一席话，说得婆子屁滚尿流。　　　　（《金瓶梅》）

（9）王夫人原是天真烂漫之人，喜怒出于胸臆。　（《红楼梦》）

（10）是道路却也自有，都只来把风花雪月使了。（《喻世明言》）

降至现代，四音节词是越来越普遍，汉语基本词汇中已经有了数量庞大的四音节词语群，并且其规模还有继续扩大的趋势。据统计，《现代汉语词典》1979 年版收入的四音节以上词语占总量的 7%，其中还包括一些专用名词，而在 1993 年版《新词新语词典》收入的 8400 条词语中，四音节以上词语共计 3745 条，占总量的 45%。

　　汉藏语系其他语言词汇的上古状况目前还不甚了解，或许也有一个从单音节词到双音节词的过程，而四音节词语的产生则同样是较晚的事情。例如：

　　　　藏语四字格，并具有沿袭性、定型性等特点。藏语并列式复合词构词方式，从早期藏文文献，尤其是宗教典籍和宗教用语中可以找到不少例证。藏语并列四字格的产生，标志着藏语词汇进一步朝多音缀化的方向发展。这种并列四字格构词法是藏族人民在其历史文化发展的进程中所创造和发展起来的，在早期作品中这种四字格出现的较少，但在十三、十四世纪以后出现的文学作品中，特别是在卷帙浩瀚的伟大史诗《格萨尔王传》中就用得多了，而解放后出版的读物中则是大量出现。①

　　语言历史说明，四音格是汉藏语系语言在一定历史阶段的产物，是汉藏语系语言词汇自身演变的结果。

二　四音格产生的客观原因

（一）　四音格的产生是现实语言表达的需要

　　语言词汇是构筑语言大厦的基本单位，语言词汇的存在是为语言表达服务的。当语言表达的要求有了很大的发展，而原有的语言词汇形式又不能很好地为语言表达服务时，新的语言词汇形式也就随之产生。

　　从古至今，语言表达的要求已经有了很大的变化。

　　首先，随着客观社会的不断发展，新生事物的陆续涌现，人们的认识能力也愈益增强，人们的知识也越来越丰富。人类在继续发展的过程中，需要把这些知识以各种类型的概念储存起来，这样，就必须在语言中出现

---

① 胡书津：《藏语并列四字格结构初探》，《西南民族学院学报》1989年第4期。

一些新的词汇。同时，人类的记忆能力总是有限的，这就要求新的词汇必须有一定的理据性，新的词汇最好是在已有词汇的基础上发展而来，这就促使了四音格形式的产生。

例如"叶公好龙"，它是用来比喻某些人口头上说爱好某事物，实际上并不真爱好。这里所表示的意义就比较复杂，这个词意义的主体是在"好（爱好）"上，但是，这种"好（爱好）"只是口头上的，而不是真正的，这就使"好（爱好）"的内涵复杂化了，要表达这样一个复杂的内涵，就要在原来"好（爱好）"这个词的基础上增加其他含义，"叶公好龙"这个语言形式就满足了这样的要求。

其次，随着人们相互之间交往的不断增加，人们社会生活的不断丰富，人们对语言表达的要求也越来越高。这表现在人们不仅要求语言能表达一些基本的概念和认识，而且要求语言能表达那些附着在基本概念上的情感和意识。这就要求语言表达在语义的轻重、程度的深浅、色彩的雅俗等方面都有精确的区分，努力做到准确、鲜明、生动。

例如"诚惶诚恐"，这个词所表示的基本意义就是恐惧不安，但是与"恐惧"相比，"诚惶诚恐"的内涵就丰富得多，它在表达"恐惧害怕"这个基本意思的同时，还使人们看到了一个谨小慎微、猥猥琐琐的人物形象。

当然，增加句子的长度，也可以表达复杂的理性内涵和丰富的感性色彩，但是，语言是人的语言，语言的使用毕竟要受到人的各种主客观条件的限制。句子的长度不能无限延长，而且，过分地使用延长句子的方法来增加表达的内容，也不符合现代社会的效率要求以及语言的经济原则。

结构主义语言学认为，句与词是语言中的两个不同层级的单位，每个单位都包含着形式和内容两个方面。充分发挥两个层级单位的作用，能使有限的语言形式容纳更丰富的内容。通过适当增加词的涵量，就可以在有限长度的句子中，大幅度增加语言表达的内容，从而更好地完成语言表达的任务。此外，与句子相比，简短的词汇简洁利索，还具有句子不可替代的修辞作用。

（二）汉藏语系语言语音系统的演化，也是四音格产生的重要原因

汉语从上古到今天，语音系统有了很大变化。如在北方方言中，浊音声母清化，声调的产生和入声的消失，复辅音的简化等。傣语文字虽不如汉字历史久远，但是，从西双版纳新老傣文的对照中，也可以发现西双版纳傣语语音的变化：复辅音大量简化，许多长短音对立消失，部分浊音清化等。

这些语音系统演化的共同趋势是，语音系统总体相对简化，音节结构变得简单、规则。语音简化的结果就会使语言中同音词大量增加，这就会给交际带来不便。为增加词语的区别度，就只好延长词语的长度，这就使四音格的产生有了必要性。同时，音节结构简单规则，就使得四音节结合体不至于成为人类大脑记忆的负担，从而为四音格的产生提供了可能性。

三　四音格形式是语言历史的自然选择

实践证明，四音格的语言形式是汉藏语言词汇在新的历史阶段的最佳选择，下面就从四音格的使用和接受两个方面分析这种选择的优越性。

（一）四音格形式是与人的记忆能力相适应的

四音格的本质是词，是语言的基本单位。与句子的临时性相比，词是语言建筑中的预制品，它是以成品的方式储存在人的记忆中并随时准备为造句服务。作为语言的使用者——人，他的记忆能力在一定条件下是有限的，因此，词的形式必须受到人类记忆能力的制约，四音格的许多特征都是与人类记忆能力相适应的。

从语音形式的信息量看，四音格虽然有四个音节，比一般词的语音形式要长，但是，由于音节结构相对简单，它在语音形式上的总体信息量并不是很大。与此相比，在印欧语系语言中，许多单词就是三四个音节或更多。可见，四音格作为词，它的语音信息量，与人类记忆能力是很适应的。

不仅如此，四音格的许多特征都是有助于记忆的。

在语音形式上，各种语言四音格都是根据本民族语言的具体条件，充分发挥本民族语言的特色，使语音形式顺畅自然，悦耳动听，从而有助于记忆。

有人对《汉语成语辞海》中四字格成语的音韵复沓形式进行了分类统计：

结果表明，包含不同音韵复沓形式的四字格成语占 56.4%，包含子音（声母）重复者占 21.6%，包含母音（韵母）重复者占 36.7%，包含母音重复的明显易于记忆。①

汉语最突出的特征就是利用声调特征形成平仄的对称和协调。

声调同异搭配，错落有致，统一中有变化，变化中有规律，抑扬顿挫，和谐悦耳，富于音乐性。据统计，汉语四字格成语中完全和谐型占 46%多（包括：平平仄仄、仄仄平平、平仄平仄、仄平仄平、平仄仄平、仄平平仄），变式型（全平和全仄之外的所有形式）占大约 48%，不和谐型仅占 6%。②

前文研究表明，傣语四音格中，具有重言性质的 ABAC 类型占总数的 46.4%，押韵的四音格占 23%，再加上一些具有音变特征的四音格，语音和谐的傣语四音格占到总数的 75%左右。

在结构和意义上，四音格最明显的特征是平行对称性。前文已经表明，四音格在语音节奏上几乎都是"二二"模式；各语言中，并列结构的四音格都占绝对优势；很多四音格的构成成分在语义上都是相同、相反或

---

① 刘振前、邢梅萍：《四字格成语的音韵对称与认知》，《语言教学与研究》2003 年第 3 期。
② 同上。

相对的。实验研究表明，对称性四音格比非对称性四音格更易于记忆，对于这个问题，许多学者有专门论述。①

可见，四音格在语音、结构、意义等方面的这些特征，能使四音格发挥表意丰富的优势，弥补长度增加的弊端，从而胜任语言词汇这一重要职务。

（二）四音格形式有助于提高语言表达效果

如果说四音格语言形式对于语言使用者具有易于记忆的优势，那么四音格语言形式对于语言接受者则具有提高表达效果的作用。

古人说："言之无文，行而不远。"这是指修辞对语言交际有重要影响。四音格由于四个音节的存在，就为修辞提供了可能。实际上，四音格语言形式具有很高的审美价值。这些具有审美价值的语言形式，使受话者在接受语言信息的同时受到美的感染，从而更容易实现语言的交际功能。

四音格的美表现在多个方面。

均衡美。四音格由四个音节组成，形式不长不短，既不致显得奇零不偶，也不至于过于繁赘，这就在整体上给人一种整齐的形式美。四音格内部又是"二二"分开，再加上结构的平行，语义的对称，整个四音格在听觉上给人以匀称、均衡、稳定、舒适之美感。

和谐美。刘勰在《文心雕龙》中说："异音相从谓之和，同声相应谓之韵。"因此，如果语音流由完全相同的因素构成而没有不同的成分，则不成律；如果完全不同，没有相同的成分，则不成调；唯有同与异规律性的搭配和组合才构成语言的和谐性。②

四音格正是具有这样的和谐性。傣语四音格中，ABAC 类型是典型的音节形式；汉语成语中，平仄协调的占绝大多数。这样的四音格，同中有异，静中有动，既有整齐感，又有变化美。

① 参见黄希庭、陈伟锋等《结构对称性汉语成语的认知研究》，《心理科学》1999 年第 22 卷；刘振前、邢梅萍《汉语四字格成语语义结构的对称性与认知》，《世界汉语教学》2000 年第 1 期。
② 刘振前、邢梅萍：《四字格成语的音韵对称与认知》，《语言教学与研究》2003 年第 3 期。

简洁美。四音格具有意义的整体性，其整体意义常常远大于成分意义之和。各种语言的四音格，通过各种手段，或用典、或比喻、或象征、或夸张、或借代等，使得其短短四个音节蕴涵着十分丰富的语言信息，给人以"言有尽，而意无穷"的回味，从而形成一种语言的简洁美。

总之，无论是语言的使用还是语言的接受，四音格都具有巨大的优势，因此，语言词汇选择四音格形式是语言历史的必然。

第二节　傣语四音格是傣族化的四音格

一　影响傣语四音格形成的几个因素

傣语四音格的产生离不开四音格产生的大环境，但是，傣语四音格毕竟是傣语中的词汇，傣语四音格是在傣族社会中成长起来的，傣族社会的具体状况是傣语四音格形成的现实条件。傣语四音格是在傣族社会多种因素的共同作用下形成的，这些因素有的作用大，有的作用小；有的作用直接，有的作用间接。佛教、文学、民族交往、审美心理这几个因素，对傣语四音格的形成，影响巨大，作用明显。下面就对这些方面分别加以讨论。

（一）傣族佛教对傣语四音格的影响

傣族地区信仰的佛教是南传上座部佛教，俗称小乘佛教，产生于古印度，后由斯里兰卡经缅甸、泰国传入我国傣族地区。对于小乘佛教是何时传入傣族地区的，学术界有不同认识，其中比较可信的时间应是公元六至八世纪。[①]佛教传入傣族地区后，对傣族社会产生了全面而深刻的影响。

小乘佛教传入傣族地区后，先是经历了一番激烈的斗争，后与统治阶级紧密结合起来，僧侣与官员并列，佛法与王法一致。于是，在宗教与政治的双重力量的强大作用下，小乘佛教迅速在全民中普及。从此，佛教逐

[①] 张公瑾、王锋：《傣族宗教与文化》，中央民族大学出版社 2002 年版，第 21 页。

渐渗透到傣族社会的每个细胞。傣族人民的生产生活、文化教育、恋爱婚姻、节日礼俗等，几乎都浸润着佛教文化的影响。

在这样的氛围中，傣族语言也必然会受到傣族佛教的深刻影响，而傣语四音格特征的形成就是这种影响的具体表现之一。

首先，佛教的传入，促进了傣语词汇的双音节化，丰富了傣语词汇的构成方式，增加了傣语词汇的总量。这些都为傣语四音格产生做好了准备。从时间上看，傣语四音格的大量产生是在佛教传入之后。如果上述关于佛教传入傣族地区的看法是正确的话，傣语四音格的产生比这要晚得多。佛教的传入使傣语为四音格的产生准备了条件，由于傣文典籍一般不注明创作年代，早期傣语词汇状况现在不得而知，但从现有材料看，早期傣语应该也是单音节词汇占绝对优势，后来随着社会的发展，双音节词汇逐渐增多[①]。在此过程中，佛教的影响是十分巨大的。

小乘佛教的经典共同语是巴利语，这是印度地方古语，与梵语十分接近[②]，它们都属于印欧复音语系[③]。这样的语言"为语单复无恒，或以一字以摄众理，或数言而成一义"，"胡字一音，不能成语，必余言足句，然后义成"。[④]而傣语属单音语系，一字一音一义。为了能很好地翻译佛教经典，傣语词汇只好化单为复。这样不仅使傣语词汇的面貌有了很大变化，而且丰富了傣语词汇的总量。现在，傣语中很多双音节词语是来自佛教的，例如：

ke^1sa^1佛发　$săŋ^1xă^8$僧侣　ja^2ta^1哲士　tsi^2vit^8生命

tse^1di^2佛塔　$păn^1ja^2$智慧　$să^7ti^7$意志　$să^7xat^9$纪元

这些都是傣语四音格产生的先导。

---

① 张公瑾、王锋：《傣族宗教与文化》，中央民族大学出版社 2002 年版，第 21、68 页。

② [日]水野弘元著：《巴利文法》，许洋主译，台湾华宇出版社 1985 年版，第 11 页。

③ 这里的"复音语系"和下文的"单音语系"等说法，都转引自梁晓虹《佛教词语的构造与汉语词汇的发展》，北京语言学院出版社 1994 年版，第 177 页。

④ 见罗根译《佛经翻译论》，《现代佛学丛刊》第 38 本；转引自梁晓虹《佛教词语的构造与汉语词汇的发展》，北京语言学院出版社 1994 年版，第 177 页。

其次，佛教的传入，强化了傣语的运用，促进了傣语书面语与口语的接近和交流，增强了书面傣语的通俗性和音乐性，为傣语四音格的发展创造了条件。

四音格首先应该产生于口语之中，但是，光有口语没有书面语，四音格就得不到提高和发展，如果书面语与口语的距离太大，四音格也很难进入书面语。佛教的传入，就为傣语书面语与口语的接近和交流提供了机会。

任何宗教都要争取群众。佛教要争取傣族群众，就要向傣族人民传经布道，宣讲教义。为了接近普通民众，让普通信徒理解佛教经典，佛教典籍的翻译和宣传就只好用通俗的语言进行。在佛教产生之初，释迦牟尼说法即不用婆罗门的雅言，而用当时平民的俗语。这样，一方面，佛教经典在翻译与讲解过程中不断吸收傣族口语中的精华，引进新鲜血液；另一方面，由于大量佛教经典的出现，傣语的书面形式得到很大发展。实际上，西双版纳老傣文（又称傣仂文）就是为适应翻译佛教经典的需要而创制的。[①]傣语四音格也在此过程中得到了提高与发展。

同时，对于广大的佛教信徒来说，佛教经典不仅是用来阅读的，更主要的是用来咏诵的。这样，人们对佛教经典不仅要求通俗易懂，更要求朗朗上口。人们对佛教经典这种客观要求，就造成了傣语四音格音乐性强的特征。

再次，佛教的传入，还直接导致了一类解说关系傣语四音格的产生。

傣语中还有一类特殊四音格，这就是部分解说关系的傣语四音格。这种类型的四音格在其他语言中很少出现，因此在分析傣语四音格结构关系时，把它单独作为一类。例如：

nə⁴to¹ka¹ja²　身体		vi⁴sa² na²tsaŋ⁶　技术	
vuŋ²sa¹ pi⁶nɔŋ⁴　亲戚		vut⁸tʰi²tsăm⁶hən²　吉利	
met⁸hăk⁸ să⁷hai¹　朋友		ka¹lă⁸ ban³mən²　社会	
săŋ¹xan¹ pi¹măi⁵　新年		lă⁸văi² păi¹ma²　交通	

---

① 这个问题尚有争论，参见王松、王思宁《傣族佛教与傣族文化》，云南民族出版社 1998 年版，第 184 页。

　　这种类型傣语四音格的两个组成成分的意义是完全相同的，其中画线部分是巴利语借词，未画线部分是本民族词语。之所以会形成这类傣语四音格，就是因为，佛经有许多新词语，为了便于人们理解，就用本民族的语言对这些新词语进行解释，经过长期流传，结果解释者与被解释者结为一体，共同表达一个概念。当然，现在用这种方式形成的傣语四音格并不限于佛经中的巴利语词汇，少数汉语词汇也可以这样形成傣语四音格，但这是后来的事了。例如："man⁴lu⁴pʰo⁵xʷai⁵ 破坏""mɔ¹ja¹tsoŋ⁶ji⁶ 中医""puŋ⁵nən²fa⁴tsan² 发展"等。

　　（二）傣族文学对傣语四音格的影响

　　文学因素常常与佛教因素联合在一起对傣语四音格形成影响。由于要争取群众，感动群众，许多佛教典籍就是精美的文学作品。前面在讲佛教因素对傣语四音格的影响时，就已经涉及傣族文学对傣语四音格的影响。

　　傣族文学作品十分丰富，不仅有许多质朴清新、历史久远的古代歌谣、神话和传说，而且有数量众多的篇幅巨大、美丽动人的叙事长诗。如此庞大数量的文学作品的存在，必然对傣语四音格有深刻的影响。

　　首先，语言的存在是在于对语言的使用，数量众多的优美的傣族文学作品，为傣语四音格的存在和发展提供了广阔的舞台。

　　傣族地区物产富饶，风景优美，在这样美丽环境中诞生的文学作品也格外美丽动人。文学作品需要美丽的语言作为表达工具，文学作品中适当应用一些傣语四音格，既能有效传情达意，又能增加语言形式美，于是，傣语四音格就这样应运而生了。郭玉萍在《论傣语语词的近义结合与近义联用》[①]一文中，具体分析了傣族文学作品里近义结合与近义联用的各种修饰作用，而傣语四音格就是近义结合词中很重要的一部分。

　　当然，傣族文学的产生要远早于傣语四音格的产生。早期傣族文学作品通常是语句简单，质朴无华，傣语四音格存在的条件并不成熟。但是，

[①]　郭玉萍：《论傣语语词的近义结合与近义联用》，《傣族文化探究》，广西民族出版社 2002 年版，第 1 页。

一些傣族人民非常熟悉的古代歌谣传说，一经产生就在傣族人民口头世代相传，后人对它们不断修改完善，这样，一些后起的傣语四音格也有可能出现在其中。

其次，傣族文学除了部分以佛经的形式在寺院中咏诵外，更多的是通过傣族专业歌手"赞哈"以说唱的形式在民间流传，这样，产生于傣族文学中的傣语四音格也就具有了很强的音乐性。

前面说过，音乐性强是四音格在语音上的特征之一，比较起来，傣语四音格的音乐性更加突出。傣语四音格最为典型的特征有二：一是 ABAC 类型最有代表性，二是押腹韵现象最有特色。音乐的实质在于节奏与旋律，ABAC 类型中，音节 A 的重复，使整个傣语四音格有了强烈的节奏感；而押腹韵现象的存在，再佐以声调高低的变化，傣语四音格就充满了柔和的旋律。傣语四音格的这种特点是与傣族文学的存在方式密切相关的。

傣族社会有半职业的文艺工作者"赞哈"①，他们是傣族文学的继承、传播和创新者。新中国成立前，任何重大的傣族民间活动，诸如盖新房、升和尚、祭幡、结婚、请神送鬼、逢年过节、庆丰收、做满月等都必有赞哈的演唱。赞哈演唱的内容十分广泛，包括傣族社会、文化、历史的各个方面。赞哈的演唱是在筚（傣族笛子）的伴奏下进行的，许多赞哈在年轻时就是民歌好手。可见，在傣族社会，文学与音乐的关系特别密切，在这样氛围中成长起来的傣语四音格，其音乐性就自然十分突出了。

再次，文学的魅力在于用语言塑造鲜明的形象去打动读者，佛教的经典也常用通俗的故事，形象的事物来说明深奥的道理。受傣族文学深刻影响，傣语四音格的形象性特征也是十分明显的，许多傣语四音格都是借助形象来表达意义的。

---

① 张公瑾：《傣族文化研究》，云南民族出版社 1988 年版，第 53 页。

tiu⁵xə² ha¹noi⁵　顺藤摸瓜　　　　　xi⁵tsaŋ⁴ lep⁸pu²　转弯抹角

顺藤　　找瓜　　　　　　　　　　　骑象　　绕山

tăŋ³kău⁴ tʰɯŋ¹pai¹　从头到尾　　　　tsə⁴tsaŋ⁴ haŋ⁶mɛu²　象种猫形

从根　　　到梢　　　　　　　　　　象种　　猫形

xam³năm⁴ pot⁷xo¹　过河拆桥　　　　xău³na¹ pa¹tʰuk⁹　五谷丰登

过河　　　拆桥　　　　　　　　　　粮厚　　鱼贱

（三）民族交往对傣语四音格的影响

傣族地区，自古以来就是我国不可分割的领土。汉武帝开西南夷，置益州郡，领域就包含有傣族地区，后来历代朝廷在傣族地区都有建制。傣族人民与内地的交往，也不时见载于史书典籍。同时，傣族人民居住在我国西南边陲，他们和东南亚各国家、各民族有着长期的来往，并通过东南亚这个中介地大量接触到印度文化。特殊的地理位置使傣族人民能吸收多种文化的精髓，从而形成自己的文化，这对傣语四音格的形成与发展也有深刻的影响。

首先，历史上，无论是汉族文化还是印度文化，都处于很高的水平。傣族人民在与这些民族交往中引进这些先进文化，促进了傣族社会的进步和发展，开发了傣族人民的智慧，这样，傣语需要表达的信息量就大为增加，从而使傣语四音格的产生成为必要。对傣语四音格产生有深刻影响的佛教和文学都与民族交往有很大关系。傣族文学十分繁荣，然而，傣族文学中的许多形象都可以在汉文学中找到影子。

其次，在与外界文化交流的同时，傣族社会也借用了其他民族的大量词汇，这也为傣语四音格的产生准备了丰富的语料。现在，傣语中就有大量其他民族的词汇，例如：

fa⁴tsan²　发展　　　　tsoŋ⁶ji⁶　中医　　　　tsiŋ²　争

văk⁸pău²　怀抱　　　　să⁷hai¹　朋友　　　　vă⁸tʰǔ⁷　经济

pʰo⁵xʷai⁵　破坏　　　　ka¹lă⁸　社会　　　　vi⁴sa²　技术

jok⁷　药　　　　　　　ja²tsok⁷　乞丐　　　　bun¹　福气

其中，有许多词汇后来都成为四音格的组成成分，例如：

met⁸hăk⁸să⁷hai¹　朋友　　　　　　　ka¹lă⁸ban³məŋ²　社会

bun¹lai¹kam⁵mak⁸　福分大　　　　　vă⁸tʰŭ⁷ŋɯɯn²xăm²　财经

vi⁴sa²na²tsaŋ⁶　技术　　　　　　　puŋ⁵nəŋ²fa⁴tsan²　发展

再次，民族交往还使傣语仿造汉语四音格，或对译汉语四音格。

现在，由于汉族与傣族交往十分密切，汉语四音格数量庞大，而汉语对傣语的影响又十分强大，因此，傣语就从汉语中借用了大量四音格，这对丰富傣语词汇宝库是非常有益的。由于汉语与傣语音节结构大致相同，再加上借用的方式十分巧妙，使得汉语四音格进入傣语后完全成了傣语四音格。

傣语有时就把某些汉语成语中的事物更换成傣族人民熟悉的事物，从而仿造出傣语四音格。

ʔət⁷hu¹ lăk⁸pet⁷　掩耳盗铃　　　　　tsăi¹nɔi⁴mən¹kăi⁵　胆小如鼠

掩耳　　偷鸭　　　　　　　　　　　胆小　　　如鸡

tse⁵luk⁸ ha¹luk⁸　骑马找马　　　　　dɔm¹kɔk⁹ tʰa³fan²　守株待兔

背孩子　找孩子　　　　　　　　　　守株　　待麂子

有时，把汉语成语中的每个语素逐个对译成傣语，从而形成傣语四音格，例如：

si⁵măn³pet⁹vɯɯn²　四平八稳　　　　mɔn¹lai¹pʰɛk⁹nɔi⁴　大同小异

fɛt⁸kău⁵ʔău¹măi⁵　吐故纳新　　　　jă⁸mu⁵pin¹sun¹　化整为零

tai¹păi¹xɯɯn²ma²　死去活来　　　　pʰɔm⁶suk⁷pʰɔm⁶tok⁸　同甘共苦

（四）傣语四音格内在特征是与傣族人民的审美心理一致的

傣语四音格是傣族人民在长期的语言实践中逐步形成的，在这漫长的选择过程中，傣族人民的审美习惯和心理必然会影响傣语四音格总体气质。各种语言四音格都有语音和谐的特征，但是，与其他民族的语言相比，傣语四音格音乐性格外突出，并在总体上表现出一种阴柔美，其中，押腹韵是傣语四音格阴柔美的典型表现。

民族审美心理是内在的，只有通过一定的形式才能表现出来。傣族人民以柔为美的审美心理表现在傣族文化的许多方面。

傣族民间有大量傣族谚语，这些傣族谚语有许多也是押腹韵的，例如：

ʔap⁹năm⁴kɔ⁴bǎu⁵hu⁴nau¹,　　pin¹sau¹kɔ⁴bǎu⁵hu⁴kai⁶.

"洗澡不知冷，做姑娘不知烦。"

jǎn⁵năm⁴jǎn⁵sɔŋ¹pai²,　　fai²kǎm²fai²sɔŋ¹pak⁹.

"探水探两岸，问话问双方。"

pin¹năm⁴hɯ³sǎi¹,　　pin¹fǎi²hɯ³tsɛŋ³.

"是水要清，是火要明。"

傣族诗歌十分丰富，与其他民族诗歌相比，傣族诗歌缠绵柔和，清脆婉转。内容上，傣语诗歌抒情成分较浓，并常常伴有美丽的风景描写，并且所抒之情，多为悲欢离合的儿女之情，绝少慷慨激昂的壮士之气。形式上，傣族诗歌音乐性十分强烈，非常适合歌唱。

傣族以柔为美的心理，还可以从傣族的审美标准中看出来。姚荷生在《水摆夷风土记》中对傣族审美标准做了详细的分析，其中许多地方都反映了傣族人民以柔为美的心理。

"面庞的轮廓要上阔下尖，以瓜子形或鸡蛋形最受欢迎"；

"眉毛很浓重，这是不受欣赏的。他们觉得女子的眉毛要细细弯弯的才好看"；

"他们对于上肢的美也很注意，膀子要圆润光滑"；

"手掌要厚而柔软，手指要细长而尖"；

"胸部以饱满坚实，呈半圆形的曲线为最美"；

　　"他们最讲究细腰，在一般人心目中，甚至觉得细腰的人就是美人，美人也必定细腰"；

　　"男子的美应是带几分女性的美……，所有的男子都很温柔孱弱，深深地女性化了。"①

　　傣族以柔为美的心理也反映在傣族其他艺术中。傣族人民最喜爱的孔雀舞，就是以模拟孔雀各种优雅柔美的动作见长，充分展示了体态的曲线美和腿、手、眼的灵活性。傣族佛寺都有大量壁画，这些壁画，多用毛笔勾勒，单线平涂，线条流畅自然，色彩柔和鲜艳。傣族男子有文身习俗，所文图案以花卉、鸟兽居多，这是人体柔韧美与图画线条美的结合。

二　傣语四音格是四音格语言特征与傣族文化特征的辩证统一

　　前面的分析表明，傣语四音格是特定类型的语言于特定历史时期在特定的文化氛围中产生的特殊词汇现象。在傣语四音格中，语言特征是根，文化特征是叶，文化特征借语言特征安身立命，语言特征凭文化特征荣华富贵。各种语言四音格的语言特征是基本相同的，但各种语言四音格的文化特征却各有特色，并且，不同的民族文化会引导着共同的四音格语言特征朝着符合自身需要的方向发展。傣语四音格就是共同的四音格语言特征与傣族文化特征的统一，认识傣语四音格既要看到其共同的四音格语言特征，又要看到其独特的傣族文化特征。下面就通过傣语四音格与汉语四音格的对比，来说明这个问题。

　　语音和谐性是所有语言四音格在语音方面的共同特征，但是这一共同语言特征在傣语四音格和汉语四音格中，却分别被不同的文化以不同的手段表现出来。

---

① 姚荷生：《水摆夷风土记》，云南人民出版社 2003 年版，第 86 页。该书写于 20 世纪 30 年代末，现重新出版。

　　为了使语音和谐，傣语四音格使用的手段主要有，ABAC 的音节形式和押腹韵，例如：

ʔan⁵hɔi⁴ʔan⁵pǎn²　成百上千　　　　　ka⁶jɔn⁴kɔn²xɯɯn³ 生意兴隆

kɔ⁵het⁸kɔ⁵peŋ¹　开始做　　　　　　tsok⁷bɔk⁷sɔk⁸ʔɔm¹　掏筒捞罐

kep⁷xǎu³kep⁷xʷɔn¹　招魂　　　　　　sǎk⁷xap⁹lap⁸peŋ²　太平

xǎu³lǎu⁵xǎu³duŋ¹　不走正路　　　　　ju⁵jin¹kin¹suk⁷　安居乐业

　　这些手段的使用，使傣语四音格在语音上前呼后应，回环婉转，表现出一种阴柔之美。

　　而同样是为了使语音和谐，汉语四音格却是利用声调因素，使汉语四音格的四个音节平仄交错，高低协调，例如：（"—"代表平声，"｜"代表仄声）

标　新　立　异　　风　和　日　丽　　　平　心　静　气　　　馨　竹　难　书

—　—　｜　｜　　—　—　｜　｜　　　—　—　｜　｜　　　—　｜　｜　—

恬　不　知　耻　　肝　脑　涂　地　　　匪　夷　所　思　　　安　土　重　迁

—　｜　—　｜　　—　｜　—　｜　　　—　—　｜　—　　　—　｜　｜　—

　　这样的手段，使汉语四音格显得平衡匀称，抑扬顿挫，这里寻求的是一种方正之美。

　　结构平行性也是所有语言四音格在结构方面的共同特征，但是这一共同语言特征在汉语四音格和傣语四音格中的表现程度有所不同，汉语四音格更多的只是表现为"二二"音顿，傣语四音格则更多的表现为并列结构，即使同是并列结构，也是分别与特定的文化特质联系在一起。

　　傣语四音格中的并列结构表现的是整齐平等精神，例如：

kun²xǎp⁷ kun²fɔn⁴　演员　　　　　　dɔi¹suŋ¹ taŋ²liŋ⁵　山高坡陡

唱者　　　　舞者　　　　　　　　　山高　　　路陡

fa⁴hɛŋ³ pi¹xem¹　旱灾　　　　　　　xǎu³na¹ pa¹tʰuk⁹　五谷丰登

天干　　　年旱　　　　　　　　　粮厚　　　鱼贱

ju⁵kăt⁷ nɔn²nau¹ 生活清贫　　　　　lop⁸dɔi³ lop⁸kin¹　骗吃骗喝

　住得凉　　　睡得冷　　　　　　　骗吃　　　骗吃

luk⁸tsău⁴ nɔn²dək⁷ 起早贪黑　　　　het⁸hăi⁶ het⁸na²　耕田种地

　起得早　　　睡得晚　　　　　　　做地　　　做田

这样的傣语四音格是与傣族人民不温不火、从容不迫的性格以及佛教众生平等的思想联系在一起的，这里的并列要突出的是"等同"的品质。

而汉语四音格中的并列结构表现的是对立对称的精神，例如：

偃旗息鼓　　　丢盔弃甲　　　刀光剑影　　　残编断简

琴棋书画　　　字斟句酌　　　文从字顺　　　火树银花

鸡飞狗跳　　　指桑骂槐　　　斩草除根　　　前赴后继

这样的汉语四音格是与汉民族传统的工整对仗的审美情趣，以及万物二元对立的思想联系在一起的，这里并列要突出的是"对应"的品质。

意义整体性是所有语言四音格在意义方面的共同特征，但是这一共同语言特征在傣语四音格和汉语四音格中，却分别以不同的手段表现出来，这不同的手段是与特定民族的文化要求相适应的。

在傣语四音格中，意义的整体性常常表现为语义表达上的形象性和具体性，例如：

xɛk⁹ma² ka¹tău³　门庭若市　　　xău³na¹ pa¹tʰuk⁹　五谷丰登

　客人来　　　喜鹊到　　　　　　　粮厚　　　鱼贱

ʔai³băi³ ho¹lɔŋ¹　蠢货　　　　　ma⁴ la² ho² xʷai²　牲口

　傻瓜　　　大头　　　　　　　　　马　驴　黄牛　水牛

这样的傣语四音格是与傣族文化传播通俗易懂的要求联系在一起的。

在汉语四音格中，意义的整体性常常表现为语义表达上的间接性和典故性，例如：

半斤八两　　　不三不四　　　之乎者也　　　三顾茅庐

黄袍加身　　　青梅竹马　　　叶公好龙　　　妙手回春

这样的汉语四音格是与汉族委婉含蓄的表达习惯联系在一起的。

从以上对比可以看出，傣语四音格是共同的四音格语言特征与傣族文化特征的有机结合。傣语四音格中，特定的文化特征总是在某个共同的语言特征上形成的，而正是通过具体的文化特征才使得语言特征得到发扬光大。语言特征与文化特征是水乳交融、相互协调、互为一体的。同时，在认识傣语四音格时又必须分清这两类特征，不认清语言特征就不能认识傣语四音格的本质，不认清文化特征就不能认识傣语四音格的特色。

第三节　傣语四音格的形成方式

当傣语四音格产生的各种主客观条件都已成熟，傣语四音格就会带着浓浓的傣族文化气息来到这个世界。作为傣语词汇的一员，傣语四音格是一个全新的面目、是一个有自身特质的四音节词汇，这是傣语以前所不曾有过的。在傣语实践中，这样一个全新的语言形式是怎样在现有的语料上形成的呢？下面就来讨论这个问题。

总结各种类型的傣语四音格，傣语四音格的形成方式主要有以下几种。

一　压缩

不改变原有语言单位的意义，将原有的大于四音节的短语、单句或复句等，压缩成一个具有特定特征的四音节语言单位，形成傣语四音格，这样的形成方式就是"压缩"。

tɛ⁵kǎu⁴tʰɯŋ¹pai¹　从头到尾

这个傣语四音格就是从"tǎŋ³tɛ⁵ kǎu⁴hɛn⁴ tɔ⁵ tǎu⁶ tʰɯŋ¹ pai¹从开头一直到末尾"这个短语压缩来的。这里剔除了短语中的次要成分，保留了关键性的四个音节，并使其结构符合傣语四音格的基本要求。一些意义丰富复杂关系的傣语四音格常常就是这样形成的，如：

tsə⁴tsaŋ⁴ haŋ⁶mɛu²　象种猫形　　　　tsăk⁷pin¹ tsăk⁷tai¹　生死存亡

ʔət⁷hu¹ lăk⁸pet⁷　掩耳盗铃　　　　　vɔk⁸tai¹ liŋ²hăi³　兔死狐悲

二　连接

不改变形式和意义，将原有的两个双音节词语或四个单音节词语首尾连接在一起，形成一个傣语四音格，这样的形成方式就是"连接"。

vuŋ²sa¹ pi⁶nɔŋ⁴　亲戚

它的形成方式是"vuŋ²sa¹ 亲戚"＋"pi⁶nɔŋ⁴ 亲戚"→"vuŋ²sa¹ pi⁶nɔŋ⁴ 亲戚"

"vuŋ²sa¹ 亲戚"和"pi⁶nɔŋ⁴ 亲戚"都是原来就有的词语，特定语言表达需求使它们联合在一起，长期使用，成为一个整体，也就成了傣语四音格。许多解说关系和并列关系的傣语四音格就是这样形成的，如：

jăi⁵jau² xau¹ suŋ¹　魁梧　　　　　　vuŋ²sa¹ pi⁶nɔŋ⁴　亲戚

xău³na¹ pa¹tʰuk⁹　五谷丰登　　　　pʰam¹ho² xɔk⁸ma⁴　牛棚马厩

三　重复

将原有的双音节词语的两个音节分别重复，从而形成一个傣语四音格，这样的形成方式，称为重复。

su³su³jəm²jəm²　高高兴兴

它的形成方式是 su³jəm² 高兴 →su³su³jəm²jəm²　高高兴兴

这里的语言材料是"su³jəm² 高兴"，它本是一个双音节词，经过重复，形成了傣语四音格，同时其语义也比原来更为强烈。一些整体结构的傣语四音格就是这样形成的，如：

hip⁸hip⁸ văi²văi²　迅速　　　　　　ʔit⁷ʔit⁷xa¹xa¹　千锤百炼

ʔum¹ʔum¹kɯn¹kɯn¹　含垢忍辱　　　xă⁷xă⁷si¹si¹　擦擦洗洗

四　补足

将原有的三音节短语中的某一音节进行重复，分别与另外两个音节进行组合，从而形成一个傣语四音格，这样的形成方式就是"补足"。这又分为两种情况，一种是被重复的音节在前，例如：

xa¹xǎu³xa¹nǎm⁴　断炊

它的形成方式是 xa¹ 折磨+xǎu³nǎm⁴ 粮食→xa¹xǎu³xa¹nǎm⁴ 断炊

这里的语言材料是"xa¹（折磨）xǎu³nǎm⁴（粮食）"，这本是一个动宾短语，把前面的动词"xa¹（折磨）"重复，并分别与后面的"xǎu³"和"nǎm⁴"进行组合，这样就得到了一个傣语四音格。

另一种情况是被重复的音节在后，如：

pak⁹di¹va⁶di¹　和气

它的形成方式是pak⁹va⁶di¹和气→pak⁹di¹va⁶di¹　和气

这里的语言材料是"pak⁹va⁶（说话）di¹（好）——和气"，这是一个主谓短语，把后面的谓语"di¹（好）"重复，并分别与前面的"pak⁹"和"va⁶"进行组合，这样就得到了一个傣语四音格。

许多并列结构的傣语四音格都是这样形成的，其音节形式多为 ABAC 类型和 ABCB 类型，如：

tɛ⁵dǎi¹ma²dǎi¹　历来	kɛu³kǎm²sɛŋ¹kǎm²　金言玉语
pak⁹din³pak⁹xo¹　开玩笑	hum⁶ban³hum⁶məŋ²　同乡

五　音变

将原有的双音节词语两两重复，重复后，原有词语的一个或两个音节的韵母发生了一定程度的变化，这样的两个双音节词语结合在一起就形成一个傣语四音格，这样的形成方式就是"音变"。这实际上包括两个过程，先音变，再连接。例如：

ʔiˀ⁷duˡ¹ʔiˀ⁷dɛ¹ 可怜可怜

它的形成方式是 ʔiˀ⁷duˡ¹（可怜）→ʔiˀ⁷dɛ¹→ʔiˀ⁷duˡ¹ʔiˀ⁷dɛ¹ 可怜可怜

这里的语言材料是"ʔiˀ⁷duˡ¹（可怜）"，将它重复并音变产生"ʔiˀ⁷dɛ¹"再将二者连接在一起就形成了一个傣语四音格。这样的傣语四音格，在讲傣语四音格的语音特征时已经讨论过了。

六　编插

将原有的两个双音节词语互相穿插，使其缠绕在一起，从而形成一个傣语四音格，这样的形成方式，就称为"编插"。

xɔp⁹ban³dɛn¹məŋ²　边境，边陲

它的形成方式是 xɔp⁹dɛn¹+ban³məŋ² →xɔp⁹ban³dɛn¹məŋ²边境，边陲

这里的语言材料是"xɔp⁹dɛn¹边界"和"ban³məŋ²地方"这两个双音节词语，将它们相互穿插就形成了"xɔp⁹ban³dɛn¹məŋ²边境，边陲"这个傣语四音格。部分音节形式是 ABCD 类型的傣语四音格就是这样形成的，例如：

tʰɛ³baˀ⁵tʰɛm¹hɛŋ²　加把劲儿；鼓励　　naᵈ³len⁶ta¹peŋ²　眉清目秀

pak⁹jăm¹kăm²ka⁶　金言玉语　　　　　păt⁷jauˀ³kʷatˀ⁹hən²　打扫庭院

以上只是讨论傣语四音格是如何从其他语言形式变成四音节词语的，这里需要指出的是，并不是任何语言材料只要通过上述方式的加工，就可以成为傣语四音格，实际上，任何傣语四音格都是长期使用后的自然选择，而不是人为的加工。

对于具体的傣语四音格，从不同角度看可以是不同的形成方式，例如"năm⁴tsău³din¹tsău³ 领土是召片领的"，可以看作是"năm⁴tsău³"+"din¹tsău³"的结果，这时它的形成方式是连接，也可以看作是"năm⁴din¹"+"tsău³"的结果，这时它的形成方式是补足。

纵观傣语四音格的形成过程可以看出，今天呈现在人们面前的傣语四音格，并不是一个单纯来源的事物。相同的四音格形式的背后，隐藏着众

多不同语言现象的发展轨迹，负载着它们不同的成长历史。同样是傣语四音格，有的来自压缩，有的来自连接，有的来自补足，有的来自编插；同样是 AABB 形式，有的是由于 AB 的重复，有的是 AA 与 BB 的连接，等等。这一切说明，所谓傣语四音格，并不是语言历史上某种单一语言现象线性发展的产物，而是各种语言材料在特定的历史阶段的一个凝聚点。它好比一碧深潭，其水源来自四面八方，或溪流、或山洪、或井泉、或雨水，等等，只不过如今大家都以共同的面目存在着，这里是新的平台，各种水源在这里重新整合分化，或许在未来的某刻，各自又都奔向自己的前程。这进一步说明，语言中的词，不过是个有一定特征的形式。

第五章　从傣语四音格看汉语成语

我们在分析讨论傣语四音格的特征和性质时，是把傣语四音格与整个汉藏语系的四音格紧密联系在一起的。汉语是汉藏语系中最成熟、最发达的语言，汉语中四音格也十分丰富，汉语四音格其实就是汉语成语。多少年来，许多学者都十分重视汉语成语，他们从不同角度对汉语成语进行了研究，但是，各种理论众说纷纭，人们对汉语成语的认识还不统一。借助对傣语四音格的认识，从汉藏语系四音格整体的角度，或许人们能给汉语成语找到一个更有说服力的解释。

第一节　什么是汉语成语

一　汉语成语的变迁

目前，虽然有关"成语"的定义和观点是众说纷纭，各不相同，但是，在讨论成语之前，首先要分清两类性质不同却又密切相关的分歧：一类是对"成语"所指客观语言现象的分歧，另一类是对现实成语主观认识的分歧。不分清这两类不同性质的分歧，人们的讨论就失去了同一性，进一步的研究也失去了基础。

"成语"一词在汉语中历史悠久，赵红棉先生说：

　　成语一词，最早在《文心雕龙》称为"成辞"，是对骈文用典说的。至唐，始称"成语"，又称"成言"，是对拼文律诗说的。林愈提倡古文反对拼文，贬称成言。两宋人士改称为"全语"，只民间文学有用"成语"一词的例子。元明人"成语""全语"兼用，清人亦然。①

陈秀兰在《"成语"探源》中说：

> 成语一词，最早被称为"成言"，在东汉已经出现。六朝时它又被称为"陈言""成辞"。到了宋代，又称"全语""成语"。明清沿用。②

早期所谓的"成语"，其意义与现在"成语"的意义是很不相同的。请看下面这些早期"成语"的解释：

> "谓古语也。凡流行于社会，可证引以表示己意者皆是。"（1915年版《辞源》）

> "古语常为今人所引用者曰成语。或出自经传，或来从谣谚，大抵为社会间口习耳闻，为众所熟知者。"（1936年版《辞海》）

> "谓社会上习用之古语。"（1936年版《汉语词典》）

可见，早期"成语"的意思是"现成之语"，此时的要义有二，一是"现成"，一是"语"。这样的解释是与前人的"成语"事实相符的。

东汉郑玄《皇后敬父母议》有："嫁于天子者，此虽己女，成言曰王后。"

---

① 赵红棉：《"成语"一词源流考》，《古汉语研究》1992年第3期。
② 陈秀兰：《"成语"探源》，《古汉语研究》2003年第1期。

晋王羲之《杂帖》有："知我者希，此有成言。无缘见卿，以当一笑。"

日僧空海《文镜秘府论》引初盛唐间华僧皎然《诗议》云："但古人后于语先于意，意因成语；语不使意，偶对则对，偶散则散。"

《红楼梦》第二十八回，宝玉、薛蟠等在喝酒行令时规定："酒底要席上生风一样东西——或古诗、旧对、四书、五经、成语。"

直至现代，鲁迅《且介亭杂文二集·人生识字糊涂始》有："中国的成语只有'人生识字忧患始'，这一句是我翻造的。"

毛泽东《在各国共产党和工人党莫斯科会议上的讲话》有："中国有句成语'不是东风压倒西风，就是西风压倒东风。'"

上述例句表明的都是当时对"成语"的理解，然而，在一定的时间内，"成语"的所指发生了某种程度的转移，"成语"一词的意义开始有了变化。

　　人们长期以来习用的、形式简洁而意思精辟的、定型的词组或短句。汉语成语大多由四个字组成。有些成语从字面上不难理解，如"小题大做""后来居上"等。有些成语必须知道来源或典故才懂得意思，如"朝三暮四"、"杯弓蛇影"等。（1959 年完稿的《现代汉语词典》）

　　熟语的一种。习用的固定词组。在汉语中多数由四个字组成。组织多样，来源不一。有些可从字面理解，如"万紫千红""乘风破浪"；有些要知道来源才懂，如"青出于蓝"出于《荀子·劝学》，"守株待兔"出于《韩非子·五蠹》。（1979 年 9 月新《辞海》）

在这些解释中，所举例子全是四个音节，而前面的有关"成语"的例句，却极少是四个音节的。可见，尽管现在对成语的认识没有统一，不过，人们还是有一些基本的共识，如"成语是固定词组""成语以四音节为主"等，这样的共识与早期"成语"的含义是很不相同的。现在"成语"的要义，已由原来的"现成"转为"习用"，由原来的"语"转为"固定词组"。

现在的"成语"与早期"成语"之所以不同，是因为现在的语言事实与早期语言事实不同。现在的"成语"定义总结的是今人的语言实践，早期"成语"的定义总结的是早期语言实践，两者所指实为不同的语言现象。因此，这两个"成语"之间的关系是"名同实异"。因此，关于"成语"定义的第一类分歧是假性分歧，这与对现在成语性质的主观认识分歧是绝然不同的。

语言中，词的所指发生转移是很普遍的也是很正常的，这是语言发展的客观规律，正如汉语的"汤"，古代指"热水"，现在指"汁液"，这同人们的认识水平是不相干的。然而，对于发生在"成语"一词上的这种变化，有学者却把它归结于人们主观认识的变化，有的说"这是对成语认识的重大改变"，[①]还有的说"反映了对'成语'认识的深入"[②]，等等，这些说法恐怕不太妥当。

成语定义的第二类分歧是对成语性质主观认识的分歧，这与第一类分歧是很不相同，但是，这两类分歧却有密切相关。一些人由于对第一类分歧的本质认识不清，仍然死抱着早期"成语"的某些品质不放，并以此来要求现在的"成语"，其结果将一大批活生生的成语赶出了"成语"的家门。实际上，早期"成语"与现在成语已有本质的不同，如果看不到这一点，今天的研究就不能符合现在的语言实践，人们的结论也永远不能取得

① 马国凡：《成语》，内蒙古人民出版社 1997 年版，第 3 页。
② 莫彭龄：《关于成语定义的再探讨》，《常州工业技术学院学报》（社会科学版）1999 年第 1 期。

一致。总之，既然"成语"已经转移，人们的认识也必须随之转移，否则，就无异于用古代的"热水"来认识当今的"汁液"。

总之，"成语"一词经过历史的变迁，其所指已经发生转移。如今的"成语"是指语言中的造句单位"词"，而不是以前的语言成品"语"，而人们的研究也必须在此前提下进行。为了叙述的方便，这里把早期意义的"成语"改称"古语"，以便与现在意义上的成语相区别。

二 汉语成语的主流

说起汉语成语，人们总是用"历史悠久""源远流长"等词语来形容，并经常用《诗经》的四言形式对其特征作出解释，仿佛两千多年前汉语成语就十分发达。例如，有人说：

> 诗经成语的四字格在两千多年前的先秦时期已占绝对优势。成语之所以选择四字格作为自己的基本格式，这是同汉语语音结构的特点和汉语文学语言的传统直接相关的。最主要的是受了《诗经》四言诗的影响，《诗经》语言大都为四言，言简意赅，朗朗上口，而《诗经》又具有崇高的地位，随着《诗经》的广为传诵，成语四言的格式就定型了。[①]

还有人说：

> 汉语中的传统成语，大多数在上古至秦汉时期就已经形成了。有人统计了《汉语成语词典》(上海教育出版社 1978 年版)中注明来源

[①] 徐续红：《成语分类问题研究》，《宜春学院学报》(社会科学版)第 25 卷，2003 年 10 月第 5 期。

的 4600 条四言成语，结果是：来源于上古至秦汉时期的 3128 条，占 68%；来源于魏晋南北朝时期的 690 条，占 15%；来源于隋唐时期的 414 条，占 9%；来源于宋朝时期的 276 条，占 6%；来源于元明清时期的 92 条，占 2%。由此看来，传统成语数量可观,历史久远，历代以来一直被人们沿用至今。[①]

以前，面对这些说法人们总认为这是理所当然、天经地义的事情；现在，在研究了傣语四音格，尤其是认识了四音格的语言特征之后，人们发现，这样的说法经不起推敲，它无法解释下面几个问题。

首先，如果说汉语成语的四音格化是受《诗经》影响而形成的，那么其他语言中的四音格现象又是受什么影响形成的？在前面的分析中，我们已经知道，在汉藏语言中四音格现象是十分普遍的，总不能把整个汉藏语系四音格的形成都归因于《诗经》吧。

其次，《诗经》产生于西周初年至春秋中叶，距今近三千年了，而"古语"的四音格化是在唐宋以后才大量进行的，这与《诗经》至少相距两千年。一个两千年前就存在的事物，怎么可能在两千年后突然成为某种语言现象的产生原因呢？

有了这些疑问，就有必要对汉语成语重新进行一番考察。

汉语中有两类面貌不同的成语：A 类如"叶公好龙""子虚乌有""杯弓蛇影"等，它们的风格比较严肃，书面色彩浓厚，有的还有典故来历；B 类如"虎头蛇尾""眉清目秀""一穷二白"等，它们的风格相对活泼清新，口语色彩浓厚，意义比较浅显。通常人们认为 A 类成语产生较早，是典型成语，而 B 类成语产生较晚，是准成语，甚至不是成语。经过仔细分析，事实却并不是这样。

---

① 姚鹏慈：《"成语与文化"札记》，《广播电视大学学报》(哲学社会科学版)2000 年第 4 期。

　　首先，许多 A 类成语之所以给人历史悠久的印象，是因为这些成语的语料来源历史久远，而语料来源与成语本身是两个完全不同的语言现象。语料与成语的关系正如木材与家具的关系，难道用千年的古木制作的家具就一定是古家具吗？实际上，现在许多所谓历史悠久的成语，都是在古语的基础上改造而成的，例如：

　　亡羊补牢——"亡羊而补牢，未为迟也。"（《战国策·楚策》）

　　艺高胆大——"谚曰，艺高人胆大。"（《纪效新书·束伍》）

　　少见多怪——"谚云，少所见，多所怪，睹骆驼言马肿背。"（《牟子理惑》）

　　骑虎难下——"骑虎者势不得下，相与泣下沾襟。"（《新五代史·郭崇韬传》）[1]

　　因此，"历史悠久""源远流长"的只是"古语"，而不是现在的"成语"，现在的"成语"是改造了的"古语"。据统计，《论语》全书留给今天的成语共有 384 条，其中源于《论语》之前的经书的 10 条；《论语》首创，后来直接沿用的 158 条；出自《论语》，后来经过加工改造为成语的 206 条[2]。这里，其他暂且不论，这 206 条出自《论语》的成语，它们在当时根本就不是以成语的形式存在的。

　　这样的例子还有很多，这说明，历史悠久的只是语料来源，至于成语本身那是后来的事。语料与成语的区别至少有两点：一是成语产生的时间肯定在语料产生之后；二是成语是词，而语言材料可能是语句，它们的语言性质完全不同。

　　其次，前面在分析傣语四音格形成时已经说过，任何傣语四音格都是在长期语言实践中形成的，是语言实践自然选择的结果，不经过语言实践的检验，任何人都不能创造出傣语四音格。汉语成语也应该是这样，无论

---

[1] 参见马国凡《成语》，内蒙古人民出版社 1997 年版，第 173 页。
[2] 曹瑞芳：《〈论语〉成语研究》，《山西大学学报》（哲学社会科学版）1996 年第 3 期。

是早期"成语"，还是今天的成语，都要有"成"的因素，要么"现成"，要么"习用"。如此看来，上述统计中，158 条《论语》首创的成语，在作品中也不能算是"成语"。

　　一条流传到今天的成语，从"语料"到"成品"一般要包括"加工"和"流传"两个阶段。"加工"阶段就是普通的遣词造句阶段，然后，社会就根据具体情况对它们进行选择，这就是"流传"。从这个意义上说，任何成语，都是社会选择的结果，而不是人为的创作。"创作成语"本身就是一个矛盾的说法，就如同现在说"制作古董""写作唐诗"一样荒谬。所谓《论语》首创的成语，这只是对后人而言的，对作者本人而言，那只是普通的语句，它们还没有经过"流传"，因而还不是成语。

　　当然，有时候为了特定的表达需要，人们确实会创作几个新"成语"，但是，这只是一种修辞手段，所造并不是真正的成语。

　　再次，上述统计中，还有 10 条源于更早的经书，其中有 5 条是一字未改的，但是它们仍然不是现在意义上的成语，因为，这里只是在"用典"或"引用"。下面就结合原文，对这几个所谓的"成语"逐个分析。

暴虎冯河（《论语·述而》）

　　　　子曰："暴虎冯河，死而无悔者，吾不与也。"

这里的"暴虎冯河"最早出自《诗经·小雅》：

　　　　不敢暴虎，不敢冯河，人知其一，莫知其他。

可见，《论语》中的"暴虎冯河"只是"用典"，而且这是列举两件事，"暴虎"与"冯河"之间应该有短暂的停顿，它们根本就不是一个整体，更不用说是成语。

战战兢兢、如临深渊、如履薄冰（《论语·泰伯》）

> 曾子有疾,召门弟子曰："启予足!启予手!"诗云："战战兢兢,
> 如临深渊，如履薄冰。"而今而后，吾知免夫!小子!

文章已经表明，这三句话是引自《诗经》，可见这里是"引用"。"引用"与成语的使用是根本不同的①，"引用"是一种修辞手段，"引用"的对象一般是"古语"，而成语是词，成语的使用是造句。

各得其所（《论语·子罕》）

> 子曰："吾自卫反鲁，然后乐正，《雅》《颂》各得其所。"

它最早见于《周易·系辞下》：

> 交易而退，各得其所。

这里的"各得其所"仍然不是现在的"成语"，因为，对这个句子一般都是这样来理解的：

《雅》《颂》‖［各］得（其）所

"各得其所"在该句中是包含多个句子成分的短语，它不是一个整体，因此就不是成语。这里的"各得其所"尽管在形式上与现在的成语是完全一样的，但是，它们仍然是性质不同的两个事物。形式相同而性质不同的语言现象在汉语中十分普遍，比如"然后""地方""妻子""皮革""国家"等，这些今天常见的词，在古代不都是短语吗？语言的性质

---

① 杨晓红：《试论引用语和成语的交接关系和交叉现象》，《广播电视大学学报》（哲学社会科学版）1999 年第 4 期。

不是仅有其形式决定的，还要联系语言的主体——它的使用者"人"，同样的语言形式，在不同时代的主体那里可能有不同的认识。因此，同样的"各得其所"在今天是成语，但是在原文中却不是。

总之，在传统汉语的书面语中，确实可以看到一些今日成语的身影，但是，它们有的改变了形式，以"用典"的方式出现，有的没有改变形式，但以"引用"的方式出现，而无论哪种方式，它都不是以语言词汇的身份存在的，因而就都不是成语。

以语言词汇身份出现的现在意义上的成语，是汉语发展到一定阶段的产物。前面在分析四音格的产生时已经说过，汉语四音节词，在东汉王充的《论衡》中已零星出现；南朝宋刘义庆的《世说新语》中明显增多；在《敦煌变文集》中已大量存在。可见，成语的大量出现是从唐宋时代通俗文学开始的。

那么，为什么成语要到唐宋时代才大量出现呢？

程湘清先生把《敦煌变文集》四字成语分为三部分，一是出自古籍；二是与佛教流行有关；三是从口语中提炼，其中，第三部分是最大一部分①。其实，有关佛教的成语与口语的关系也是十分密切的，可见，成语的产生与口语地位的提高是息息相关的，成语之所以到唐宋时期才大量产生，是因为这一时期口语的地位有了很大的提高。

如同汉藏语系其他语言一样，汉语发展到一定的历史阶段，口语化的汉语四音格异军突起，迅猛发展，主导了汉语新词汇的潮流，成为汉语词汇的吸引子。于是，在它的作用下，语言材料通过各种方式纷纷四音格化。前文对傣语四音格化的方式已有详细分析，汉语四音格的形成也大致相同，其中，"压缩"的方式是汉语四音格形成的主要方式之一。汉语早期"古语"意义上的所谓"成语"，都经过"压缩"，转化成了现在意义上的成语。形式上它们由原来可长可短的句子变成了整齐的四音格，同时，性质上也由原来的"语"转变

---

① 程湘清：《汉语史专书复音词研究》，商务印书馆 2003 年版，第 370 页。

为"词"，而"成语"这一名称却仍然被沿用。许多 A 类成语就是在这种趋势下形成的，这种趋势至今还在继续，请看：

依样画葫芦——依样葫芦

日月经天、江河行地——经天行地

过屠门而大嚼——屠门大嚼

井水不犯河水——井水河水

仁者见仁，智者见智——见仁见智

画虎不成反类犬——画虎类犬

王顾左右而言他——顾而言他

近水楼台先得月——近水楼台

在这种强大吸引力的作用下，一些语言形式不仅是音节数目上压缩成四个音节，而且语言特征上也向四音格靠拢，例如：

如日中天　掩人耳目　感人肺腑

三十六计　一衣带水　好为人师

学非所用　名过其实　遥相呼应

时不我待　己所不欲　学以致用

敬而远之　穷则思变　万无一失

这几个成语，其内部结构在意义上本来都是"一三"式或"三一"式，但是现在人们都有意无意地把它们读成"二二"式。对于这种现象，有学者认为，"结构层次制约着音节之间的组合，不同的结构层次会产生不同的音节组合"。[1]还有学者认为，"口语体和书面语体是两种类型，在语音节奏上各有规则，应分别处理。[2]"还有的甚至把它们归结于理解失误造成的。实际上，这些成语之所以从"一三"式或"三一"式变成"二二"式，就是由于四音格结构平行性特征吸引的结果，或者说，正是因为它们

---

[1] 鞠君：《四字格中"1+3"音段和"3+1"音段组合规律初探》，《汉语学习》1995 年第 1 期。

[2] 史有为：《关于四字格及其语音节奏》，《汉语学习》1995 年第 5 期。

在节奏上变成"二二"式，人们才认为它们是成语，而那些没有这样做的，人们就认为是惯用语或一般口语，如"旁观者清""唱对台戏"等。

可见，无论是 A 类成语还是 B 类成语，它们的语言性质是相同的，它们都是汉语四音格。因此，现在意义的成语与汉语四音格基本是同一概念。同时还可以看到，B 类成语引导了汉语词汇的发展方向，其语言特征典型鲜明，而 A 类成语不过是 B 类成语引导的结果，因而其语言特征也较为模糊隐晦。

第二节　汉语成语是语言特征与
文化特征的统一

目前，汉语成语很受人们重视，汉语成语的研究也十分热门，前辈时贤们纷纷提出自己对汉语成语的各种看法，并尝试为汉语成语给出定义，然而，这些观点看法常常互相矛盾，人们对成语的认识至今还不能统一。例如，在汉语成语的界定标准上，有的强调成语意义的双层性①，有的强调成语的书面色彩②，有的强调成语的经典性③，还有的主张采用音节、语体、历史等多重标准④，等等。

我们在认识傣语四音格性质的同时，也对汉语成语的性质有了新的认识。这些新的认识既可以帮助我们认清汉语成语的本质，也能恰当解释汉语成语的各种现象。

一　语言性质是汉语成语的基本性质

研究汉语成语是把汉语成语作为一种语言现象加以研究的，因此，汉语成语的语言性质是它的根本性质。这里的语言性质是相对于文化性质而

---

① 王吉辉：《成语的范围界定及其意义的双层性》，《南开学报》1995 年第 6 期。
② 刘洁修：《成语》，商务印书馆 1985 年版，第 23 页。
③ 周荐：《论成语的经典性》，《南开学报》1997 年第 2 期。
④ 马宏基：《成语的范围问题》，《山东理工大学学报》2002 年第 4 期。

言的，当然，语言本身就是文化的一部分，广义上讲，语言性质本身就属于文化性质的一种，但是，在通常意义上，语言性质与文化性质还是有一定的区别的，而这样的区别对于认识汉语成语的性质是十分重要的。

对汉语成语的语言性质，可以从不同层级来逐步认识。

首先，汉语成语的本质是词。关于汉语成语的语言性质，争议一直不断，有人认为汉语成语是短语或词组，有人认为汉语成语是词，还有人说汉语成语是短句。在分析傣语四音格时，也遇到过这样的争论。前文已经从意义、结构、功能等多个方面，把词与词组进行了详细的比较，并从词的形式的历时发展和共时差异上，充分论述了四音格的本质就是词，而汉语成语作为四音格大家族中的一员理所当然也是词。

实际上，1985 年，郑飞星就在《四字格新词刍议》①一文中指出："（汉语）四字格新词是一类特殊的词"，并分析了它的语言特点及形成方式。后来一些学者也认识到汉语成语的这一本质，只是不肯像这样明确提出罢了。例如，周光庆在《成语内部形式论》②一文中，详细地论述了成语内部形式的存在及其状况。而所谓"内部形式"，是一个隶属于词的范畴③。遗憾的是，周先生最终没有据此指出成语与词的本质一致性。

事实证明，承认汉语成语是词，不仅有理论上的充足理由，而且有实用上的巨大方便。由于不肯明确提出成语就是词，许多普通语言学著作都存在这样一个矛盾现象，一方面，在语言单位分类时，总是把成语一类语言现象归为词组，并称之为"固定词组"；另一方面，在讨论语言单位的功能和作用时，又总是把成语与普通的词合在一起称为"词汇"④。这样做的后果，既造成了"词组"也是"词汇"的逻辑错误，也抹杀了"词"

① 郑飞星：《四字格新词刍议》，《镇江师专学报》(社会科学版)1985 年第 3 期。
② 周光庆：《成语内部形式》，《论华中师范大学学报(哲学社会科学版)》1994 年第 5 期。
③ 刘叔新：《汉语复合词内部形式的特点与类别》，《中国语文》1985 年第 3 期。
④ 高名凯、石安石：《语言学概论》，中华书局 1987 年版，第 101 页。

与"语"的区别。实际上，只要承认成语就是词，一切问题都迎刃而解了。

其次，汉语成语是四音格词。汉语成语作为词，与一般的词还是有明显的区别。汉语成语在形式上是四个音节，这样，它的内容可能变得更丰富、更精确，它的形式可能变得更和谐、更优美。

与一般词汇相比，汉语成语语义关系复杂，意义涵量较大。汉语成语内部成分之间，有的是并列关系，有的是主谓关系，有的是动宾关系，有的是偏正关系，等等。汉语成语的意义涵量普遍较大，有的整体意义具有间接性，有的整体意义具有复杂性。

在容纳更多语言信息的同时，汉语成语的形式也更优美和谐。前面材料已经表明，汉语成语内部结构可以分为"二二"形式，它们之间或双声、或押韵、或平仄协调，绝大多数具有和谐性特征。这样，汉语成语不仅能传达更丰富、更复杂的语言信息，而且结构紧凑，形式简练，语音优美，完全适应现代社会对语言的要求。

再次，汉语成语是基本词。汉语成语尽管可能来源于远古时代，但是它属于今天的语言词汇系统，而不是死去的古语词。汉语成语尽管可能借用其他民族的语言成分，但是它属于汉语词汇系统，而不是外来词。汉语成语的使用主体是全体社会成员，因而它也不是方言词或行业词。总之，汉语成语是基本词。

因此，汉语成语是具有特殊表现力的四音节汉语基本词，这就是本书对汉语成语本质的认识。

二　汉语成语是四音格语言特征与汉民族文化特征的统一

事物都具有共性和个性两方面的属性，并且不同的比较会有不同的认识。当人们把汉语成语与一般词汇相比较时，"词"的性质是它们的共性，四音格的特征是成语的个性；当人们把汉语成语与其他语言四音格相比较时，四音格的特征是它们的共性，不同语言的文化特征是它们各自的个性。与傣语四音格一样，汉语成语是四音格语言特征与汉民族文化特征的统一。

在论述傣语四音格时说过，语言特征是根，文化特征是叶，文化特征借语言特征安身立命，语言特征凭文化特征荣华富贵。认识汉语成语，首先要认识到汉语成语的本质是四音格词，不认识到这一点，就无法把各种类型的成语统一起来，也无法为汉语成语给出科学的定义。同时，还要认识到，在汉语成语中，语言特征与文化特征是水乳交融、相互协调、互为一体的。因此，汉语成语的各种具体现象，就有可能包含着语言和文化的两重特征。

例如，汉语成语四个音节的声调，有许多都是平仄交错，高低协调的。这一特征实际上包含着文化和语言两方面的要求，在文化方面，这与中国传统文学的特征是一致的，传统文学如格律诗和骈体文在语言平仄上都有严格的要求；在语言方面，这又是四音格语音和谐性的要求，汉语成语运用声调手段，使汉语成语语音抑扬顿挫，悦耳动听。

再如，在论述汉语成语时，许多人常说到成语"意义的双层性"问题。实际上，所谓"意义的双层性"是成语的一个具体特征，该特征也反映了文化与语言两方面的要求。在文化上，这与汉民族讲究含蓄深沉，藏而不露的精神是一致的；在语言上，这又与四音格整体性要求相符合，"意义的双层性"实际上是形成四音格整体意义的一种手段。

汉语成语的许多特征，如"四音节""对称性"等，它们一方面反映了汉民族文化的特殊要求，另一方面也必须符合四音格的总体语言特征。在认识汉语成语的时候，必须认识到成语的这两方面特征，否则，就不可能得出正确的认识。

然而，有些说法却只见成语的汉民族文化个性，忽视了成语四音格语言共性。

例如，有人说：

《汉语成语小词典》所收录的 3345 条四字格成语中,联合式结构的有 1342 条,约占总数的 40%,如:窗明几净、背井离乡、暴风骤雨、精雕细刻、短小精悍,等等。那么为何联合式所占比例如此之高呢?这大概又跟我国传统文化中以对称平衡为美,以不对称不平衡为不美的审美情趣不无关系。[①]

实际上,与其他民族语言四音格相比,汉语成语联合式的 40%比例并不是很高,而是很低,例如,傣语四音格联合式的比例在 98%以上,其他语言四音格联合式的比例也远高于 40%。可见,联合式是四音格结构平行性的总要求,而不是仅为汉民族审美情趣的反映。

而有些说法又正好相反,其实质是只见成语的四音格语言共性,忽视了成语的汉民族文化个性。

下面这些说法见之于普通语言学著作就不太妥当:

成语是固定词组的一种,它是语言发展中逐渐形成起来的习用的、定型的词组,其中大部分都是从古代文献中继承下来的。[②]

成语是固定词组中的一种特殊类型,它是语言发展中逐渐形成和固定下来的,往往是一些历史事件或寓言的概括,古籍中的警句,民间口头流传的词语等等。[③]

---

① 姚鹏慈:《"成语与文化"札记》,《广播电视大学学报》(哲学社会科学版)2000 年第 4 期。
② 高名凯、石安石:《语言学概论》,中华书局 1987 年版,第 106 页。
③ 叶蜚声、徐通锵:《语言学纲要》,北京大学出版社 1997 年版,第 91 页。

前面说过，"成语"一词可以有不同含义，有时是"语"，有时是"词"，这里的"成语"显然是"词"。在汉藏语系中，作为"词"的这类语言现象一般通称为四音格，而在汉语中，又把它称为"成语"，也就是说，"成语"实际上是汉语四音格的又一名称。可见，"成语"是一个只对汉语适用的术语，而不是普通语言学术语。如果把这样一个名称作为普通语言学概念，那就忽视了成语的汉民族文化个性了。

像"傣汉成语词典""藏汉成语"之类的说法也容易产生混乱。通常，人们经常见到"英汉成语对比""俄语成语翻译"等说法，这里的"成语"是"语"，它与俗语、谚语的差别不大，这可以在"语"的层面上，以广义成语看待。而"傣汉成语词典""藏汉成语"之类则不同，这里同时纠缠着两类区别，一是"语"与"词"的区别，一是"成语"与"四音格"的区别，两类性质互相掺和，使"成语"一词的意义十分含混。

第三节　成语的范围

成语范围的界定是与成语性质的认识紧密联系在一起的。不同的人对成语的性质可能有不同的认识，而不同的认识又会对成语的范围有不同的界定。为了研究的需要，不同的人可能对汉语成语作不同的范围划分，从而对汉语成语有不同的认识，这是很正常的。例如，有人在研究"成语"时，只把书面色彩浓厚的 A 类成语作为研究对象，其他类型都不考虑，这样得出的认识，自然不同，但这是他研究的需要，自有他的道理，这是无所谓优劣的。但是，如果研究对象大致相同，而所得结论很不相同，则不同结论之间必有可比性。其中，是否有助于成语范围的界定是判断认识优劣的一条重要标准。

成语范围的问题就是成语与其相邻语言现象关系的问题。成语有不同方面的属性，因而在不同的方面，成语有不同的相邻语言现象。汉语成语是具有特殊表现力的四音节汉语基本词，这是确定汉语成语范围的根本依据，根据这个认识，就可以把成语与各种邻近的语言现象很好地区别开来，而这是许多关于成语的定义都难以做到的。

一　成语与词

汉语成语是具有特殊表现力的四音节汉语基本词。汉语成语在本质上是词，这是汉语成语与其他汉语词的共性，但是，"具有特殊表现力""四音节""基本词"等属性又使得汉语成语与其他汉语词有了明显的区别。

汉语普通词汇以单音节词和双音节词居多，而汉语成语是四音节词，因此，仅凭词的音节数目，就能使汉语成语与绝大多数汉语普通词汇区别开来。但是，汉语中并不是所有四音节词都是成语，还有一些词，它们也是以四音节词形式出现的。根据汉语成语性质，我们可以清楚地把它们区别开来。下面两类四音节词都不是成语：

A　双音节词　　语言学家　　狗尾巴草　　脑袋瓜子　　大型车道

B　氢氧化钠　　宫保鸡丁　　阿弥陀佛　　毛里求斯　　人大常委

A 类都是四音节复合词，但是，它们在语音节奏上都是"三一"式，这与成语都是"二二"式是明显不同的，它们不具有结构平行性特征，因而都不是成语。

B 类四音节词的语音节奏倒是可以看作"二二"式，但是，它们有的是音译外来词，有的是专业词或专用词等，这些都是一般词汇，而不是基本词汇，因而，都不是成语。

可见，根据对成语性质的认识，基本可以分清普通词汇与汉语成语的范围。

二　成语与熟语

长期以来，由于没有注意到"成语"意义的转移，人们对汉语成语的性质一直没有清楚的认识，以致许多学者把成语看作"语"的一种，例如，莫彭龄认为："汉语成语是熟语的一种，是相沿习用的具有书面色彩的固定短语，它的基本形式是'四字格'。"[①]

在这种认识的前提下，人们一方面把成语看成与谚语、俗语、歇后语等熟语相并列的语言现象，另一方面，又说某些成语就来自谚语、俗语、歇后语等熟语，于是，成语与谚语、俗语、歇后语等熟语之间的界限就十分模糊，好像成语只是谚语、俗语、歇后语等熟语的别名而已。

其实，汉语成语是具有特殊表现力的四音节汉语基本词，汉语成语与谚语、俗语、歇后语等熟语之间的关系，首先应该是"词"与"句"的关系。

"句"是语言中最大的语法单位，也是言语中最小的单位。作为言语单位的句子，其文化特征是十分明显的，也是十分丰富的。汉语中，所谓谚语、俗语、歇后语等熟语，其实就是具有各种文化特征的汉语句子，它们之间的区别是它们负载了汉民族文化的不同方面，同时，它们又都是汉语中的"句"。可见，各种熟语，是多样性的汉文化特征与共同"句"语言特征的统一。

"词"是语言中最小的自由单位，它位于 "句"的下一层级。"词"是语言中的预制品，它的作用是用来造句。汉语词的形式比较丰富，其音节数目和构成方式也是多种多样的， 其中，四音节的基本词就是汉语成语。

可见，汉语成语与各种熟语并不是同类语言现象，它们处在语言的不同层级，成语只是构成句子的预制材料，包括构成各种熟语。例如：满口的仁义礼智，一肚子男盗女娼。这里的成语"仁义礼智""男盗女

---

① 莫彭龄：《关于成语定义的再探讨》，《常州工业技术学院学报》1999 年第 1 期。

娟"都只是这句熟语的构成材料而已，它们之间的功能和作用是很不相同的。

同时，汉语成语也可能来自熟语，不过，这时的熟语在形式上和功能上都有了很大的变化。例如：仁者见仁，智者见智→见仁见智。成语"见仁见智"是从熟语"仁者见仁，智者见智"转化而来的，它在形式上变成了四音节，功能上也变成了"词"，而不再是"句"了。

在理解了成语与熟语之间的关系的基础上，就可以清楚地划分出汉语成语与各种熟语的范围了。

首先，在语言形式上，成语是词，总是四个音节；熟语是句，音节数目可多可少，一般多于四个音节。例如：

初生牛犊不怕虎。

各人自扫门前雪，莫管他人瓦上霜。

雷声大，雨点小。

哑巴吃黄连，有苦说不出。

此外，还有一种惯用语，如：绊脚石、摇钱树、门外汉、灌米汤、泼冷水、落汤鸡、碰钉子等，虽然它们究竟是词是语还有争议，但是它们在形式上都是三音节，这与成语是有明显区别的。

其次，熟语有时也会是四个音节，然而，这样的四音节熟语往往不具备四音格的语言特征，例如：

旁观者清　唱对台戏　喝西北风　捏一把汗

钻牛角尖　耍嘴皮子　做白日梦　打落水狗

这些熟语虽然在形式上也是四个音节，意义上也具有整体性，但是，它们在结构上没有平行性，因而都不是成语。

再次，如果某些四音格熟语同时也具备四音格的语言特征，那就只能认为这既是成语又是熟语了，例如：

有备无患　量体裁衣　笨鸟先飞　病从口入

事不宜迟　人多智广　众口烁金　敝帚千金

良药苦口　本性难移　上行下效　恶有恶报

谷贱伤农　官逼民反　否极泰来　擒贼擒王

穷则思变　入乡随俗　物极必反　做贼心虚

其实这并不矛盾，语言中本来就有独词成句的现象。

三　成语与词组

在成语范围的界定中，成语与词组的区分是最复杂，最困难的。在形式上，成语与许多四音节词组基本是相同的，但是，成语是具有特殊表现力的四音节汉语基本词，也即成语是汉语四音格。根据前面分析的四音格的各项语言特征，还是可以区分成语与四音节词组的。

在讨论汉语成语时，人们还经常提到"四字格"。对于"四字格"的性质，人们有不同的看法。多数人认为，"四字格"内兼有词和词组，而词组中既有所谓固定词组，也有一般词组，例如，马国凡说："四字格有避开词与词组界限的矛盾的长处，同时也有'五方杂处'的短处。"[①]

马先生把他的"四字格"分出了六大类：

1. 词及词的延伸

　　A. 干干净净　　婆婆妈妈　　B. 糊里糊涂　　啰里啰嗦

2. 词组的紧缩

　　A. 国家体委　　人大代表　　B. 近水楼台　　初生牛犊

3. 松散词组

　　文化教育　　市场经济　　发展经济　　繁荣市场

4. 行业套语

　　服务周到　　送货上门　　来料加工　　打架斗殴

---

① 马国凡：《成语》，内蒙古人民出版社 1997 年版，第 128 页。

5. 成语

6. 成语的衍化格式

　　面面相观　　煽风助火　　话出有因　　一剪两断

可以看出，这里的汉语四音格与马先生的"四字格"是很不相同的。马先生的"四字格"是既有词也有词组，而这里的四音格与普通四音节词组是有明显区别的。下面我们就对马先生的六类"四字格"进行逐类分析。

　　成语是具有特殊表现力的四音节汉语基本词，1 类"四字格"的语言性质与成语基本一致，因此可以把它们并在一起统称成语；2 类"四字格"A 部分，它们只是专用名词，不属于基本词汇，因而不是成语，B 部分其实就是成语，只不过它们最近才以四音格形式出现；3 类、4 类"四字格"虽然也具有不同程度的结构平行性，但是，它们都不具有意义整体性，有的还不属于基本词汇，因此，都不是成语。至于 6 类"四字格"只不过是临时造词，这属于修辞层面的事，不在讨论范围。通过比较可以看出，这里的四音格包括马先生"四字格"的 1 类、2 类的 B 部分以及 5 类。

　　当然，汉语成语与一般四音节词组之间没有不可逾越的鸿沟，在一定条件下它们之间也可以转化。例如，3 类、4 类"四字格"之所以不是成语，主要是因为不具备意义整体性，如果经过时间的磨练，它们中的一部分就可能凝结成整体，于是就变成了成语；还有一些四音节惯用语，它们已经具备了结构的整体性，之所以不是成语，是因为它们不具备结构平行性，如果在一定的条件下，它们的语音节奏变化成"二二"式，那么它们也就变成了成语。

　　正是由于成语与一般四音节词组之间还存在模糊地带，人们不可能把二者分得泾渭分明。人们一方面要弄清汉语成语的本质属性，另一方面还可以根据不同的需要对其边缘部分有不同的取舍。有学者在分析成语性质的基础上，对成语属性的不同方面进行量化处理，从而为成语类固定语的识别提供参考数值[①]，这也是对成语等边缘部分取舍的好方法。

　　总之，汉语成语是具有特殊表现力的四音节汉语基本词，根据这样的认识，基本上可以把汉语成语与其临近的语言现象区别开来，从而为汉语成语确定一个相对准确的范围。

[①] 王吉辉：《从原型理论来看固定语的识别》，《词汇学理论与应用（二）》，商务印书馆 2004 年版。

第六章　傣语四音格中的傣族文化

文化是各个民族对特定环境的适应能力及其适应成果的总和。而语言是一种文化现象，是文化总体的组成部分，是自成体系的特殊文化。语言系统中凝聚着所有文化的成果，保存着一切文化的信息，因此，人们有可能通过语言了解、认识和分析各种文化现象，这就是语言的文化价值。

语言的文化价值可以体现在语言研究的许多方面，张公瑾先生在《文化语言学教程》[①]中指出了语言文化价值研究的七个层次，它们分别是语音、词汇、句法结构、系属、类型、地区分布、文字。

语言词汇是人们经常用来分析民族文化的重要方面之一。傣语四音格是傣语词汇中最有特色的语言形式，与其他词汇相比，傣语四音格可能更有助于人们认识傣族文化。

首先，傣语四音格属于傣语基本词汇，这样的词汇在傣族社会中的使用是最普遍的，与傣族人民生产生活的关系也是最密切相关的，因而，它们也最能反映傣族文化的本质。

其次，傣语四音格由四个音节组成，这些音节多数是有意义的语素，其中许多语素在现在已经不再单独使用，或者意义已经转移，分析这样的语素就有可能为人们展现傣族文化发展的历史线索。

再次，与其他傣语词汇相比，傣语四音格的意义涵量相对要丰富，这就有可能给人们更详细地记录有关傣族文化的信息。

---

① 张公瑾、丁石庆：《文化语言学教程》，教育科学出版社 2004 年版，第 43 页。

当然，傣语的其他方面也蕴涵着丰富的傣族文化信息，这里仅从傣语四音格的角度对傣族文化的部分内容做初步的探讨。

第一节　傣语四音格中的傣族经济生活

一　原始的种植经济

傣族先民最早的时代是传说中公元 2 世纪以前的桑木底时代，这是傣族先民的原始社会。在这一时期，傣族先民进行了艰苦的创业，完成许多创举，例如建造房屋，开创农耕，创设宗教，形成社会规范等。这个时期，生产方式从原始的采集、渔猎、狩猎等转变为定居农耕是最为重要的转变，这种早期农耕经济在许多方面都有自己的特点。在傣语四音格中，我们可以清楚地看到，这些傣族历史上曾经有过的最原始的种植经济的特点。

（一）种子来源

农业生产首先要有种子，最初的种子是怎么来的呢？傣语四音格"teŋ¹nok⁸teŋ¹nu¹ 野瓜"反映了傣族先民使用野生种子进行种植的传统。"teŋ¹nok⁸teŋ¹nu¹"的整体意思是"野瓜"，而它的成分意义却是"teŋ¹nok⁸（鸟瓜）""teŋ¹nu¹（鼠瓜）"，这是怎么回事呢？原来，这里的"teŋ¹nok⁸（鸟瓜）""teŋ¹nu¹（鼠瓜）"是指由鸟屎和鼠屎中的种子长出来的瓜，因而是"野瓜"。远古的时候，傣族先民就是借助鸟屎和鼠屎中的种子来进行种植的。傣族创世史诗《巴塔麻嘎捧尚罗》[①]中有这样的话：

就在这时候　水边有人喊　树下有人叫　这里雀屎多　这里鼠屎多　雀屎会长苗　鼠屎长叶了　人围拢过去　见雀屎成堆　见鼠屎成滩　屎上长绿苗　苗上有谷穗 …… 雀屎会长苗　草苗会结果　吃起来饱肚　别让它死了　别把它吃完　拿屎去栽种

[①] 西双版纳洲民委编：《巴塔麻嘎捧尚罗》，岩温扁翻译，云南人民出版社 1989 年版。

（二）开田分界

有了种子还必须有田，傣语四音格"tsĭ⁷tʰən⁵peŋ¹hăi⁶ 烧火造田"说的是傣族先民的造田方式。在傣族创世史诗《巴塔麻嘎捧尚罗》中有这样的描述：

接着雅罕冷 把人群分开 放火烧草坝 风大火更大 噼噼啪啪 呜呜隆隆 火焰如浪卷 燃烧芦苇地 红红的火啊 亮亮的火啊 烧了三天三夜 把杂草烧净 把刺蓬烧毁 毒蛇死 虎豹逃 草坝一片光秃 露出黑油油的土 风吹烟丝散 气息好芬芳哟

"烧火"不仅是傣族先民的造田方法，还可能是他们用来分界的方法。《巴塔麻嘎捧尚罗》中这样说：

接着雅罕冷 就划定区域 她告诉人们 勐傣要多宽 要占地皮多大 请神来指点吧 请火来帮划吧 以火烧芦苇地 曼延到之处 划归勐傣范围 火烧到哪里熄灭 就定哪里为勐界 沿勐界植树 沿勐界栽桩 以此做标记 表明是傣泐区域

（三）增加肥力

傣语四音格"pʰa⁴pɔm³făi²tsĭ⁷ 刀耕火种"，反映的是傣族先民最原始的种植方式。据宋代许观《东斋记事·刀耕火种》记载，远古时期，我国南方人民是："每欲布种时，则先伐其林木，纵火焚之，俟其成灰，即布种于其间，如是则所收必倍，盖史书所言刀耕火种也。"许多学者认为，傣族渊源于古代百越民族，我国南方先民的"刀耕火种"流传到傣族地区是很有可能的。

（四）畜力使用

在傣语四音格"vo²xʷai²tsaŋ⁴ma⁴ 大牲畜"中，"tsaŋ⁴（象）"与
"vo²（黄牛）""xʷai²（水牛）""ma⁴（马）"并列在一起，这说明它
们应该是同一类动物，"vo²（黄牛）""xʷai²（水牛）""ma⁴（马）"
是人们早就熟知的农业畜力，因此，"tsaŋ⁴（象）"也应该是农业畜力，
这与史料记载也是一致的。唐代樊绰《云南志》把当时傣族居住的地区称
为"茫蛮"，该书卷四说："土俗养象以耕田"；卷七又说："开南以南
养象，大于水牛，一家数头养之，代牛耕也"。而所谓"象耕"的方式，
东汉王充在《论衡》中有记载："象自蹈土，鸟自食萍，土厥草尽，若耕
田状，壤靡泥易，人随种之。"

二　传统的农业经济

农业经济是傣族人民的主要经济，傣族农业经济从桑木底时代奠定基
础并一直延续至今。几千年来，傣族人民一直从事着以种植水稻为主的各
种农业活动。在农业活动中，人们必须交流信息、交换意见、总结经验，
这样，傣语中就出现了大量有关农业生产的词汇，而有些词汇就是以四音
格的形式出现的。傣语四音格几乎涉及到傣族农业生产的各个方面。

有的傣语四音格是表示农业生产活动的：

pɯt⁹hǎi⁶xǎm²na²	开荒造田	tak⁹xoŋ⁵tak⁹xǎ³	晒谷子
pɯt⁹hǎi⁶peŋ₁na²	开垦	kǎŋ⁶hǎi⁶kǎŋ⁶na²	农忙
tʰaŋ¹hǎi⁶tʰaŋ¹son¹	开荒	kǎŋ⁶het⁸kǎŋ⁶saŋ³	忙生产
bok⁷hǎi⁶bok⁷son¹	开园子掘地	xut⁷hoŋ⁶laŋ²məŋ¹	修水渠
het⁸hǎi⁶het⁸na²	耕田种地	tʰǎi¹lək⁸puk⁹xɛm⁴	精耕细作
bai₁ja³tɔm²kǎu⁴	薅秧	puk⁹hǎi⁶dǎm²na²	种田种地
keu⁵xǎu³səu⁵nǎm⁴	收割	ʔǎu₁tsə⁴ʔǎu₁fǎn²	取种留种

有的傣语四音格是描述农业生产状况的：

fa⁴leŋ⁴heŋ³xan⁵　旱灾　　　　　　　fa⁴di¹pi¹tʰuk⁹　风调雨顺

tsăp⁷buŋ³tsăp⁷meŋ²　遭虫灾　　　　pi¹kum³pi¹suk⁷　丰收之年

fa⁴leŋ⁴pi¹xem¹　坏年成　　　　　　xău³na¹pa¹tʰuk⁹　五谷丰登

有的傣语四音格是有关农业的名词：

dɛn¹hăi⁶dɛn¹na²　田地界　　　　　je²xău³je²kə¹　粮仓

xɔŋ¹puk⁹xo²pɛŋ¹　庄稼　　　　　　lău⁴xău³je²pa¹　仓库

xo²hăi⁶xo²son¹　农作物　　　　　　xău³tsə⁴fãn²pʰăk⁷　籽种

kaŋ¹hăi⁶kaŋ¹na²　田间地里　　　　sin³năm⁴sai¹məŋ¹　水利

xɔŋ¹puk⁹xɔŋ¹pɛŋ¹　庄稼　　　　　　kan¹hăi⁶kan¹na²　农业

这些傣语四音格，在傣族人民的日常生活中经常使用，广泛使用。这反映了以水稻种植为主的农业生产是傣族社会生活最主要的内容，农业经济在傣族社会中处于主导地位。

三　有特色的商品经济

傣族地区物产丰富，盛产茶叶、药材、樟脑等产品，各种手工制品如金银饰品、陶器等也十分精美，同时，傣族人民也需要从外地购进盐巴、锅碗、犁锄、鞋袜等，因而，傣族地区很早就有商品贸易。傣语中，有很多傣语四音格就是与商品生产和交换有关：

tɯn²ka⁴pʰa³nɔn²　本钱　　　　　　ŋɯn²xăm²kăm¹lău⁴　金钱

ka⁴jɔn⁴kɔn²xɯn³　生意兴隆　　　　tok⁷ka⁴luŋ²xai¹　做生意

ka⁶sin¹ka⁶fãŋ³　价格　　　　　　　ka⁴jɔn⁴xăi¹man¹　生意兴隆

xo²ka⁴xo²xai¹　商品　　　　　　　han²ka⁶han²sin¹　讨价还价

分析相关的傣语四音格，可以使人们认识到傣族历史上商品经济发展的如下特点：

首先，傣族社会的早期商品贸易既与内地往来，也与东南亚联系，涉及地区范围十分广泛。

在傣语四音格"$suɯ^4xɔ^1suɯ^4xa^1$ 买锄头"中，"$suɯ^4$"是"买"的意思，这个词应该借自汉语"市"，而汉语"市"作为"买"的意义应该在中古的时候。这说明在一千多年前，傣族地区就与内地有商贸往来。与此相印证，唐·樊绰《蛮书》就记载了唐代内地商人羁旅傣族地区欲归不得的情形。

傣语四音格"$be^3ŋuɯn^2lan^2xăm^2$ 钱财"中，"be^3"的意义是"海贝"，可见，在傣族人民的贸易中曾经用海贝做货币。方国瑜说："云南通用海贝作为货币时间，从第九世纪中叶到十七世纪中叶，约有八百年"；元代《马可·波罗行记》中也有傣族地区使用海贝的记载；而考古材料更说明，云南在两千年前就用海贝为货币。云南并不临海，此种海贝产于东南亚沿海，其传入傣族地区，或是从内地辗转而入，或是从东南亚直接进入，无论哪种，都说明傣族地区早期商品贸易已经涉及一个相当广阔的区域。

其次，商品贸易以集市的方式存在，以日用品为主要内容，规模有限。

在傣语四音格中，极少有表示大规模商品贸易的，多数是表示小商品买卖的，如：

$muɯ^4kat^9muɯ^4li^2$ 街子天	$suɯ^4pik^8suɯ^4hε^2$ 买布匹
$ka^4nɔi^4xăi^1Ɂɔn^5$ 小买卖	$ka^4pit^7ka^4pɔt^7$ 小买卖
$ka^4nɔi^4xăi^1jɔi^6$ 小商小贩	$ŋuɯn^2sip^7ŋuɯn^2sau^2$ 一二十块钱

可见，傣族地区尽管商品贸易历史悠久，区域广阔，但是其规模始终有限。造成这种状况的主要原因是，在长期的封建社会中，占主导地位的始终是农业经济，再加上山水阻隔，路途遥远，傣族地区的商品经济发展更是有限。这里的商品贸易主要是以集市的方式，交易的内容限于日常生活用品。这些状况也反映在古代典籍中，元代李京《云南志略》载："交易五日一集，旦则妇人为市，日中男子为饰，以毡、布、茶、盐互相贸易。"

再次，随着商品经济的发展，其他与货币有关的经济现象也逐步丰富起来了。

商品交易是以货币为中介的交易，随着商品经济的发展，与货币有关的其他经济活动也发展起来了，这些也都记录在傣语四音格中，如：

ka⁶tuk⁸ka⁶jap⁹	疲劳费	tsău³ku³tsău³ni³	债务
ka⁶ba⁵ka⁶heŋ²	工钱酬金	tăŋ³tɯn²tăŋ³hɔn²	投资
ŋɯn²tɔi⁵ka⁶kău⁵	折旧	kan³ku³kan³jɯm¹	借条债券
tam¹ka⁶tam¹sin¹	照价	xău³tsok⁷ŋɯn²tsai⁵	经费
tsɔm²ku³tsɔm²ni³	追债	sɯ⁴tʰuk⁹xai¹pɛŋ²	投机倒把
tʰuk⁹ku³tʰuk⁹ni³	欠债	lăk⁸ka⁴lăk⁸xai¹	走私，黑市

如今，傣族地区的商品经济也得到长足发展，虽然农业经济仍然是傣族社会的主导经济，但是，商品经济在傣族社会经济生活中所占比例是越来越大了。这些傣语四音格正是服务并记录着傣族社会这些变化的。

第二节　　傣语四音格中的傣族社会制度

一　社会形态

傣族历史上曾经经历过奴隶社会，但是，与典型的奴隶制不同，这是一种不发达的家长奴隶制，在这种制度下，奴隶的工作主要是从事家务劳作，而不是生产活动。傣族社会的这个特点至今在一些傣语四音格中仍能见到。

傣语"xa³"是"奴隶"的意思，但是，在许多傣语四音格中"xa³"总是与"hən²（家庭）"等联系在一起，如"xa³hɔ¹kun²hən²"的意思是"家奴"，它的成分意义是"xa³hɔ¹宫中奴隶""kun²hən² 家中（用）人"。这样的例子还有："kun²hɔ¹（宫里人）kun²hən²（家里人）王宫家奴"、"ɤa³jau³（家中奴隶）kun²hən²（家中人）用人"。可见，傣族历史上的奴隶是家奴。

在一些傣语四音格中，甚至可以发现这些家奴的工作内容。如"xa³tsăi⁴kɯn²sɔi¹用人"，它的成分是"xa³（奴隶）tsăi⁴（使唤）"、"kun²（人）sɔi¹（缭衣服）"，可见，家庭劳务是家奴工作的主要内容。

还有一些傣语四音格，可以帮助人们发现有关傣族社会制度的更多情况，如"ɤa³sək⁷sat⁷tʰlu¹敌人""xa³kun²mun²ti¹百姓""xa³ban³kun²məŋ²地方百姓"等。

"xɛ³"在傣语中除了"奴隶"这个意思外，还有"杀"的意思，"xa³"组成的词语除了"xa³tsăi⁴奴仆""xa³jăi⁴奴隶"外，还有"xa³sək⁷敌人""xa³pʰăi⁶百姓"等。"xa³"的本义很可能就是"杀"，然后，从动词"杀"转移到名词"被杀的人"，这种情况是很常见的，汉语中就有方言把"杀头"用作名词性的詈语，"xa³sək⁷敌人"中的"xa³"应该是"被杀的人"，因为，"sək⁷"的意思是"战争"，战争中被杀的人当然就是"敌人"。而"xa³"又用来指"奴隶"，可见，傣族历史上的"奴隶"来源于战争中的俘虏。

那么，"xa³"又怎么与"百姓"联系起来的呢？这也与傣族社会的特殊历史制度有关。傣族的奴隶制虽然不发达，也不典型，但是这种家长奴隶制的现象却延续了很长时间，它贯穿了傣族社会的整个封建领主制，直到新中国成立后的民主改革才被废除。在傣族封建领主制中，许多百姓是从原来的家奴转化来的，虽然他们的人身自由不再完全隶属于封建领主，但是他们仍然要定期或不定期地为领主承担各种劳役。

二　政权体制

傣族封建社会的政权组织可分为三个组成部分，而这三个组成部分在傣语四音格中都有所反映。

　　傣语四音格"nam⁴tsau³din¹tsau³召的领土"也可以翻译为"水和土都是召片领的",这里的"tsau³召"是"tsau³pʰɛn⁵din¹召片领"的简称,傣语"召片领"的意思本来就是"广大领土的主人"。可见,"召片领"是西双版纳最大的封建领主。而傣语四音格"tsăp⁷tsaŋ⁴năŋ⁶məŋ²登基""sɯp⁹tsaŋ⁴tɛn²məŋ²继位"中"tsăp⁷tsaŋ⁴""sɯp⁹tsaŋ⁴"是"乘象"的意思,表明这个最大的封建领主在登基继位时要骑象游街的习俗。

　　傣语四音格"pʰɔm⁶(参与)sop⁷(口)pʰɔm⁶(参与)pak⁹(嘴)参议"反映的是傣族社会的"议事庭"制度。这种制度导源于远古时代的原始部落议事会或部落联盟议事会,并一直延续到新中国成立前。在召片领之外还有一个"议事庭","议事庭"由各勐的"召勐"组成,并推选庭长一名。"议事庭"是各勐之间的联盟组织,有浓厚的原始民主色彩。"议事庭"不仅是议事机构,也是权力机构,它可以议决变更制度,决定召片领及各召勐的袭职或废立,是最高封建领主的"中央政府"。在各勐的"召勐"之外,也同样设"议事庭"。

　　傣语四音格"se¹na²ʔa²mat⁸ 官员的总称""se¹na²fa⁴făi⁵ 文武官员的总称"是傣族官员的总称。在"召片领"的下面,还有各种只有特定贵族等级才能担任的官员。"tau⁴na¹pʲa²hăi⁵ 高官厚禄"中的"tau⁴pʲa² 官员"和"puk⁹tau⁴tsăm²xun¹封官"中的"tau⁴xun¹官员"只是领主在村社中的代理人,属于贵族中较低的等级。

三　法律制度

　　任何阶级社会都有一整套为统治阶级利益服务的法律制度。这些法律制度是维持阶级秩序的重要手段,它规范着人们的各种行为活动,与人们的生活息息相关,因而这方面的内容也必然会反映在人们的语言之中。

　　傣语四音格有许多是与法律制度有关的,例如:

pʰă⁸tit⁸hit⁸kɔŋ²　规章制度　　　　　　　　　tsɔm²hăŋ⁶tsɔm²mi²　继承财产

lə¹hit³lə¹kɔŋ²　违法乱纪　　　　săk⁷xi¹tsăm¹ŋai¹　铁证如山

săk⁷xi¹pʰim²jan²　证据　　　　　sop⁷bɔk⁹sop⁷va⁶　口供

tsăp⁷hit⁸men⁶kɔŋ²　合理合法　　　tăŋ³hit⁸tăŋ³kɔŋ²　立法

tsăp⁷hit⁸tsăp⁷kɔŋ²　合理合法　　　hit⁸kău⁵kɔŋ²lăŋ¹　旧规章

这些傣语四音格的出现说明，傣族历史上的法律制度已得到相当程度的发展。

一些傣语四音格为人们认识法律制度的特性提供了明显的线索。例如，在人类历史上，许多法律制度是从传统的风俗习惯转化来的。法律制度的这个特点在汉语中就不是很明显，汉语的"法""律"等词语与"风俗""习惯"等是不相干的，而一些傣语四音格却可以很清楚地表明法律制度的这个特点。例如在"hit⁸ban³kɔŋ²məŋ² 地方习俗""ja²hit⁸ja²kɔŋ²伤风败俗"等傣语四音格中，"hit⁸kɔŋ²"是"风俗、习惯"的意思，而在"pʰit⁷hit⁸pʰit⁷kɔŋ² 违反法规""hit⁸kău⁵kɔŋ²lăŋ¹ 旧规章""hit⁸jau³-kɔŋ²hən² 家规"等傣语四音格中，"hit⁸kɔŋ²"又是"法规、制度"的意思。"hit⁸kɔŋ²"这个词语的不同义项就十分清楚地说明了"风俗、习惯"与"法规、制度"之间的联系。

还有一些傣语四音格，它们的内容就记录了傣族社会具体的法律制度。

傣语四音格"pɔŋ⁵kʷan³pɔŋ⁵san¹报请流放"则记录了这样一条法律制度：亲人可以报请议事庭批准，流放的罪犯如果要再犯，可任人处决。

傣语四音格"năm⁴tsau³din¹tsau³ 召的领土""kin¹na²pa²vek⁸ 种田出负担"等，则用习惯法的形式规定了一切土地都属于傣族最高领主"召片领"，农民要耕种土地就必须要无偿地为统治者服务，这是整个封建领主制的法律基础。"ju⁵hə⁴（服劳役）tʰam²vek⁸（做工）服劳役""ju⁵hə⁴（服劳役）nɔn²ho¹（值班）服劳役""ju⁵hə⁴（服劳役）sut⁷（蚊帐）tsan²

（灶眼）服劳役"等傣语四音格，则告诉了人们傣族百姓为封建领主服劳役的具体内容。

第三节 傣语四音格中的傣族日常生活

一 饭菜饮食

在傣语四音格"xǎu³nǎm⁴taŋ²kin¹食物"中，"xǎu³"的本义应是"水稻"，这与汉语"禾"是相通的，在这里变成了泛称"食物"。傣语中，其他粮食的名称一般都要在前面加上"xǎu³"做通称，如"xǎu³mə³麦子""xǎu³faŋ¹玉米""xǎu³min³咖啡""xǎu³xuk⁷高粱"等。这是由于，傣族地区盛产水稻，粮食以水稻为主，于是傣语水稻"xǎu³"一词就有了"食物"义。

由于特殊的地理位置，西双版纳形成了高温多雨的气候特征，这样的气候特别适宜植物的生长，西双版纳素有"植物王国"之称。而这些茂盛的植物，有许多就是傣家可口的菜肴。在傣语四音格"pʰǎk⁷jə³（蔬菜）naŋ²xeu¹（绿姑娘）蔬菜"中，傣家人把这些"蔬菜"比作美丽动人的"绿姑娘"，可见傣家人民与绿色蔬菜之间的深厚感情。除了绿色蔬菜外，版纳还有许多美味的瓜果菜肴，这也反映在傣语四音格中，如：

ho¹pʰək⁹ho¹mǎn²	薯类	xaŋ³xiŋ¹xaŋ³xa⁵	姜块
luk⁸pʰək⁹luk⁸mǎn²	芋头薯类	mak⁹tǎu³mak⁹teŋ¹	瓜果总称
nɔ⁵naŋ²haŋ¹mǎi⁴	笋子的总称	mak⁹sum³luk⁸van¹	水果

有的傣语四音格还为人们描绘了傣家菜肴的制作方法，如"pě⁷tǎu²pě⁷kǎi²拍打青苔成片"。"pě⁷"是"拍打成片"的意思，"tǎu²""kǎi²"都是青苔，它们附生在河里的鹅卵石上，呈草绿色，丝状。每年冬季，傣族妇女把它们从河中捞起，将洗净的青苔丝拉开，压成薄圆饼晒干，制作成"kǎi²ji²"。"kǎi²ji²"可以放在火炭上烘烤，然后用

糯米饭蘸着吃，也可以和剁碎的猪肉一起煮汤。把青苔压成薄饼后撒上细姜片、盐巴调成的姜汤，就制成了"kǎi²jɛm²"。"kǎi²jɛm²"营养丰富，吃起来十分可口，是傣家人用以招待客人的上等食品。

"xǎu³xap⁹mak⁹kǎm²一餐饭"则记载了傣族爱好咀嚼槟榔的特点。"xǎu³xapꓱ"是"一团饭"，"mak⁹kǎm²"是"一颗槟榔"。这些都是傣家待客的食品。在傣家，亲邻来访时，主人首先以槟榔、石灰、草烟丝招待，一边谈话，一边咀嚼。有的说这有保护牙齿的功效，有的说这有驱逐蚂蝗的作用。

在傣语四音格"leŋ⁴mu¹leŋ⁴mɛŋ²养猪"中，"mu¹猪"与"mɛŋ²虫"相并论，这反映了傣族人民喜食昆虫的习俗。傣族觅虫而食，自古已然，钱古训《百夷传》记傣族先民："其饮食之异者：鳅鳝、蛇鼠、蜻蜓、蝮、蛟、蝉、蝗、蚁、土蜂之类以为食，鱼肉等汁暨米汤信宿而生蛆者以为饮。"在现代傣族的家居生活中，人们还时常以各种昆虫、虫蛹、虫卵为食材，采用炸、炒、蒸、煎、焖、酱等多种烹调方法，制作一道道美味佳肴。

傣语四音格"xǎu³na¹pa¹tʰuk⁹五谷丰登"则反映了"鱼类"在傣族饮食中的重要地位。"xǎu³na¹"是"粮广"的意思，"pa¹tʰuk⁹"是"鱼贱"，以"粮广"和"鱼贱"来表示"五谷丰登"，这说明，"谷子"和"鱼"是傣族最有代表性的食物。傣族傍水而居，民众习水，水产品自然为傣族人民喜爱，诸如螃蟹、黄鳝、螺蛳、泥鳅、虾、蚌、蛙等都是傣家美味，而傣语四音格"pu¹pa¹ŋa²li⁶小鱼小虾"就是对这些水产品的统称。

这里只是用几个有代表性的傣语四音格来说明傣族饮食的特点，实际上，反映傣族饮食状况的傣语四音格还有很多，如：

nə⁴tʰə■⁵kʷaŋ¹fan²　野味	hɔm¹xɔ³hɔm¹xɛ²　菜味香
xǎu³ʔuᵌxǎu³num²　米面食品	xɛ²pʰǎk⁷xɛ²jə³　菜汤；做菜汤
xɔŋ¹ʔoᵌxɔŋ¹lam⁶　易腐食品	mu⁵xǎu³pʰən¹pʰǎk⁷　餐桌
pʰǎk⁷jə³naŋ²xeu¹　蔬菜	mak⁹xǎu³met⁸nǎm⁴　粮食

tăŋ³xǎu³tăŋ³pʰăk⁷　煮饭菜　　　　　　mu⁵xǎu³mu⁵xʷɔn¹　婚礼桌

mu⁵xǎu³mu⁵lǎu³　酒席　　　　　　　pet⁷kǎi⁵mu¹ma¹　家禽家畜

总之，傣语四音格为人们清晰细致地展现了傣族人民的饮食文化。

二　着装打扮

傣语四音格"xəŋ⁶nuŋ⁶taŋ²băi¹ 衣着"中，"băi¹"是"叶子"的意思，而在傣语四音格"pɯn¹băi¹jăi²nuŋ⁶ 衣着"中，"jăi²"是"丝、膜"的意思。这可能反映了在远古的时候，傣族先民就以自然界中的树叶、丝膜等来保暖遮体。

在傣语四音格"pʰiu¹sə³nə⁴pʰa³ 衣物""dun³sə³dun³teu⁵ 缝衣服""pɯn¹sə³nə⁴pʰa³ 衣物"中，"pʰa³""sə³""teu⁵"等则反映了现在傣族服饰特点。"pʰa³"的意思大致相当于"布"，傣族各种片状的棉织品，诸如手绢、被子、尿布、窗帘、褥子、毯子、头巾等都是各种"pʰa³"。傣族男子更是离不开一块"pʰa³băi¹ 毛毡"，白天做批毡，晚上做被盖，更为重要的是，这个毛毡还是小伙子与姑娘谈情说爱的临时帐篷。"sə³"是"上衣"，傣族男女穿的各式上衣都可以称作"sə³"，而"teu⁵"则是裤子，一般为男子所穿，女子多穿筒裙。

"sɔi³tɔŋ⁴lan²xǎm²首饰""mau⁴vɛn¹xɛn¹sɔk⁹臂钏镯头"等傣语四音格反映了傣族饰物的特点。"sɔi³tɔŋ⁴"直译是"肚链"，可能就是腰带。银质腰带是版纳傣族妇女的特殊装饰，用银丝、银片编织而成，以宽和纹细为美，赶摆时系在腰间，露在短上衣的下边。"lan²"指"lan²hu¹耳塞"，"lan²xǎm²"就是金耳塞，这是放在耳朵眼里的一种饰物。"mau⁴vɛn¹xɛn¹sɔk⁹ 臂钏镯头"是各类镯子的总称。傣族男子一般不带饰物，偶尔在手腕上带一只银镯。女子在手腕和胳膊上常带各种镯子，它们有的大，有的小，有的开口，有的闭口，有的是金银镯，有的是玉镯。

　　傣族妇女都有一头秀美的长发，每当节日来临，她们都要精心梳妆打扮。傣语四音格"vi¹ho¹bai⁵kǎu³ 梳妆""xǎ⁷lǎu²ʔǎu¹pʰiu¹ 梳妆打扮""vi¹ho¹kǎu³keŋ³ 梳妆"等就表明了头发在傣族妇女心目中的分量。傣语四音格"ᵈuk⁹mun⁶ta²peŋ³打扮"则记录了傣族妇女独特的护发方法。这里的"ta²peŋ³"是"擦酵母"的意思，"打扮"与"擦酵母"有什么关系呢？原来，傣族妇女虽不爱修饰粉黛，但是她们对头发的护理却有独到之处。她们洗发一般不用肥皂之类，而是用经过发酵的泡米汤，自幼开始，常年如此，她们的头发总是黝黑发亮，一直到老，故有"傣族无白发"之说。

　　当然，在旧社会，能够穿金戴银的主要是贵族妇女，广大劳动妇女的着装，尤其是平时的着装，还是以温暖舒适、整洁大方为主要标准。傣语四音格"fuŋ¹tup⁷fuŋ¹tǎp⁷ 缝缝补补""jep⁷xin⁴jep⁷xo² 缝东西""dun³sə³dun³teu⁵ 缝衣服""tap⁹tap⁹fuŋ¹fuŋ¹ 补补钉钉"等，就是她们平日里着装打扮的写照。

三　房屋住所

　　傣语四音格"tǎi³laŋ⁶（竹楼下）kaŋ¹tʰun¹（底层间）楼下"反映了傣家居住的是"干栏"式建筑。这种建筑由巢居发展而来，分上、下两层，上层主人，下层可养牲畜和堆杂物，中间以九级楼梯相连接，具有防潮防水、散热通风、避虫避害等优点。

　　傣家竹楼内一般有两棵大柱子，一棵称为"男柱"，一棵称为"女柱"，傣语四音格叫"kok⁷kǎu⁴sǎu¹kǎn² 支柱"。傣族人对这两棵柱子特别重视，不但在建房选材时，对这两棵柱子有诸多讲究，就是建成以后也有不少忌讳。傣语四音格"mak⁹hin¹tin¹sǎu¹ 礅"是指傣家竹楼支柱下的石礅。石礅的作用为了防止柱子接触地表土壤，产生霉变腐烂或白蚁蛀食，同时，它又是地位的象征，只有贵族住房才能使用礅，普通百姓的住房是不允许使用的。

在傣语四音格"$t^hin^5keu^3ho^1sen^1$ 宫殿"中，"t^hin^5""ho^1"等都是"宫殿"的意思，这是专门用来指召片领及各勐召勐的住房及其司署议事庭的，其他贵族官员及庶民百姓的住房都只称"$hən^2$房、家"。与普通"$hən^2$房、家"相比，"ho^1"不但规模大，而且有许多讲究，如"ho^1"的墙壁上可以绘制壁画、浮雕，楼梯可设二台十多级，可以在楼梯头雕刻花纹、鱼、龙等图案，这些都是普通"$hən^2$房、家"所不允许的。

"$văt^8va^2ʔa^2lam^2$ 佛寺"是佛教僧侣的住所。傣族地区，佛教的地位非常之高，凡有村落之处即有佛寺。这些佛寺，尤其是规模较大的佛寺，比起周围百姓居住的"$hən^2$"来，是十分豪华的，其规格待遇都能与最高贵族居住的"ho^1"相当。

四　节日习俗

傣语四音格"$săn^1xan^1pi^1măi^5$"表示傣历新年，就是大家熟悉的"泼水节"。傣族以傣历六月为一年之首，泼水节大致在公历四月中旬开始，一般要延续好几天，但泼水只有一天。新年到来，傣族男女老少都穿上色彩鲜艳的民族服装，成群结队来到城里，这就是"$xău^3poi^2xău^3lam^2$ 赶摆"。"poi^2"的原意可能是一项盛大的佛教活动，如今已演变成群众性文娱集会。节日期间，傣族人民要举行各种娱乐活动，其中以大家相互泼水祝福最为热烈疯狂，而这些活动，也大多记录于傣语四音格中。

"$din^3năm^4seu^2hə^2$ 划龙船"是傣族新年中的一项重要活动。除夕那天，傣族男女老少聚集到澜沧江边，有人搭起了看台、高升架、发奖台等，各种买卖人也都支起自己的棚子。江面上，几条狭长的龙舟里分两排并坐着兴高采烈、英姿飒爽的选手们。两岸边，震耳欲聋的高升在万众喝彩声中不时蹿入云霄。当指挥者一声锣响，选手们便齐刷刷挥桨击浪，啾啾呐喊，船前船后你追我赶，江上江下一片欢腾。

"băŋ⁴fãi²dɔk⁹mǎi⁴火花，高升"是傣族特有的节日娱乐用品，它其实是一种较原始的火箭。制作时，用木炭、硫黄、硝等装满几个竹筒，做成火药筒，然后再把它们捆绑在一根长长的大竹竿的根部。发射时，先把它安放在事先准备好的发射架上，竹竿根部朝上，细梢朝下。点燃引信后，高升在巨大的爆炸声中，一路冒着浓浓的白烟，携着长长的竹竿，直奔云霄而去，场面十分壮观。

第四节　傣语四音格中的傣族医药卫生

一　病情状况

由于特殊的地理位置和地貌特征，西双版纳地区气候是高温多雨，干湿季分明，年温差小，日温差大。在这样的气候条件下，傣族地区人们极易感冒发烧，于是，感冒发烧也就作为常用词汇进入了傣语四音格，如"xǎi³vǎt⁷xǎi³ʔǎi¹ 感冒""xǎi³hən⁴xǎi³mǎi³ 发高烧""pin¹vǎt⁷pin¹ʔǎi¹ 伤风感冒"等。

傣族地区雨季多雨，而旱季又多雾，再加上天气炎热，常常形成对人体健康十分有害的"瘴气"，傣语四音格称之为"ʔai¹bə⁵ʔai¹mǎu² 毒气"。过去，傣族地区"tsut⁸jok⁷tsut⁸ja¹ 缺医少药"，在"瘴气"的侵袭下，傣族人民经常患"瘴气病"。这是一种恶性疟疾，发病时，病人忽冷忽热，因而，"发冷"和"发热"就成了傣族地区生病的典型特征，在傣语四音格中，它们经常与"生病"对举。如"pin¹xǎi³（病）pin¹nau¹（冷）生病""xɔ̌⁸xǎi³（病灾）xɔ̌⁸nau¹（冷灾）病魔""xǎi³nɔi⁴（小病）nau¹ham²（着凉）小病""tsep⁷（疼）mǎi³（烧）xǎi³（病）nau¹（冷）生病'等。

傣族地区气候炎热，雨水充沛，因此植物繁茂，野菜野果到处都是，但是，这其中也有一些"ja³bə⁵pʰǎk⁷mǎu² 毒草"和"het⁷bə⁵het⁷mǎu² 毒菌”，人们一旦误食，就会“tsăp⁷pit⁸tsăp⁷măi² 中毒”，这也是傣族人民常见的病因之一。

二　治疗方式

有了疾病，就要治疗。在一些傣语四音格中，人们能够看到傣族人民是如何跟疾病做斗争的。

傣语四音格“kep⁷xău³kep⁷xʷɔn¹招魂”反映了早期傣族人民与疾病做斗争的状况。傣族先民认为，万物都有灵魂，人更是如此，人的灵魂如果走失，他就会生病，因此，“kep⁷xău³kep⁷xʷɔn¹招魂”可以治病。傣族先民认为，人体的不同部位有不同名称的魂，这需要有不同的叫魂词，因而，傣族民间叫魂的方法有八十一种之多。人的灵魂如果受到“pʰi¹pʰə⁴pʰi¹pʰai² 鬼怪”的侵害，他也会生病，这时，就要请专门的“pɔ⁶mot⁸mɛ⁶mɔ¹ 巫师”来驱赶各种“pʰi¹saŋ¹kaŋ²dɐŋ¹ 妖魔鬼怪”。而为了预防疾病，就必须佩戴“kɛu³seŋ¹pɛk⁸jɐn² 护身符”。这种最原始的治病方法至今还在傣族许多地区盛行。

傣族人民在“驱鬼治病”的同时，也在实践中不断地探索科学的治病方法，最终创立了一整套傣医理论。傣医有所谓“四塔”说，认为人体是由“土、水、火、风”四大基本元素构成，这四大元素平衡协调，人体就会健康，反之，任何元素的缺失，就会导致疾病，人体的各种疾病也相应地分为四大类。这种情况也反映在傣语四音格中，如“lum²（风）daŋ³（僵）lum²（风）suɯŋ¹（麻）风湿病”就表明这是“风塔”类疾病。

在“kin¹jok⁷kin¹ja¹ 吃药，服药”“tsut⁸jok⁷tsut⁸ja¹ 缺医少药”等傣语四音格中，“ja¹”和“jok⁷”都是“药”的意思，前者是傣语本民族词，现在还在使用，而后者是古汉语借词，在如今的傣语中已经不单独使用。可见，内地传统的中医曾经对傣医有深刻的影响。

傣医在许多地方都与中医相似，在诊断方法上，傣医也用望、闻、问、切，傣语四音格"xi³paŋ³pum¹ləŋ¹ 面黄肌瘦"表明了"望"在傣医上的使用，而"sai¹lət⁸sai¹lum² 脉搏"则表明了"切"在傣医上的使用。在用药上，傣语四音格"ho¹măi⁴ho¹dɔk⁹ 树根草根"表明了傣医也是用植物入药的，傣语四音格"dut⁹jok⁷dut⁹ja¹ 抽烟"则说明，烟草最初是做药材使用的。而傣语四音格"mɔ¹ja¹tsoŋ⁶ji⁶ 中医"则说明，傣族"mɔ¹ja¹ 医生"与汉族"中医"是完全相当的。

三　卫生条件

傣语四音格"ʔɛu⁵nɔk⁸（去野外）ʔɛu⁵na²（去田野）解手"反映了傣族没有厕所的习俗。一直以来，傣族不用人畜粪便肥田，尤忌人粪，认为那是不洁之物，因此，他们不像汉族农民那样为了收集粪便做农肥，家家户户都有厕所。傣族人方便时，直接来到野外，或山野林间，或塘坝沟渠，放手为之，以至傣家饮用之水，只取井水泉水，不取诸江河湖泊。

傣族人十分讲究卫生，他们居住的场所时常打扫，清洁干净，傣语中，表示打扫的四音格也是很多的，如：

pʰeu³jaɯ³kʷat⁹hən² 打扫屋子	pʰeu³ban³kʷat⁹xoŋ⁵ 打扫卫生
pʰeu³mot⁷pot⁷lɛŋ² 打扫干净	pʰeu³kʷat⁹lat⁸ju² 扫地
mot⁷să˙¹văi²jă⁸ 清洁	pʰeu³kʷat⁹mot⁷săi¹ 清扫

西双版纳地区气候炎热，河流密布，温泉众多，这就使得洗澡既是必要，也很方便。傣族男女老少都酷爱洗浴，高温季节，他们每天下午都要去泡澡，因此，在傣语中，与洗澡有关的傣语四音格中也特别多，如：

să⁷kău³dăm¹ho¹ 洗头	să⁷ho¹să⁷kău³ 洗头
soi⁶na³soi⁶ni³ 洗脸	ʔap⁹năm⁴ʔap⁹nɔŋ¹ 洗澡
soi⁶nə⁴soi⁶to¹ 擦澡	ʔap⁹năm⁴ʔap⁹nim⁴ 洗澡
soi⁶muɯ²soi⁶ma² 洗手	soi⁶na³soi⁶ta¹ 洗脸

ʔap⁹năm⁴si¹xǎi² 搓澡　　　　　　　xǎ⁷nə⁴si¹to¹ 洗澡

ʔap⁹năm⁴sǎ⁷ho¹ 洗澡　　　　　　　xǎ⁷hə⁵si¹xǎi² 擦汗搓垢

xǎ⁷xǎ⁷si¹si¹ 擦擦洗洗　　　　　　　tsăm²lǎ⁸xǎ⁷si¹ 擦洗

xǎ⁷nə⁴si¹xǎi² 擦身搓垢

傣族人对"洗"的观察是十分细致的，洗的方式不同，名称也就不同，这从上述傣语四音格中就可以清楚看出。洗脸洗手是"soi⁶"，洗头是"sǎ⁷"，洗澡是"ʔap⁹năm⁴"，此外还有擦"xǎ⁷"，洗"si¹"。同样是洗澡，由于洗的部位和方式不同，傣语也用不同的四音格来表示，如，洗澡的通称可以是"ʔap⁹năm⁴ʔap⁹nim⁴ 洗澡"，洗头洗澡是"ʔap⁹năm⁴sǎ⁷ho¹ 洗澡"，擦身洗澡则是"ʔap⁹năm⁴si¹xǎi² 搓澡"，擦汗洗澡则是"xǎ⁷hə⁵si¹xǎi² 擦汗搓垢"边擦边洗是"xǎ⁷xǎ⁷si¹si¹ 擦擦洗洗"等，可见，傣族人对"洗"是十分讲究的。

第五节　傣语四音格中的傣族爱情生活

一　恋爱环境自由浪漫

傣族社会，虽然不同等级人民之间的通婚受到严格限制，但是普通青年男女之间的恋爱还是比较自由的。傣语四音格"tsa¹bau⁵tsa¹sau¹ 谈情说爱"中，"bau⁵"是指年轻小伙子"sau¹"是指妙龄少女，"tsa¹"是"说"，整个四音格表示小伙子与姑娘在一起互诉衷肠。这个傣语四音格是傣族青年男女恋爱时的真实写照。

在傣语四音格"jɔk⁹haŋ⁴tsa¹sau¹ 谈情说爱"中，"jɔk⁹"是"挑逗"的意思，人们更常用"jɔk⁹sau¹ 串姑娘"一词。在傣族，青年女子被人挑逗，一般不会生气，而是感到高兴，若有赶摆等节庆活动，更是青年男女打情骂俏的好机会。不仅未婚青年可以公开谈情说爱，离婚者也能如此。在傣语四音格"jɔk⁹haŋ⁴tsa¹sau¹ 谈情说爱"中，"haŋ⁴"就是指离婚者。

对于青年男女的这些举止，人们并不视之为有伤风化，长辈亲友们不仅不加干涉，而且是乐观其成。

傣语中还有许多与恋爱有关的傣语四音格，如：

să⁷niŧ⁷tiŧ⁷hăk⁸ 爱恋，钟爱　　　　　jɔk⁹jǎi²sǎi¹len³ 调情逗玩

xʷam²hăk⁸xʷam²pɛŋ² 情意　　　　　tsăp⁷mok⁷tsăp⁷tsăi¹ 情投意合

tsu⁴hàk⁸tsu⁴pɛŋ² 情人　　　　　　haŋ⁶di¹hɛŋ²ŋam² 美貌

从这些傣语四音格中人们不难想象，傣族青年男女的恋爱活动，是多么的浪漫自由。

二　婚姻程序既郑重又灵活

小伙子与姑娘相亲相爱后，双方要想终成眷属，还需要经过一整套程序，这些程序既郑重又灵活，并且也都反映在傣语四音格中。

首先是请媒人。傣族青年虽然恋爱自由，但是最终成事还是离不开媒人。傣语四音格中，"媒人"是"pɔ⁶xim¹mɛ⁶mǎi¹"。傣语"pɔ⁶""mɛ⁶"是用来称呼父辈的男性和女性，这是由于，傣族媒人一般是男方的姨、舅或村中长辈；"xɯm¹""mǎi¹"是针、线的意思，这表明，媒人的作用是穿针引线。媒人先去女方家"tʰam¹pʰo¹tʰam¹mɛ² 说亲"，"tsăi⁴pǎi⁴tsăi⁴xɘi¹ 说媒"表达男方心愿，必要时还要安排"tsăi²pʰo¹tsăi²mə² 相亲"，确定双方的"sin³kăm¹sai¹ven² 姻缘"等。这其中，许多环节都是走形式，实际上，相关事项小伙子与姑娘私下里早就谈好，家长的说法只是做做样子。

其次是订婚。傣语四音格有好几个都表示"订婚"的意思，如"xɔt⁹ven²mɛi¹mǎn³ 订婚""xɔt⁹kăm¹xɔt⁹ven² 订下婚约""pʰat⁷dǎi³pʰan⁵pin¹ 约定婚姻"等，这表明，傣族是很重视订婚的。傣族订婚都要举行仪式，在仪式上，主持人会教诲男女双方：从今往后，你们就是"sɔŋ¹tsău³tau⁴naŋ² 夫妻俩"，不要再与别人"tsa¹bau⁵tsa¹sau¹ 谈情说爱"了。

　　最后是结婚。订婚一段时间后，男方就再托"kun²tsǎi⁴mǎi⁴teu²媒人"去女方家商议结婚事项。傣语中，与结婚有关的傣语四音格非常多，如：

ʔǎu¹pʰo¹ʔǎu¹me² 结婚　　　　　　　　xəŋ⁶xǎu³xɔ²xʷɔn¹ 聘礼

mɯ⁴di¹vǎn²ŋam² 良辰吉日　　　　　　saŋ³pʰo¹saŋ³me² 成婚

kin¹xɛk⁹bɛk⁹lə⁶ 参加婚礼　　　　　　xəŋ⁶pǎn¹na²kan¹ 礼物

saŋ³kǎm¹saŋ³ven² 成亲　　　　　　　　suŋ⁵pǎi⁴suŋ⁵xəi¹ 送亲

xo²xǎu³xo²xʷɔn¹ 嫁妆　　　　　　　　tun³ho¹pʰo¹me² 原配夫妻

sɯp⁹kǎm⁵sɯp⁹ven² 成亲　　　　　　　mu⁵xǎu³mu⁵xʷɔn¹ 婚礼桌

　　在这些傣语四音格中，人们可以看到傣族婚礼中的许多习俗，如"选日子""送聘礼""送亲""吃喜宴"等，可见，傣族结婚典礼是很隆重的。

　　在"mu⁵xǎu³mu⁵xʷɔn¹ 婚礼桌""xo²xǎu³xo²xʷɔn¹嫁妆""xəŋ⁶xǎu³xo²xʷɔn¹聘礼"等傣语四音格中，都有"xǎu³xʷɔn¹灵魂"这个成分，"结婚"与"灵魂"有什么关系呢？原来，在傣族婚礼中，有一个很重要的仪式，叫"su⁵xʷɔn¹拴魂"。在婚礼中，主婚人用一条长棉线，从左到右围着新娘新郎的肩缠一圈，再把线的两端搭在篾桌上，表示把两人的灵魂拴在一起，让他们白头到老，永不分离。接着，其他长者也把线拴在新娘新郎的手腕上，表示祝福。于是，在特定的环境中，傣语"xǎu³xʷɔn¹"从"灵魂"的意义引申到"婚礼"的意义，而拴线用过的篾桌"mu⁵xǎu³mu⁵xʷɔn¹"也从"灵魂桌"引申为"婚礼桌"了，其余两例也是如此。

三　家庭地位男女平等独立

　　在有关傣族恋爱、婚姻、家庭的各种傣语四音格中，人们可以发现，在傣族社会中，男女地位有时是比较平等的。

　　"pʰo¹deu¹（一夫）me²nɯŋ⁶（一妻）一夫一妻"是傣族平民的基本婚姻制度。虽然傣族的贵族可以三妻四妾，但是普通百姓基本上是一夫一妻。尽管这没有明文规定，但实际上是以习惯法的形式存在的。这样的制度，就保证了傣族女子在家庭中的平等地位，而不是男子的附属品。

"ʔǎu¹pʰo¹（娶夫）ʔǎu¹me²（娶妻）结婚"反映了傣族古老的"从妻居"的习俗，这是男女地位平等的具体体现。在傣族，"嫁"和"娶"的差别并不分明，傣语都用一个"ʔǎu¹"来表示。傣族青年结婚后可以定居在男方家，也可以定居在女方家，还可以两方轮流居住。实际上，傣族婚姻中的许多事情都可以是双向的，恋爱时，男子可以"jɔk⁹sau¹串姑娘"，女子也可以"jɔk⁹bau⁵ 挑逗小伙子"；傣语四音格"suŋ⁵pǎi⁴suŋ⁵xəi¹送亲"可以"suŋ⁵pǎ⁴送媳妇"，也可以"suŋ⁵xəi¹送女婿"。

傣语匹音格"pʰi³haŋ⁴taŋ⁵nɔn² 离婚"直译是"丢下离开，到别的地方去睡"，这表明，在傣族，离婚是很容易的。然而，傣族离婚者，尤其是女子，并不被社会歧视。"jɔk⁹haŋ⁴tsa¹sau¹谈情说爱"表明，离婚女子一样可以谈情说爱；在傣语四音格"mɛ⁶（已婚女）haŋ⁴（离婚女）naŋ²（姑娘）sau¹（少女）妇女"中，离婚女子与其他女子是平起平坐的。对于死了配偶的一方，只要在死者的葬礼上举行一定仪式，表示与死者"xat⁹kǎm¹xat⁹ven² 夫妻断绝关系"后，就可以重找对象，他人也就不再干涉。实际上，在傣族，由于寡妇所要聘礼较少，往往很容易找到新夫。

当然，傣族社会的这种男女平等只是相对而言的，实际上，傣族社会还有很多地方男女地位是不平等的。

第六节　傣语四音格中的傣族文艺

一　诗歌传说

傣族文学的主要形式是诗歌。傣族历史上盛产诗歌，优美的环境给了傣族人民无穷的灵感和想象，傣族人民就把这些灵感和想象转化成一篇篇动人的诗歌。而傣语四音格对这些诗歌的特点也有所反映。

在傣语四音格"kăm²xăp⁷kăm²pʰăi²唱词，诗歌"中，"kăm²xăp⁷"的意思是"唱的话"，"kăm²pʰăi²"的意思是"编的话"。傣族有专门的歌手，叫作"tsaŋ⁶xăp⁷赞哈"，傣族诗歌主要依靠"赞哈"的演唱得以保存和流传，同时"赞哈"自己也创作一些诗歌，因此，傣族"诗歌"就成了"唱的话""编的话"。

傣语四音格"pʰăi⁵xɔ³pʰăi⁵kăm²作诗"是从傣语"pʰăi⁵xɔ³kăm²"得来的，"pʰăi⁵"是"说、唱"的意思，"xɔ³kăm²"是"句子"的意思，"pʰăi⁵xɔ³kăm²"的意思就是"一句句地演唱或讲述"，这表明了傣族诗歌在语言形式上的特征。

这些优美的诗歌为傣族人民留下了许多家喻户晓的典故传说，而许多傣语四音格就是在这些典故传说的基础上形成的。

有的傣语四音格表明了传说的内容。在傣语四音格"pɔ⁶hăi⁶mɛ⁶na²农民"中，"pɔ⁶hăi⁶"是"地之父"，"mɛ⁶na²"是"田之母"，为什么会这样称呼呢？

在傣族，有这样一个传说。远古时候，人们以狩猎为生，常常食不果腹。有一位叫"咩打腊打赖"的女子就率领大家去开田种地，后来丰收了，人们就请她尝第一口饭，尊她为"mɛ⁶na²田之母"，这就成了傣族的"新米节"。接着，有一位叫"巴打牙"的男子对大家说，"mɛ⁶na²"领导大家开田种谷，给大家带来幸福，男子也应该开荒种菜种树，使大家生活过得更好。于是，大家就开垦土地，种蔬菜、果树、油料作物等。之后，人们不仅可以吃肉吃饭，还可以吃水果、蔬菜了。大家又尊"巴打牙"为"pɔ⁶hăi⁶地之父"。后来他们结为夫妻，成了傣族农业的创始人。而"mɛ⁶na²"又叫作"mɛ⁶nai²领头神母"，后来又叫她"ja⁶xʷɔn¹xău³谷魂奶奶"。他们去世后，傣族农民就自称为"pɔ⁶hăi⁶mɛ⁶na²"。[①]

[①] 该传说可参见王松、王思宁《傣族佛教与傣族文化》，云南民族出版社 1998 年版，第 68 页。

有的傣语四音格是典故传说的篇名。如"sə¹tai¹sə¹nɔn²"就是一篇傣族寓言的题目，它的意思是"老虎是死了还是睡着了"。这篇寓言说的是，一位智者救了一只恶虎，反要被恶虎吃了充饥。他先后找到神仙、狐狸王、牛王等说理，但都没说赢，最后还是兔王用智慧帮他逃脱灾难。故事教育人们对坏人不要怜悯。

有的傣语四音格只有在了解典故传说的基础上才能理解。在傣语四音格"tsɛn⁴tsə⁴hə⁵xăi²直系"中，"tsɛn⁴tsə⁴"是"直系"的意思，而"hə⁵xăi²"却是"体垢"的意思，这是怎么回事？。原来，在傣族的民间神话中，创世神"英叭"开天辟地后，见天地间空荡荡的，感到自己创世的任务还没有完成，便搓下身上的体垢，仿照自己的样子捏了一男一女两个人，并吩咐他们到大地上来开创人类。也就是说，"英叭"的下一代是用"英叭"的体垢做的，这样，"hə⁵xăi²体垢"就与"tsɛn⁴tsə⁴直系"有了联系。

二　音乐艺术

傣族诗歌是与音乐联系在一起的，傣族诗歌的繁荣也同样促使着傣族音乐的进步，傣族歌手"赞哈"既是诗人，也是音乐工作者。傣族人民能歌善舞，乐器种类很多，一些傣语四音格就记录了部分傣族乐器的名称。

在傣语四音格"să⁸kɔn⁴să⁸kɔn¹敲锣打鼓"中，"kɔn⁴"是"铓锣"，这是用于歌舞伴奏的打击乐器，它的形状与锣相似，只是中间有乳状突起，音响圆润深厚。"kɔn¹"是"鼓"，在傣族，最常见的鼓是象脚鼓，其形状细长，如大象的腿，鼓身为木质，用牛皮蒙面，鼓腰较细，有长与短、大与小之分。

在傣语四音格"pău⁵pi⁵si¹tin⁵吹笛拉琴"中，"pi⁵"是"筚"，相当于傣族的笛子，主要用来伴奏赞哈演唱。筚有大筚、小筚、对筚、孤筚等，声音也各不相同。"tin⁵"是"叮"，类似胡琴，多用牛角和椰子壳

做琴筒，故又称牛角琴，琴杆木质，顶端雕成龙头或凤首，多为小伙子求
爱时演奏情歌所用。

第七节 傣语四音格中的宗教信仰

一 原始宗教

在佛教传入之前，傣族地区信仰的是原始宗教。佛教传入后，傣族地
区的原始宗教并没有消亡，而是在一定的范围内继续存在。一些傣语四音
格就记录了傣族原始宗教的某些情况。

傣语四音格 "kep⁷xǎu³kep⁷xʷɔn¹招魂" 中，"xǎu³xʷɔn¹" 是 "灵魂"
的意思。这是傣族早期原始崇拜的遗迹。在傣族原始崇拜阶段，不仅万事
万物具有灵魂，就是人体的不同部位也具有不同的灵魂。到了原始宗教阶
段，灵魂被分为神和鬼。一般把对人有利的魂称为 "神"，对人不利的魂
称为 "鬼"。例如，在傣语四音格 "pʰi¹sə¹pʰi¹pʰai² 牛鬼蛇神"
"pʰi¹saŋ¹kaŋ²deŋ¹ 妖魔鬼怪" "sə¹mi¹pʰi¹pa⁵ 猛兽野鬼" "tʰɯ¹pʰi¹tʰɯ¹saŋ¹ 信
鬼信神" 等中，"pʰi¹" "saŋ¹" 等是 "鬼"，它们都是对人类有害的；而
在傣语四音格 "sə³ban³sə³məŋ² 村神寨神" 中，"sə³" 是 "神"，它们是
对人类有利的。但是，有时神和鬼也可以交换使用，神、鬼之间的善恶也
可以转换。

在傣语四音格 "sə³ban³sə³məŋ² 村神寨神" 中，"sə³ban³" 就是指傣
族的 "寨神"。在版纳，村村都有寨神，通常是建寨过程中有功的特权家
庭成员，一般供祭在村边的小树林里，或巫师家中。在傣族，寨神具有无
上的权威，人生一切重大事件都有待于寨神的庇佑，人人都要祭祀寨神，
全村性祭祀每年有两次。"sə³məŋ²" 是 "勐神"，这是整个勐的保护神，
一个勐中建寨最早的村寨通常就是勐的中心。勐神通常是历史上部落联盟
的首领或英雄人物。

"pɔ⁶mot⁸mɛ⁶mɔ¹巫师"是傣族专门的神职人员，男女均可。巫师负责人神之间的沟通，主持各种祭祀活动，并回答人们的"tǎk⁸mot⁸du¹mɔ¹问卜"，解答神的启示。

二 傣族佛教

在傣族信仰中，影响最大的是佛教。傣族信仰的佛教是小乘佛教，这与内地佛教有很多不同的地方，在一些傣语四音格中，人们就可以看到这种佛教的其些特点。

傣语四音格"sik⁷ham²tam²pʰa³ 还俗""bǔ⁷tʰǔ⁷tsǎn²kun² 俗人"反映了傣族人民尊崇佛教的习俗。在西双版纳，男子人人都要进入佛寺当和尚，一般民家子弟，都是短期为僧，几年就还俗，只有少数长期为僧。当过和尚的人，被认为有教养、有学识的人，为僧时间越长，越受尊重；反之则被认为是低级、愚昧的人。

傣语四音格"pɔ⁶ʔɔk⁹mɛ⁶jɔ² 教父教母""luk⁸kɛu³dɔŋ²sɛŋ¹ 教子"等反映的是傣族佛教的一条"tǎm²nɔŋ²kɔŋ²vǎt⁸ 清规戒律"。西双版纳傣族佛教教规规定，男孩在达到一定的年龄时就要进入佛寺当和尚，在升和尚时须在亲友中拜认一位教父，而教父会对小孩在佛寺的生活开支鼎力相助。

傣语四音格"tan²nǎm⁴tan²tʰǎm² 布施"反映的是傣族"赕佛"的习俗。"tan² 赕"意味着敬佛或对佛有所贡献。傣族每年都有很多赕佛活动，不仅逢年过节要赕，平时也是三日一小赕，七日一大赕。赕佛的内容也十分丰富，可以赕鲜花、水果、金银、首饰、衣物、槟榔等，而"tan²nǎm² 赕食品""tan²tʰǎm² 赕经书"则是最常见的内容。

傣族受佛教的影响十分深远、广泛，傣语中，还有许多与佛教有关的傣语四音格，如：

tʰo¹ma²na²kun² 报恩	tso⁵di¹mi²man¹ 走好运
na²lok³na²lai² 地狱	tsok⁸lap⁸kap⁹tsa³ 运气

tsɔp⁸man¹pʰan²dǎi³ 走运多猎

bun¹kǎm²bun¹tsu² 幸运

tǔ⁸pʰǎ⁸sǎŋ¹xǎ⁸僧侣

pʰi⁴xǔ⁷sǎŋ¹xǎ⁸僧侣

vǎt⁸va²ʔa²lam²佛寺

bun¹nɔi⁴kam⁵ke⁵ 薄命

bun¹lai¹kam⁵mak⁸ 福分大

kam⁵di¹bun¹mi²命好

余 论

环境、文化、语言，这三者是紧密相连的。环境是一个民族赖以生存的物质基础，正常情况下，环境的总体面貌在相当长的时间内是基本稳定的。文化是各个民族对特定环境的适应能力和适应成果的总和。一个民族长期赖以生存环境的鲜明特征，必将在该民族文化中留下深刻的印记。语言是一种文化现象，是文化总体的组成部分，是自成体系的特殊文化。语言之所以称为"特殊文化"，是因为它不仅和文化的其他部分一样，是对特定环境适应的结果，而且它还是文化系统中最基础、最核心的部分，有自己的特殊结构体系，所有文化的积累都能保存在语言信息系统之中。

在西双版纳傣族人民生存的自然环境中，"水"的因素最为突出。版纳地处我国云南省南部，位于横断山系的南段，怒山、无量山脉的尾梢。澜沧江是版纳境内的主要河流，该河流发源于青藏高原的唐古拉山北麓，全长 4500 千米，流经老挝、缅甸、泰国、柬埔寨、越南等五国，最后于西贡注入太平洋，被誉为"东方多瑙河"。其流经国外的一段叫湄公河，流经版纳的一段又叫九龙江，长 158 千米。版纳境内的河流大多是澜沧江的支系，如江东的罗梭河、南腊河、南昆河，江西的流沙河、南阿河、南鄂河、南木卡河、南溪河、勐往河、南果河等，此外还有打洛江等。这些河流宛如几十条巨龙，穿越过版纳全州，冲刷积淀成 50 个肥沃的坝子，傣族就分在在这些平坝的江河两岸，小溪之畔，湖泊四周。

西双版纳大部分地处北回归线以南，除少数地方外，大部分盆地地势都很低，加上邻近的印度洋西南季风和太平洋东南季风的影响，这里气候高温多雨，干湿季分明。版纳大部分地区年平均气温在 20 摄氏度以上，最高温度达 41 摄氏度；这里的雨水十分充沛，大部分地区年降雨量在 1400 毫米到 1600 毫米之间，年降雨日平均有二百多天。这里没有四季之别，只有旱季、雨季之分。

千百年来，西双版纳傣族人民就在这样的自然环境下繁衍生息，并在这样的自然环境中，形成了自己的生存方式，创造了自己的民族文化。因此，傣族文化的方方面面都饱蘸着"水"的情结。

傣族的衣食住行都与水密切相关。傣族男女均习水性，常在水中，因此有文身之俗，腿部文鱼鳞，腰部文莲花；食物上，傣族以水稻为主食，肉食也是鱼、鸭鸡及水牛，不食山羊，少食黄牛；居住上，傣族傍水而居，不住高山，傣居竹楼，也是为避水患；出行上，傣族善于用舟，独木舟以渡人，方舟以载物。傣族赕佛要滴水，过节要泼水，婴儿出生要以水浴身，以前还有水葬的习俗。因此，有人就把这种类型的文化称为"水文化"。

傣族文化中如此浓厚的"水"情结，也必然在傣语中有深刻的反映。傣语四音格是傣语中最有特色的语言现象之一，综观傣语四音格的各种特征，它们体现的恰好是水的品质。这些品质具体表现在"柔""平""淡""溶"等方面。

人们常说"柔情似水"，水给人最为明显的感觉就是柔顺，大至江河之回环，小到波纹之起伏，皆给人以柔和之感。水的这一突出品质也正是傣语四音格的突出品质。研究表明，押韵，尤其是押腹韵，是傣语四音格的最大特色，这种手段使傣语四音格的语音效果有一种回环往复的柔和之美。这种"柔美"的品质是傣语四音格所特有的，它与汉语成语的方正之美形成了鲜明的对比。

水与平是紧密联系在一起的，水是平的基线，也是衡量平的标准。人们常说"水平""心平如水"，可见，水有一种追求平等的内在品质。傣语四音格也正是如此，统计表明，傣语四音格结构平行性特征十分突出，有 98%以上是并列结构，同时，在语音形式上，ABAC 类型的傣语四音格也十分突出，几乎占总数的一半。这样，傣语四音格的外在面貌就给人以平整的印象。

水无色无味，朴素平常，人们常说"君子之交淡如水"，可见，水是最为平淡的事物。与此相似，傣语四音格的色彩也是较为恬淡的，语言上，傣语四音格不善用华丽辞藻，多用质朴敦实的语言，口语特征鲜明；修辞上，经常用通俗易懂的形象性比喻，很少用表达情感大起大落的纯粹夸张。傣语四音格正是水一般的朴素无华。

水虽娇柔无力，却能溶化万物，水有博大胸怀，善纳诸物为一体。傣语四音格也具有这样的品质，前文已经表明，傣语四音格的组成成分主要是来自本民族的语言，但是，也有许多成分分别来自汉语、缅甸语、巴利语等。傣语四音格的这一特点，体现了傣语开放、宽容的精神，而这与水的品质也是十分吻合的。

总之，水是傣族自然环境的特色，在此环境中成长起来的文化和语言都有着浓厚的"水"情结，傣语四音格的各种特征都可以统一于水的品质。

常用傣语四音格
（西双版纳）

ʔ高

ʔǎ⁷li⁴ʔǎ⁷lɔk⁸　滑头滑脑

ʔǎ⁷săŋ¹xǎi¹jǎŋ²　不可胜数

ʔǎ⁷lŏ¹ʔǎ⁷sin⁶　远古

ʔǎ⁷leu¹peu¹fu²　游手好闲

ʔǎ⁷ləm²səm¹sə⁵　流里流气

ʔa³sop⁷pok⁷lep⁸　张牙舞爪

ʔa³pak⁹ŋak⁸lin⁴　张口开言

ʔi⁷du¹xun¹na²　同情，怜惜

ʔi⁷du¹ʔi⁷dɛ¹　可怜可怜

ʔǔ⁷tʰǎŋ²paŋ¹loŋ¹　隆重

ʔu³lǎ⁸mǎ⁸ta⁶　乱七八糟

ʔu³ʔot⁹jɔ²kun²　歌功颂德

ʔu³ʔot⁹jɔ²to¹　自吹自擂

ʔe³to¹kǎn¹tǎ⁷　妄自尊大

ʔe³ko¹to¹deu¹　独自

ʔo³kat⁹hat⁸tʰan²　邀请

ʔo³lɔ⁴pa²pǎŋ¹　结帮成伙

ʔɔ³lɔ²pa²pǎŋ¹　拉帮结伙

ʔɯ⁵xǎŋ²nǎŋ⁶sǎu³　唉声叹气

ʔɔ⁷ʔɔ⁷mǎ⁸mǎ⁸　吞吞吐吐

ʔai¹bə⁵ʔai¹mǎu¹　毒气

ʔai³bǎi³ho¹loŋ¹　蠢货

ʔai³kɔ⁴tsai²to¹　男子汉

ʔǎu¹xǎu¹pin¹kǎu⁴　以粮为纲

ʔǎu¹tsit⁷sǎi⁵tsǎi¹　关心；全心全意

ʔǎu¹tsǎi¹pin¹kǎn¹　同心协力

ʔǎu¹di¹sǎi⁵tǎk⁷　唯利是图

ʔǎu¹lǎk⁷sǎi⁵to¹　唯利是图

ʔǎu¹jot⁸ʔǎu¹tsɯŋ²　作威作福

ʔǎu¹pet⁸ʔǎu¹pai²　装模作样

ʔǎu¹pʰo¹ʔǎu¹me²　结婚

ʔǎu¹tsə⁴ʔaǔ¹fǎn²　取种；留种

ʔǎu¹to¹pin¹tək⁸　以身作则

ʔǎu¹hək⁹pin¹dɛn¹　以牙为界

ʔǎu¹na³ʔǎu¹ta¹　要面子，争光

ʔǎu¹to¹pin¹nǎk⁷　以自己为重

ʔău¹săk⁷pin¹jăi⁵ 以头衔为大

ʔău¹lem⁶ʔău¹pʰim² 树立榜样

ʔău¹pin¹ʔaŭ¹tai¹ 你死我活

ʔeu³păi¹ʔeu³pɔk⁸ 团团转

ʔeu³hɔn⁴tim¹pɔ² 骄傲自满

ʔɛu⁵tʰɔŋ⁶ʔɛu⁵tʰɛŋ⁴ 闲逛

ʔɛu⁵pi⁶ʔɛu⁵nɔŋ⁴ 探亲访友

ʔɛu⁵la⁶ʔɛu⁵ven¹ 东游西串

ʔɛu⁵lɔ⁶pʰɔ⁵tɔŋ² 观光

ʔɛu⁵len³ʔɛu⁵lɔ⁶ 玩耍

ʔɛu⁵ban³ʔɛu⁵məŋ² 走南闯北

ʔɛu⁵tʰən⁵²ʔɛu⁵xə² 逛山，上山

ʔɛu⁵nɔk⁸ʔɛu⁵na² （去田野）解手

ʔɛu⁵la⁶kʷa⁵ven¹ 四处流浪

ʔɛu⁵din³ʔeu⁵lɔ⁶ 游玩，玩玩

ʔɛu⁵het⁸ʔɛu⁵kău² 为非作歹

ʔaŋ³dɔk⁷ʔaŋ³dai¹ 空想，幻想

ʔaŋ³ʔu³ʔaŋ³ʔɛŋ³ 扭扭捏捏

ʔɔŋ⁵²ʔɛŋ⁵tsăi¹făŋ² 思虑

ʔan⁵mɯɯn⁵²ʔan⁵sɛn¹ 成千上万

ʔan⁵hɔi⁴²ʔan⁵păn² 成百上千

ʔan⁵sɛn¹năp⁸lan⁴ 不计其数

ʔan⁵dən⁵dăŋ²mɔ² 闹哄哄，乱哄哄

ʔun¹ʔun¹tʰan¹tʰan¹ 很多；热热闹闹

ʔun¹dət⁷mɔ²dăŋ² 喧哗热闹

ʔen³mok⁷ʔen³tsăi¹ 专心致志

ʔău¹văi²dăi³văi² 及时

ʔɔn¹na³ʔɔn¹ta¹领头，带头

ʔɔn¹ho¹tsɔ²pa² 带头，领头

ʔɔn⁵nɔm⁴kɔm⁴tsu² 屈服

ʔăm³²ɯ³ʔăm³ʔɯt⁷ 模棱两可

ʔim⁵kai⁶nai⁵tsăn² 厌恶，厌弃

ʔim⁵kai²nai⁵tsăn² 厌恶

ʔum¹năm⁶lăp⁸pʰa⁶ 临阵磨刀

ʔum¹ʔum¹kɯɯn¹kɯɯn¹ 含垢忍辱

ʔum¹pum¹²ʔăm¹păm¹ 鼓鼓囊囊

ʔum³ban³²ʔău¹məŋ² 救国

ʔum³xa³²ʔău¹pʰăi⁶ 照管百姓

ʔum³luk⁸pʰuk⁵ma¹ 拖儿带女

ʔum³vek⁸tʰam²kan¹ 担负工作

ʔik⁹jot⁸tʰɛm¹tsɯɯŋ² 增添光彩

ʔik⁹di¹tʰɛm¹di¹ 好上加好

ʔik⁹hu⁴tʰɛm¹lăk⁷ 增长知识

ʔik⁹tuk⁸tʰɛm¹pʰan¹ 穷上加穷

ʔik⁹hăŋ⁶tʰɛm¹mi² 富上加富

ʔik⁹năm⁴tʰɛm¹kə¹ 添油加醋

ʔik⁹nɛn³tʰɛm¹na¹ 重上加重

ʔɛk⁹hɛk⁸tɛk⁹ta¹ 节外生枝

ʔɔk⁷tsɔk⁸²ʔɛk⁷tsɛk⁸ 旮旮旯旯

ʔɔk⁷lɔk⁷ʔɛk⁷lɛk⁷ 坑坑洼洼

ʔɔk⁹tsɯ⁶lɯ²sa² 著名；出名

ʔɔk⁹tsɯ⁶lɯ²seŋ¹ 出名

ʔɔk⁹kan¹ʔɔk⁹kăŋ²　出事

ʔɔk⁹na²ʔɔk⁹ta¹　出头露脸；出人头地

ʔɔk⁹vek⁸păi¹kan¹　出工

ʔɔk⁹be³ʔɔk⁹ŋɯn²　出负担

ʔɔk⁹pak⁹ŋak⁸lin⁴　开口

ʔɔk⁹hɛŋ²pɛŋ¹tsăi¹　专心；奋发图强

ʔɔk⁹dɔk⁹tsăp⁷noi⁵　开花结果

ʔɔk⁹ba⁵ʔɔk⁹hɛŋ²　出力

ʔit⁷ʔit⁷xa¹xa¹　千锤百炼

ʔot⁷jap⁹jan⁵saŋ³　艰苦创业

ʔot⁷tok⁸xam⁵jap⁹　吃苦耐劳

ʔot⁹ʔu³jɔ²to¹　自我吹嘘

ʔot⁹ʔe³pʰe⁴xum¹　自高自大；黑心肠

ʔot⁹hăŋ⁶ʔot⁹mi²　夸富显有

ʔot⁹ʔu³tsa¹xo¹　又说又笑

ʔɔk⁹ta⁶ʔɔk⁹taŋ²　起程

ʔot⁹hu⁴tsa¹lăk⁷　自作聪明

ʔot⁹hu⁴ʔot⁹lăk⁷　自作聪明

ʔət⁷hu¹lăk⁸pet⁷　掩耳偷鸭

ʔap⁹năm⁴si¹xăi²　搓澡

ʔap⁹năm⁴ʔap⁹nɔŋ¹　洗澡

ʔap⁹năm⁴să⁷ho¹　沐浴

ʔap⁹năm⁴ʔap⁹nim⁴　洗澡

ʔip⁹mok⁷ʔip⁹tsăi¹　烦恼

ʔip⁹ʔi¹si²xaŋ³　挤在身边

ʔip⁹xaŋ³si²ʔɛu¹　挤在身边

ʔup⁹kan¹ʔup⁹kăŋ²　谈判

ʔup⁹di¹si¹keŋ³　调解

ʔup⁹tan³lău⁶xa⁴　议论（贬义）

ʔup⁹pʰo¹ʔup⁹me²　说亲

ʔɯp⁷sop⁷ʔɯp⁷pak⁹　忌嘴

ʔɯp⁷xău³jak⁹kɛŋ¹　饥荒；挨饿

ʔ低

ʔa²ko²ʔa²ka⁵　蛮横无理

ʔa²ju²săŋ¹xan¹　年纪

ʔeŋ²ku¹ʔeŋ²mɯŋ²　各行其是

ʔeŋ²pʰăi¹ʔeŋ²măn²　争先；各自为政

ʔăm²păk⁸hăk⁸sa¹　保卫，维护

ʔăm²tai¹ʔăm²vai²　真奇怪

ʔăm⁴ʔɯ⁴ʔăm⁴ʔɯt⁷　彷徨

ʔap⁸na³ʔap⁸ta¹　十分体面

k高

kǎ⁷liŋ²kǎ⁷ɩat⁸　横七竖八

ka¹lǎ⁸ka¹le²　游荡

ka¹lǎ⁸ban²mən²　社会

ka³tsam²sã̄ŋ⁵sɔn¹　培训

ka³kǎŋ¹sǎm¹jǎŋ²　雄壮

ka³kɛn⁵xɛŋ¹hɛŋ²　强大；健壮

ki³ki³kǎŋ⁶kǎŋ⁶　慌慌忙忙

ku¹tai¹mɯŋ²jǎŋ²　你死我活

ku¹hu⁴ku¹ǎk⁷　自作聪明

ku¹ku¹ka¹ka¹　我

ku³ni³sin¹tsək⁷　债务

kě⁷na³kě⁷ta¹　挖苦

ko¹kan¹ko¹kǎm²　怕事

ko¹tok⁸ko⁴jap⁹　怕苦怕累

ko³lo³ko³lo²　杂乱无章

kɔ⁵kǎu⁴kǎm²pɯŋ²　起初

kɔ⁵hǎm⁶kɔ⁵hen²　初学

kɔ⁵het⁸kɔ⁵pɛŋ¹　开始做

kɔ¹mǎi⁴kɔ⁴tɔk⁹　树木

kǔ⁷kǔ⁷tsup⁹tsup⁹　亲了又亲

kɯ¹hu¹kɯ˗ta¹　瞪眼

kǎi¹to¹kǎi¹˗sǎi¹　疏远

kǎi¹mu⁵kǎi¹tsum²　离群

kǎi¹sɔn¹mɔn²dɔk⁹　花蕊

kǎi¹hu¹kǎi¹ta¹　距离远，听不见

kǎi³kim³him²tsǎm¹　附近，邻近

kai⁵xo¹mɛ²taŋ²　修桥铺路

kai⁵xo¹ʔǎu¹mot⁸　引狼入室

kai¹kət⁹kai¹pin¹　演变，蜕变

kai¹na³kai¹ta¹　过目

kau⁵ʔaŋ³lai⁶lɛŋ³　吹嘘

kau⁵ʔe³pin¹vɔŋ⁴　称王称霸

keu¹mi⁴keu¹mɔ²　闹哄哄地

keu⁵xǎu³səu⁵nǎm⁴　收割

keu⁵lɛŋ²keu⁵xa²　割茅草

kɛu³kǎm²sɛŋ¹kǎm²　金言玉语

kɛu³sɛŋ¹pɛk⁸jɛn²　护身符

kɛu³ven¹sɛŋ¹siŋ⁵　金银珠宝

kǎŋ⁵na³bǎŋ¹ta¹　蒙蔽

kaŋ¹hǎi⁶kaŋ¹na²　田间地里

kaŋ¹kɛŋ⁵xɛŋ⁵vǎn　光天化日

kaŋ¹kat⁹kaŋ¹li²　街道

kaŋ¹xǎm⁶kaŋ¹xɯŋ²　夜间

kaŋ¹tuŋ⁶kaŋ¹na²　田野，田间

kaŋ¹peu¹kaŋ¹fɔŋ²　浪头上，风头上

kiŋ⁵mok⁷kiŋ⁵tsăi¹　挂念

kiŋ⁵xɔŋ³ʔa²lăi²　惦念

kuŋ⁵kun²kăm⁴fa⁴　丰功伟绩

koŋ¹kăi¹xau²jan²　路途遥远

koŋ¹kaŋ¹haŋ⁵tăi³　空洞；漏洞百出

koŋ¹hăi¹năi²məŋ²　地域

kɔn³kɔn³dăŋ²dăŋ²　轰轰烈烈

kɯŋ⁵na³ŋam²ta¹　够体面

kan¹kɯt⁸kan¹pɔŋ¹　事情，事业

kan¹jau³kan¹hən²　家务

kan¹hăi⁶kan¹na²　农业

kan¹hăm⁶kan¹hen²　学业

kan¹jăi⁵kan¹loŋ¹　大事

kan³ku³kan³jɯm¹　借条，债券

kan³kuŋ⁵huŋ⁶həŋ²　繁荣昌盛，
　　欣欣向荣

kin¹kin¹kan¹kan¹　吃

kin¹na²pa²vek⁸　种田出负担

kin¹xɛk⁹bek⁹lə⁶　参加婚礼

kin¹tsaŋ³ʔaŋ³tsɛŋ⁶　帮工

kin¹tsip⁷kin¹tsɔp⁷　吃零嘴

kin¹ŋɔi⁶pɔi⁶dău³　轻而易举

kin¹kin¹hɔ⁵hɔ⁵　连吃带拿

kin¹xău³kin¹xiu³　吃饭

kin¹jăi⁵kin¹loŋ¹　大吃大喝

kin¹jok⁷kin¹ja¹　吃药，服药

kin¹săm⁴kin¹seŋ³　吃光喝光

kin¹nĕ⁷kin¹nam⁵　吃得讲究

kin¹li³kin¹fəi²　高利贷

kin¹lău³mău²xɛ²　醉酒，酗酒

kin¹lău³mău²pɛŋ³　醉生梦死

kin¹van¹tan²mon⁶　生活自在

kin¹be³kin¹ŋɯn²　贪污

kin¹hɛŋ²hɛŋ⁵to¹　自食其力

ken⁵mɯ⁴ken⁵văn²　确定日期

kɛn⁵na³kɛn⁵ta¹　前阻后截

kɔn⁵kăi⁵kɔn⁵ka¹　天快亮时

kɔn⁵na³kɔn⁵ta¹　领头

kɔn⁵na³ʔɔn¹ta¹　率领

kăm¹măn³kăm¹kɛn⁵　紧握

kăm¹mɯ²kăm¹ma²　握手

kăm³kiŋ³kăm³kək⁹　翻滚

kăm⁵dăm¹mɯt⁸său³　一团漆黑

kăm⁵fun¹lum²fa⁴　暴风骤雨

kam⁵di¹bun¹mi²　命好，有福气

kum³xaŋ¹hăk⁸sa¹　保护，维护

kum³jau³kum³hən²　顾家

kum³tɛ⁴kum³na⁶　足够

kum³ho¹năp⁸tot⁸　低头认罪

kum³ho¹xop⁸său⁵　五体投地

kum³ho¹nop⁸său⁵　俯首帖耳

kum³na³lə̆p⁷ta¹ 埋头

kum⁵dɔi³kum⁵kin¹ 够吃够用

kɛm⁵dɔi³kɛm⁵kin¹ 白吃白喝

kok⁷kău⁴kɔn⁵ʔɔn¹ 领导

kok⁷kău⁴tsău³hən² 主人翁

kok⁷kău⁴său¹kăn² 支柱

kok⁷kak⁹kak⁸văi⁴ 偷工减料

kək⁹xɔ¹nɔn²xɔ¹ 苦苦哀求

kăt⁷daŋ³tɛi¹nau¹ 冻死

kat⁹nɔi⁴tsən²tsăi⁴ 小地方

kit⁷xaŋ³kit⁷ʔɛu¹ 碍手碍脚

kit⁷tin¹kit⁷mɯ² 拦脚绊手

kot⁷tsɯ⁶mai¹seŋ¹ 签字，署名

kɔt⁹mɯ²tɔŋ²paŋ⁶ 袖手旁观

kət⁷kaŋ⁴haŋ⁵xăm¹ 遗留

kăp⁷lɯp⁸sɯp⁹di¹ 优良传统

kăp⁷lɯp⁸sɯp⁹ma² 传统

kep⁷xău³kep⁷xʷɔn¹ 招魂

kep⁷ŋău²ʔău¹xʷɔn¹ 收养

kɯp⁷hăm⁶kɯp⁷hen² 努力学习

kɯp⁷het⁸kɯp⁷saŋ³ 努力生产

x高

xă⁷jă⁷xă⁷jɔŋ⁵ 手舞足蹈

xă⁷xă⁷si¹sɿ¹ 擦擦洗洗

xă⁷nə⁴si¹xăi² 擦身搓垢

xă⁷nə⁴si¹to¹ 洗澡

xă⁷lău²ʔău¹pʰiu¹ 梳妆打扮

xă⁷hə⁵si¹xăi² 擦汗搓垢

xa¹xău³xa¯năm⁴ 断炊

xa¹mok⁷xa¹tsăi¹ 折磨

xa³hɔ¹kun²hən² 家奴

xa³kun²mun²ti¹ 百姓

xa³tsăi⁴kun²sɔi¹ 用人

xa³ban³kun²məŋ² 地方百姓

xa³jau³kun²hən² 用人

xa³sək⁷sat⁷tʰlu¹ 敌人

xa³hai⁴kun²tson¹ 土匪，匪徒

xa³tsău³ʔău¹xɔŋ¹ 谋财害命

xi¹mok⁷xi¹tsăi¹ 忧愁

xi¹mok⁷kəŋ²tsăi¹ 担心

xi³nok⁸xi³nak⁸ 花斑柳迹

xi³paŋ³pum¹ləŋ¹ 面黄肌瘦

xi³nău¹tău²kăi² 苔鲜

xi³hit⁷xi³pʰə⁴ 馋鬼

xi³xan⁴jan⁴kan¹ 好吃懒做

xi³xan⁴ŋu²ləm¹ 懒惰

xi³tut⁸xi³hən⁴　麻风

xi³muk⁸xi³dăŋ¹　鼻涕

xi³din³xi³ʔɛu⁵　贪玩

xi³hit⁷xi³hən⁴　斑斑点点

xi⁵ma⁴ʔa³xa¹　骑马叉腿，得意忘形

xi⁵tsaŋ⁴jăm⁶mɛu²　仗势欺人

xi⁵tsaŋ⁴lep⁸pu²　转弯抹角

xi⁵ho¹tʰo²kău³　作威作福

xi⁵ma⁴ləi²sɛ³　快马加鞭

xo¹naŋ¹taŋ²tăi⁵　交通，道路

xo¹hɛŋ³xo¹xan⁵　冷笑

xɔ¹săŋ⁵xɔ¹sɔn¹　请教，求教

xɔ¹təm⁵xɔ¹tsɔi⁶　求助，求援

xɔ¹neu⁵xɔ¹vɔn²　请求

xɔ³xat⁹kăm²tsa¹　结论

xɔ³siŋ⁵kăm²tʰam¹　询问，问候

xɔ³ju⁵hau²kin¹　生活

xɔ³dăm¹kăm²dɛŋ¹　无言半语

xɔ³di¹kăm²ŋam²　好话

xɔ³măn³¹kăm²kɛn⁵　誓言；协议

xɔ³tsa⁴kăm²ket⁸　恶语

xăi³hɔn⁴xăi³măi³　发高烧

xăi³nɔi⁴nau¹ham²　小病

xăi³văt⁷xăi³ʔăi¹　感冒

xai⁵fa⁴naŋ⁶din¹　天罗地网

xai¹na³xai¹ta¹　丢脸，出丑

xău³sɔn¹xău³hək⁸　进园子

xău³kat⁹xău³li²　上街

xău³xău³ʔɔk⁹ʔɔk⁹　进进出出

xău³xɔŋ¹ŋɯn²xăm¹　财产

xău³ŋən⁶kɛŋ¹sak⁸　残羹剩饭

xău³ʔu³xău³num²　米面食品

xău³tsok⁷ŋɯn²tsai⁵　经费

xău³tsə⁴făn²pʰăk⁷　籽种

xău³năm⁴taŋ²kin¹　食物

xău³xap⁹mak⁹kăm²　一餐饭

xău³kat⁹pat⁸li²　赶街

xău³na¹pa¹tʰuk⁹　五谷丰登

xău³nɔk⁸ʔɔk⁹na²　外出

xău³xu²lai²kău⁵　走老路

xău³dăi³hăi³ʔɔk⁵　进退两难

xău³pɔi²xău³lam²　赶摆

xău³lău⁵xău³duŋ¹　不走正路

xău³hăi⁶xo²son¹　庄稼

xau³ju⁵hau²kin¹　生活

xeu³kop⁸xeu³fa¹　重牙

xeu³lɔn⁵ŋɔn⁶lŭ⁷　衰老

xeu³kan¹xeu³kăm²　审讯

xăŋ³na³băŋ¹ta¹　掩盖

xăŋ³fun¹băŋ¹lum²　遮风挡雨

xaŋ³xiŋ¹xaŋ³xa⁵　姜块

xuŋ⁵tʰɯŋ¹xuŋ⁵tɯŋ²　想起

xɛŋ⁵fun¹xɛŋ⁵lum²　顶风冒雨

xɔŋ¹puk⁹xɔŋ¹pɛŋ¹　庄稼

xɔŋ¹puk⁹xo²pɛŋ¹　庄稼

xɔŋ¹ʔo⁵xɔŋ¹lam⁶　易腐食品

xɔŋ¹lɔk⁸xɔŋ¹xiŋ⁶　私有财产

xɔŋ¹di¹pɛㄱ²ka⁶　宝贝

xɔŋ¹tɔn³xɔŋ¹tɛ̌⁷　点心

xɔŋ¹pʰăi¹xɔŋ¹mǎn²　各自的东西

xɔŋ¹dɔi³xɔŋ¹kin¹　食物，食品

xɔŋ¹heŋ³xɔŋ¹xan⁵　金银财宝

xɔŋ¹hǎn⁶xɔŋ¹mi²　财富

xəŋ³xot⁹kɵ¹tʰa²　大发雷霆

xin¹mok⁷ʑin¹tsǎi¹　愁苦

xun⁵năm⁴ŋum²pa¹　浑水摸鱼

xun⁵mo²mɯɯt⁸sau³　暗淡无光

xen⁵mɯ⁴xen⁵vǎn²　限期

xɛn³na³xɛㄱ³ta¹　挡住视线

xɯɯn³su⁵luŋ²ha¹　来往，走访

xɯɯn³dǎi³hǎi³luŋ²　骑虎难下

xɯɯn³mɔn⁹luŋ²məŋ²　上山下乡

xɯɯn³dɔi¹ləi²liŋ⁵　翻山越岭

xən¹tsəŋ²xɛn¹lai²　露马脚

xam³năm⁴ɔot⁷xo¹　过河拆桥

xam⁵tok⁸xam⁵jap⁹　吃苦耐劳

xum¹tsǎi¹ xum¹xɔ²　伤心，苦恼

xum⁵hiŋ¹tiŋ¹tek⁷　侵略

xem¹xek⁷xem¹xe⁵　贫困

xem¹xǎu³xem¹năm⁴　缺粮

xem¹na³xem¹ta¹　腼腆，羞怯

xɔm⁵tsip⁷xɔm⁵hai¹　糟蹋

xǎk⁷mǎn⁵jo²jo²　勤勤恳恳

xǎk⁷het⁸xǎk⁷lɛn⁵　勤学苦练

xǎk⁷het⁸xǎk⁷hen²　勤工俭学

xuk⁷hu⁴xʷai¹tɛn²　觉醒

xɛk⁹ma²ka¹tǎu³　门庭若市

xǎt⁷ʔat⁹xǎt⁷ja²　违抗命令

xǎt⁷xeu³ŋɛn⁶kaŋ²　咬牙切齿

xǎt⁷xeu³keu⁴kaŋ²　咬牙切齿

xat⁹kǎm¹xat⁹ven²　夫妻断绝关系

xut⁷hɔŋ⁶laŋ²məŋ¹　修水渠

xet⁹tǎ⁷dɛn¹ti²　区域

xet⁹năm⁴dɛn¹din¹　境界，边界

xet⁹dɛn¹pɛn¹məŋ²　边界

xot⁷tsɔk⁷xot⁷tsɔ¹　蹲缩着

xɔt⁹ven²mai¹mǎn²　订婚

xɔt⁹kǎm¹xɔt⁹ven²　订下婚约

xɔt⁹mǎi¹tsɯ¹kan¹　结绳记事

xǎp⁷xǎi⁶tǎi⁵ha¹　追根究底

xǎp⁷tot⁸xǎp⁷kun²　追究

xup⁷xup⁷xəŋ⁵xəŋ⁵　磨磨蹭蹭

xop⁷xop⁷kap⁸kap⁸　酸疼

xop⁹mə⁶pi¹tɯɯŋ²　逢年过节

xɔp⁹pi¹mi²mə⁶　一年一度　　　xɔp⁹ban³dɛn¹mən²　边境，边陲

xɔp⁹năm⁴dɛn¹din¹　交界，边界　　xɔp⁹taŋ⁴tɛ²xăm²　边疆

ŋ高

ŋi⁵xeu⁵san¹ŋan¹　龇牙咧嘴（凶）　　ŋău³hak⁸ho¹san¹　树根；根源

ŋi⁵tʰa³ŋi⁵ŋan¹　龇牙咧嘴（疼）　　ŋau³ŋɯ³ŋau³ŋɯt⁷　疼得打滚

ŋău¹ŋu²ŋău¹ŋup⁸　萎靡不振　　　ŋɛn³ŋut⁷ŋɛn³ŋăt⁷　啃的样子

ŋău¹lăp⁷ŋău¹nɔn²　打瞌睡　　　ŋap⁹hin¹ŋap⁹pʰa¹　石头缝儿

k低

ka⁴jɔn⁴xai¹man¹　生意兴隆　　　kăŋ⁶het⁸kăŋ⁶saŋ³　忙生产

ka⁴jɔn⁴kɔn²xɯn³　生意兴隆　　　kăŋ⁶hăi⁶kăŋ⁶na²　农忙

ka⁴nɔi⁴xai¹jɔi⁶　小商小贩　　　kăŋ⁶kăi⁴luŋ¹lăi¹　惊慌失措

ka⁴pit⁷ka⁴pɔt⁷　小买卖　　　kɔŋ²lan⁴kɔŋ²ʔoŋ¹　荒山野岭

ka⁶tuk⁸ka⁶jap⁹　疲劳费　　　kɔŋ⁴xa¹kɔŋ⁴xɛn⁶　碍手碍脚

ka⁶sin¹ka⁶făŋ³　价格　　　kɔŋ⁴păi¹kɔŋ⁴ma²　徘徊

ka⁶nɔi⁴xai¹ʔɔn⁵　小买卖　　　kəŋ²mok⁷kəŋ²tsăi¹　担心

ka⁶ba⁵ka⁶hɛŋ²　工钱，酬金　　　kăn⁴ku⁴kăn⁴kut⁸　很吃力地做

ku⁴kan⁵lăk⁷xăn¹　骨干　　　kăn⁴het⁸kăn⁴pɛŋ¹　硬干

kŏ⁸mu⁵kŏ⁸tsum²　拉帮结伙　　　kăn⁴kun⁶hun¹tʰɔi¹　败退

kai²năm⁴pen⁵din¹　改天换地　　　kan⁴vek⁸kan⁴kan¹　偷懒

kɔi⁶va⁶tsa¹di¹　和风细雨地说话　　kun²xăp⁷kun²fɔn⁴　演员

kəi²hu⁴kəi²hăn¹　司空见惯　　　kun²tsăi⁴măi⁴teu²　媒人

kun²tok⁸kun²pʰan¹　穷人

kun²num⁵kun²kăm¹　青年

kun²păi¹kun²ma²　人来人往

kun²pin¹kun²xăi³　病人

kun²hɔ¹kun²hən²　王宫家奴

kun²hu⁴kun²tsaŋ⁶　人才

kun²tʰău³kun²kɛ⁵　老人

kun²peu⁵kun²pɔi²　光棍

kun²hu⁴kun²lăk⁷　智者

kun²hai⁴kun²ŋan²　恶人

kun²hai⁴kun²han¹　武士，勇士

kun²het⁸kun²saŋ³　劳动者

kun²xan⁴jan³kan¹　懦夫懒汉

kun⁶ŋut⁷kun⁶ŋăt⁷　接连地倒下

kɛn²lăŋ¹kɛn²na³　思前想后

kɛn²hu¹kɛn²ta¹　眼中钉

kən⁴ba⁵kən⁴hɛŋ²　助力，辅助

kăm²ket⁸kăm²tsa⁴　怨言，气话

kăm²xa⁴kăm²lău⁶　流言蜚语

kăm²tsŭ⁷kăm²lai⁶　谎言

kăm²săŋ⁵kăm²se¹　遗嘱，遗言

kăm²sɔp⁸kăm²sɛp⁸　悄悄话，闲话

kăm²măn³kăm²kɛn⁵　誓言

kăm²lău⁶kăm²lɯ²　颂扬的话

kăm²kɯt⁸kăm²pʰɔŋ²　主张

kăm²xăp⁷kăm²pʰăi²　唱词

kăm²di¹kăm²ŋam²　好言好语

kăm²pʰi²kăm²pʰɔ²　小道消息

kăm²sok⁷kăm²ŋam²　恶言恶语

kăm²pak⁹lik⁸to¹　语文

kăm²sap⁸kăm²sip⁸　交头接耳

kăm²năm¹kăm²ŋam²　漂亮话

kăm⁴ku³kăm⁴jɯm¹　贷款支援

kăm⁴kiu⁵kăm⁴kɛn²　救济

kăm⁴sop⁷kăm⁴pak⁹　声援

kăm⁴pəi⁵kăm²lan⁶　无偿援助

kăm⁴fa⁴kăm²din¹　顶天立地

kăm⁴xaŋ³mun¹ʔɛu¹　撑腰

kăm⁴tsu²mun¹tsu²　援助

kăm⁴ba⁵kăm⁴hɛn²　效力

kăm⁴jot⁸kăm⁴tsɯŋ²　助威

kum⁴vă⁸kum⁴vă⁸　一散一合

kat⁸kat⁸kɔi⁴kɔi⁴　一再错过

kat⁸kɔi⁴nɔi⁴tsăi¹　失望

ket⁸jăi⁵ket⁸loŋ¹　发怒

kot⁸dɔk⁷kot⁸dɛk⁷　弯弯转转的

kot⁸ŋon³kot⁸ŋaŋ³　弯弯曲曲

kot⁸ŋok⁷kot⁸ŋak⁷　弯弯曲曲

kot⁸ŋɔk⁷kot⁸ŋɛk⁷　蜿蜒

kɯt⁸săi¹lăi¹ʔɔk⁹　心直口快

kɯt⁸kăi¹tsăi¹ka³　雄心壮志

kɯt⁸tăi³kɯt⁸nə¹　胡思乱想

kɯt⁸jak⁸kɯt⁸jin²　为难

kɯt⁸săn³kɯt⁸min⁵　想不开

kɯt⁸na³kɯt⁸lăŋ¹　瞻前顾后

kɯt⁸pău⁵kɯt⁸pəi¹　空想

kɯt⁸pɔŋ¹pʰɔŋ²tɛŋ⁵　筹划

kɯt⁸dɔk⁹kɯt⁸dai¹　白想

kăp⁸lin⁴kăp⁸kaŋ²　有口难言

kăp⁸tsăi¹kăp⁸xɔ²　忧虑

kɔp⁸xaŋ³kɔp⁸ʔɛu¹　纠缠

x低

xă⁸nă⁸xă⁸năi²　有条有理

xă⁸nă⁸xă⁸nɔŋ²　正儿八经

xă⁸nă⁸tă⁸tiŋ¹　镇压

xă⁸niŋ²kɯt⁸tsăi¹　思考

xă⁸tsum¹ho¹xăm²　皇冠

xa⁴na³lău⁶lăŋ¹　诽谤

xu⁴jet⁷xu⁴pɔm¹　垂死挣扎

xɛ²pʰăk⁷xɛ²jə³　菜汤；做菜汤

xo²xău³xo²xʷɔn¹　嫁妆

xo²ka⁴xo²xai¹　商品

xo²lɔk⁸xo²xin⁶　私人财物

xo²dɔi³xo²kin¹　食物

xo²tsăi⁴văn²jam²　日常用品

xo²hăi⁶xo²son¹　农作物

xɔ̃⁸xăi³xɔ̃⁸nau¹　病魔

xɔ̃⁸nam²tam¹tăi⁵　一切祸害

xɔ̃⁸ban³ken¹məŋ²　天灾；灾区

xăi⁶kău⁴tʰɯŋ¹pai¹　叙述原委

xui⁶mok⁷xui⁶tsăi¹　吃亏

xau²jam⁶koŋ¹kăi¹　路途遥远

xau⁶xăp⁷xau⁶fɔn⁴　节目

xau⁶tuk⁸xau⁶mɔŋ¹　悲剧

xăŋ²tok⁸xăŋ²jap⁹　叫苦叫累

xɯŋ²xɯŋ²pai²xun³　过半夜

xɯŋ⁴lɯŋ⁴xɯŋ⁴lɯŋ⁴　轰隆轰隆

xəŋ⁶xău³xo²xʷɔn¹　聘礼

xəŋ⁶jɔŋ³xo²tʰai¹　替换的衣饰

xəŋ⁶jɔŋ³taŋ²tɯ²　装饰品

xəŋ⁶tsăi⁴xo²tʰɯ¹　生活资料

xəŋ⁶tsăi⁴xo²juŋ⁵　用具

xəŋ⁶tsaŋ⁴xo²məŋ²　王宫公用物品

xəŋ⁶tai⁵xo²tɯ²　金银装饰品

xəŋ⁶nuŋ⁶taŋ²băi¹　衣着

xəŋ⁶păn¹na²kan¹　礼物

xəŋ⁶pit⁸xəŋ⁶măi²　武器

xəŋ⁶het⁸xəŋ⁶saŋ³　生产工具

xəŋ⁶jau³xo²hən²　家庭用具

xəŋ⁶het⁸xo²saŋ³　生产工具

xin⁴xo²jo²pok⁸　财产，家当

xun⁴lim⁴xun⁴koi¹　翻箱倒柜

xum²xum²kai²kai²　刺痒

xɛm²hăi⁶xɛm²na²　田边地角

ŋ低

ŋo⁴ŋa⁴ŋoŋ⁵ŋaŋ⁵　手脚不灵

ŋɔ²ŋɔt⁸ŋɔ²r̩ɛu⁴　弯弯曲曲

ŋɛn⁴xeu³kɐu⁴kaŋ²　咬牙切齿

ŋɯn²tɔi⁵ka⁵kău⁵　折旧费

ŋɯn²xăm²kăm¹lău⁴　金钱

ŋɯn²sip⁷ŋɯn²sau²　一二十块钱

ŋən⁶kan¹ŋən⁶kăm²　线索

ŋăm⁶hop⁸ləi²făn²　穷追猛打

ŋum²tău²ŋum²kăi²　跌跌爬爬

ŋɔm²xău³bău⁵tʰɔi¹　一往无前

ts高

tsă⁷lat⁹pʰatˀpʰai¹　聪明伶俐

tsă⁷lă⁸tsă⁷lɛ̀i²　乱貌

tsa¹bau⁵tsaˑsau¹　谈情说爱

tsĭ⁷tʰən⁵pɛŋ¹hăi⁶　烧火造田

tsĭ⁷lău²pʰău¹măi³　纵火

tsŭ⁷tăi³lai⁶r̩ə¹　招摇撞骗

tsŭ⁷pɔt⁸tsŭ⁷ʒɛt⁸　东哄西骗

tsŭ⁷dɔi³lai⁶kin¹　骗吃骗喝

tsŭ⁷pʰaŋ²lai⁵lɛŋ⁴　弄虚作假

tse⁵pa²daˑhɔi³　背负

tse⁵luk⁸pʰuk⁹ma¹　拖儿带女

tse⁵luk⁸ha¹luk⁸　骑马找马

tso⁵di¹mi²man¹　走好运

tsăi¹dăm¹săi³kăm⁵　黑心肠

tsăi¹dăm¹tsăi¹xeu¹　黑心肠

tsăi¹ki³tsăi¹kăŋ⁶　急急忙忙

tsăi¹ki³tsăi¹fau⁴　性子急躁

tsăi¹koŋ⁵tsăi¹mău²　心神不定

tsăi¹kʷaŋ³tsăi¹xʷaŋ¹　宽宏大量

tsăi¹xɔn³hɛŋ²hɔm²　聚精会神

tsăi¹tsɛŋ³tʰɛt⁷tʰɔŋ⁵　心领神会

tsai¹sɛn⁵tsăi¹văi¹　心慌意乱

tsăi¹jăi⁵tan⁵tsaŋ⁴　胆大如象

tsăi¹jăi⁵mən¹sə¹　胆子大

tsăi¹jăi⁵mən¹xʷai²　粗心大意

tsăi¹jăi⁵xɔ²loŋ¹　粗心大意

tsăi¹jăi⁵xɔ²na¹　胆大包天

tsăi¹jăi⁵păi¹xɛm⁴　胆大心细

tsăi¹tit⁷tsăi¹hɔi³　怀念，悬念

tsăi¹tsɔm⁴tsăi¹tip⁹　心胸狭窄

tsăi¹jau²tsăi¹ʔot⁷　心胸开朗

tsăi¹tem²tom²kăp⁷　忠心耿耿

tsăi¹pau²tsăi¹vau⁶　丢三落四

tsăi¹tʰɛ³tsăi¹tam²　用心

tsăi¹bun¹tsăi¹xăm²　心好

tsăi¹pʰai¹mɯ²văi²　心灵手快

tsăi¹loŋ¹tsăi¹măn³　胆大心细

tsăi¹nɔi⁴mən¹kăi⁵　胆小如鸡

tsăi¹fau⁴tsăi¹hip⁸　心急；急性

tsăi¹hum¹tsăi¹tok⁷　爱好，感兴趣

tsăi¹hăt⁷tsăi¹han¹　胆大，勇敢

tsăi¹hɯk⁷tsăi¹na¹　粗心大意

tsăi¹di¹pi²mak⁸　身心健康

tsăi¹hai⁴tsăi¹jɔk⁷　坏心眼

tsăi¹tsɛŋ³tʰăt⁷tʰɔŋ⁵　心领神会

tsău³ku³tsău³ni³　债务人

tsău³ban³nai²xoŋ⁵　村长

tsaŋ¹tsit⁷tsaŋ¹tsăi¹　心灰意懒

tsaŋ³dɔi³tsaŋ³kin¹　帮工度日

tsɛŋ³tʰi⁵tsɔp⁸mɛn⁶　精确

tsɛŋ³tʰi⁵di¹năm¹　透彻

tsɔŋ⁵xaŋ³tsɔŋ⁵ʔɛu¹　拖后腿

tsɔŋ⁵na³tsɔŋ⁵lăŋ¹　纠缠

tsun¹xaŋ³tsun¹ʔɛu¹　迫在眉睫

tson¹kɔm⁵tson¹lɔn¹　偷盗

tson¹man²han¹pʰa⁵　强盗

tsɔn¹lɔn¹tsɛn¹lɛn¹　动作灵敏

tsɔn¹tʰɔi³tson¹kăm²　钻空子

tsɛn⁵măn³tsăŋ³vɯn²　立场坚定

tsăm¹ŋai¹sai¹taŋ²　路标

tsim³hu²tsim³hɔi²　挑剔

tsum¹pʰut⁷tsum¹fu²　一沉一浮

tsăk⁷pin¹tsăk⁷tai¹　生死存亡

tsik⁷tsik⁷tsɔk⁷tsɔk⁷　东一点西一点

tsuk⁷dɔi¹tsuk⁷kɔŋ²　山包

tsok⁷bɔk⁷sɔk⁸ʔɔm¹　掏筒捞罐

tsit⁷mɔŋ⁶tsăi¹văi²　聪明

tsit⁷văi¹tsăi¹sɛn⁵　胆战心惊

tsit⁷măi¹tsăi¹fãi²　急躁

tsit⁷tʰɛ³tsăi¹tam²　关心

tsit⁷sɛn⁵tsăi¹văi¹　心慌意乱

tsit⁷jăi⁵tsăi¹na¹　粗心大意

tsit⁹kɛu³tsɨt⁹sɛŋ¹　镶珠宝

tsɛt⁷tʰi⁵tɔ²na¹　斤斤计较

tsɛt⁷dǎi³nɛ̀p⁸piŋ¹　能写能算

tsɔt⁷tɛn¹lǎn²kǎn²　壮实

tsɔt⁹fǎŋ⁵tsɔt⁹him²　靠岸

tsɔt⁹jǎŋ⁴sǎɯ²hum⁶　歇凉

tsǎp⁷xan⁴tsǎp⁷ləm¹　过于懒惰

tsǎp⁷mǎi¹tsǎp⁷taŋ²　符合政策

tsǎp⁷pit⁸tsɨ̌p⁷mǎi²　中毒

tsǎp⁷mə⁶r̩ɛn⁶jam²　适时

tsǎp⁷mɔt⁸tsǎp⁷mɛŋ²　被虫蛀

tsǎp⁷lǎm⁵tsǎp⁷seŋ¹　合拍合调

tsǎp⁷hu¹tsǎp⁷ta¹　顺耳，顺眼

tsǎp⁷buŋ³tsǎp⁷mɛŋ²　遭虫灾

tsǎp⁷hit⁸tsǎp⁷kɔŋ²　合理合法

tsǎp⁷hit⁸mɛn⁶kɔŋ²　合理合法

tsǎp⁷tsǎi¹tsǎp⁷xɔ²　合心合意

tsǎp⁷tsɔt⁹hɔt⁸tʰɯŋ¹　到达

tsǎp⁷tsɔt⁹hɔt⁸ti⁶　到达目的地

tsǎp⁷noi⁵tsǎp⁷luk⁸　结果实

tsǎp⁷tsaŋ⁴nǎŋ⁶məŋ²　登基

tsǎp⁷mok⁷tsǎp⁷tsǎi¹　情投意合

tsɨ̌p⁷hai¹tai¹moi⁴　灭绝

tsɨ̌p⁷hai¹vai²vɔt⁸　毁灭

tsep⁷nə⁴tsep⁷to¹　全身酸痛

tsep⁷mǎi³xǎi³nau¹　生病

tsep⁷ho¹mo²kǎu³　头疼脑热

tsop⁹tok⁸ja²pʰan¹　遭灾遭难

s高

sǎ⁷ho¹sǎ⁷kǎu³　洗头

sǎ⁷kǎu³dǎr̩¹ho¹　洗头

sǎ⁷xi⁷tsǎm̩ŋai¹　标记

sǎ⁷xap⁹lap³peŋ²　太平

sǎ⁷ŋǎt⁷kǎt⁷ʃin¹　幽静

sǎ⁷kɔp⁸sǎ⁷ʐǎ⁸　不合适

sǎ⁷ŋǎt⁷kǎt⁸xiŋ⁶　严肃

sǎ⁷kɛŋ²neŋ¹sǎ¹　忧患；寒心

sǎ⁷jɔŋ¹hok⁷xɯn³　腾空而起

sǎ⁷tiŋ¹sǎ⁷miŋ²　一星半点

sǎ⁷dǎp⁷kǎp⁷tam¹　随行

sǎ⁷tan³jan³ko¹　惊恐

sǎ⁷tan³vǎn⁵vǎi¹　震撼

sǎ⁷tan³han⁶tsǎi¹　触目惊心

sǎ⁷tɔn³hɔn⁴tsǎi¹　焦急，焦躁

sǎ⁷tʰi¹sǎ⁷tʰe¹　大富翁

să⁷nik⁷tsik⁸tsun²　匀称；精细

să⁷taŋ²pʰaŋ¹hai⁴　窝窝囊囊

să⁷pʰɔ²pɔ²tsăi¹　十分满意

să⁷nuk⁷suk⁷sən¹　兴高采烈

să⁷nuk⁷suk⁷tsăi¹　幸福

să⁷nuk⁷suk⁷tʰɔ²　舒适，安逸

să⁷nuk⁷suk⁷ban¹　幸福

să⁷nit⁷tit⁷hɔi³　惦念

să⁷nit⁷tit⁷hăk⁸　爱恋，钟爱

să⁷mə¹tʰə¹xɯŋ⁶　公正，公平

să⁷pă⁸să⁷pet⁸　各种各样

să⁷mo²să⁷nă⁸　交换意见

să⁷văt⁷să⁸di¹　吉祥，平安

să⁷la⁵să⁷xu²　师傅

să⁷lăŋ³săŋ¹ka¹　怀疑

să⁷let⁹să⁷kan¹　红白喜事

să⁷hau¹kau⁵jăi　狂妄

să⁷dăŋ³săŋ¹ka¹　惊奇

să⁷duŋ³tok⁷tsăi¹　惊慌，惊恐

sa¹tʰŭ⁸jin²di¹　十分感谢

sa⁵lɯ²hoŋ¹ʔu³　赞美

sa⁵sa⁵sən¹sən¹　欢欢喜喜

sa⁵sa⁵jo²jo²　光明磊落

sa⁵sən¹jəm²su³　欢天喜地

sa⁵sən¹mon⁶jəm²　热闹

sa⁵sən¹jəm²hăp⁸　热烈欢迎

sa⁵mok⁷sa⁵tsăi¹　舒畅

sĭ⁷nit⁷tsit⁸tsun²　充足，充裕

si¹hu¹si¹ta¹　（清早）揉眼睛

si⁵na³pɛt⁹pa³　三头六臂

si⁵ti⁶pet⁹hun¹　四面八方

si⁵lău⁴kău³kăm¹　粗大成材

si⁵loŋ²ha³taŋ²　各方面

si⁵lup⁸ha³xău³　四舍五入

si⁵măn³pɛt⁹vɯn²　四平八稳

su⁵na³hăn¹ta¹　会见

su⁵din³su⁵mon⁶　爱玩

su⁵ha¹sɛŋ¹ha¹　盼望已久

su⁵pi⁶tsăi²nɔn⁴　探亲访友

su³su³jəm²jəm²　高高兴兴

su³mok⁷jəm²tsăi¹　心情舒畅

su³măk⁸hăk⁸pɯn²　喜爱

su³măk⁸hăk⁸pɛŋ²　喜爱

se¹na³se¹ta¹　丢脸

se¹na²ʔa²mat⁸　官员的总称

se¹tsok⁸se¹tsăi²　威风扫地

se¹hoŋ⁶se¹hai¹　弄丢了

se¹ho¹lɔm⁴veŋ²　马后炮

se¹lut⁷se¹laŋ⁵　失手

se¹lem⁶se¹pʰim²　失态

se¹na²fa⁴făi⁵　文武官员的总称

se¹haŋ⁵kaŋ¹xau²　半途而废

se^{1}ba^{5}se^{1}hɛŋ^2　半途而废

sĕ^{7}na^{3}sĕ^{7}tɛ^1　使别人出丑

sɛ^{5}tʰɔi^{3}sɛ^{5}kăm^2　插嘴，打岔

sɔ^{5}tɛ^{4}sɔ^{5}nɛ^6　大错特错

sɔ^{5}sun^{1}jun^{2}kăm^2　挑拨离间

sɔ^{5}tai^{1}sɔ^{5}vɔi^2　十分后悔

sɔ^{5}mok^{7}sɔ^{5}tsăi^1　后悔

sə^{1}mi^{1}hɛt^{8}ɪsaŋ^4　猛兽

sə^{1}tai^{1}sə^{1}nɔn^2　虎死虎睡

sə^{1}mi^{1}pʰi^{1}pa^5　猛兽野鬼

sə^{3}ban^{1}sə^{3}mɔŋ^2　村神寨神

sə^{5}sat^{9}lat^{8}tʒen^1　铺毡摊席

săi^{5}kɔm^{5}săi^{5}kon^1　入殓

săi^{5}tsăi^{1}ʔɔk^{9}hɛŋ^2　努力

săi^{5}săi^{3}văi^{2}tsăi^1　记仇

săi^{5}jɔt^{8}săi^{5}ɔi^2　润饰加工

săi^{5}hit^{9}săi^{5}kon^1　入殓

sai^{1}kăm^{1}sa^{1}ven^2　姻缘

sai^{1}fun^{1}sai^{1}lum^2　雨意与风向

sai^{1}lət^{8}sai^{1}lum^2　脉搏

sai^{3}ni^{3}sai^{3}tsaŋ^5　还债

sai^{3}ku^{3}sai^{3}ni^3　还债

sɔi^{3}tɔŋ^{4}lan^{2}xăm^2　首饰

său^{3}mok^{7}mɔŋ^{1}tsăi^1　悲伤

sau^{5}jau^{4}tsŭ^{5}sɔ^5　造谣

sau^{5}jau^{4}pʰo^{5}xʷai^5　造谣破坏

săŋ^{1}xan^{1}pi^{1}măi^5　傣历新年

săŋ^{5}la^{2}ka^{2}pʰak^8　告辞

săŋ^{5}nep^{9}kep^{9}hɔi^3　再三嘱咐

săŋ^{5}sɔn^{1}săŋ^{5}san^1　教育

saŋ^{3}pʰo^{1}saŋ^{3}me^2　成婚

saŋ^{3}kăm^{1}saŋ^{3}ven^2　成亲

saŋ^{3}jau^{3}pin^{1}hən^2　成家立业

saŋ^{3}jau^{3}tɯ^{2}hən^2　安家立户

saŋ^{3}măi^{5}păi^{5}lăŋ^1　推陈出新

saŋ^{3}hăi^{6}saŋ^{3}na^2　开田造地

saŋ^{5}tsa^{4}hai^{1}ket^8　息怒

saŋ^{5}tsăi^{1}saŋ^{5}xɔ^2　开心

siŋ^{5}xau^{5}tʰam^{1}ha^1　问讯

siŋ^{5}pi^{6}li^{2}nɔn^4　串亲访友

siŋ^{5}ho^{1}xən^{1}tin^1　藏头露脚

siŋ^{5}ho^{1}xən^{1}haŋ^1　藏头露尾

suŋ^{5}păi^{4}suŋ^{5}xəi^1　送亲

suŋ^{5}xɯn^{1}xɯn^{2}xai^2　送还

seŋ^{3}kam^{5}sut^{7}bun^1　寿终正寝

seŋ^{3}kăp^{7}lăp^{8}tsɯ^6　与世长辞

seŋ^{3}kăp^{7}lăp^{8}păi^1　与世长辞

seŋ^{3}tso^{6}vai^{2}pan^2　死

seŋ^{1}di^{1}kon^{2}ka^6　无价之宝

seŋ^{1}di^{1}pɛŋ^{2}ka^6　宝贵；贵重财产

sɔŋ^{1}tsăi^{1}sɔŋ^{1}xɔ^2　三心二意

sɔŋ^{1}tsău^{3}tau^{4}naŋ^2　夫妻俩

sɔŋ¹tin¹sɔŋ¹mɯ²　手舞足蹈

sɔŋ¹pak⁹sɔŋ¹pai²　双方

sɔŋ⁵tsɛn³lɛŋ²hǎn¹　洞见

səŋ⁵mat⁹pɛŋ¹tʰuŋ¹　败露

sǎn¹tsǎi²mǎi²ti¹　友谊

sǎn¹ja²pʰa²kau⁵　警告

san¹lɯp⁸san¹maŋ⁴　反复论证

sin³kǎm¹sai¹ven²　姻缘

sin³ta⁶sai¹taŋ²　道路

sin³nǎm⁴sai¹mɘŋ¹　水利

sin³lət⁸sai¹lum²　血脉

sun¹san¹ʔan¹tʰo⁵　鱼龙混杂

sun³kǎu⁴tʰuŋ¹pai¹　来龙去脉

sun³kǎu⁴kǎm²pɯŋ²　根源，起初

sen¹hu⁴sen¹hǎn¹　见多识广

son¹la⁴pa⁵tɔŋ¹　茶园

son⁵nɘ⁴son⁵to¹　分内

son¹lik⁸sɔn¹to¹　教书

son⁵xɛm⁴son⁵tʰi⁵　精打细算

son⁵na³ta³lǎn¹　瞻前顾后

son⁵na³son⁵lǎŋ¹　想得周到

sǎm⁵tʰən¹tsau²dɔi¹　山里人

sǎm⁵pɯk⁷sǎm⁵na¹　调皮捣蛋

sǎm⁵lan⁴sǎm⁵kot⁹　亿万

sǎm⁵mɯn⁵sǎm⁵sen¹　成千上万

sam³sam³da⁵da⁵　骂骂咧咧

sum¹mok⁷sum¹tsǎi¹　称心如意

sum¹set⁷bu¹tsa²　庆贺敬奉

sǎk⁷xi¹tsǎm¹ŋai¹　铁证如山

sǎk⁷xi¹pʰim²jan²　证据

sǎk⁷xap⁹lap⁸pɛŋ²　太平

sǎk⁷ʔit⁷sǎk⁷nɔi¹　一点儿

sik⁷ham²tam²pʰa³　还俗

sik⁷sɔi³jɔi⁶jɛ²　破碎

suk⁷lǎm²ban¹tsǎi¹　安逸

suk⁷sa⁵ja⁵tsǎi¹　无忧无虑

sok⁷sau³mɔŋ¹tsǎi¹　悲痛

sok⁷sau³mɔŋ¹tsɔm²　哀悼

sək⁷nɔi⁴sək⁷nɛ⁴　局部战争

sut⁷tsǎi¹sut⁷xɔ²　无奈何

sut⁷tin¹sǎm⁴mɯ²　财物穷尽

sut⁷jɔt⁸tʰuŋ¹pai¹　无以复加

sut⁷nǎm⁴sǎm⁴fãi²　没办法

sut⁷mok⁷sut⁷tsǎi¹　费尽心机

sɔt⁵hap⁹pat⁸kan²　万事齐备

sǎp⁷pit⁸sǎp⁷pe²　滑头滑脑

sǎp⁷li⁴tsi³tsɔk⁵　诡计多端

sǎp⁷pǎ⁸sǎp⁷pet⁸　各式各样

sǎp⁷pe²sǎ⁷ta¹　善哉善哉

sip⁷ha⁴sip⁷ha⁶　辣得吸呼吸呼

sɛp⁵sǎi³mǎi³tsǎi¹　气炸了肺

sop⁷ka³kaŋ²xɛŋ¹　嘴硬

sop⁷pʰăi¹tɕŋ⁴măn²　各行其是

sop⁷pʰɛ⁶kăm²poŋ²　信口开河

sop⁷mɔ⁶va³ŋai⁶　心直口快

sop⁷va⁶xa˲ăm²　口是心非

sop⁷mɔŋ¹tɕŋ⁴pău⁵　肚子挨饿

sop⁷van¹tsɑi¹sum³　口是心非

sop⁷lai¹kăɳ²pʰɛ⁶　七嘴八舌

sop⁷bɔk⁹soɔ⁷va⁶　口供

sop⁷hop⁸pi³făn²　口诛笔伐

sɯp⁹pi⁶sɯp⁹nɔŋ⁴　结亲

sɯp⁹hăk⁸sɯp⁹pɛŋ²　结交

sɯp⁹hɛp⁸tit⁷tɔ⁵　密切联系

sɯp⁹săi³sɯp⁹sai¹　接连不断

sɯp⁹tsaŋ⁴tɛn²mɔŋ²　继位

sɯp⁹kăm⁵sɯp⁹ven²　成亲

sɯp⁹sai¹jai¹ma²　谱系

sɯp⁹tɔ⁵ha¹kăn¹　联络

j 高

ja¹bə⁵ja¹mɛ̃u²　毒药

ja³nip⁹kip⁸ɬa²　敲诈勒索

ja³bə⁵pʰăk⁷mău²　毒草

ja³het⁸ŋɔm˲pɛŋ¹　强制施行

ja⁵fau⁴ja⁵hiɔ⁸　别忙

ja⁵dɯŋ¹ja⁵său²　不要停下

ja⁵jɔn⁵pʰɔn⁵puŋ¹　悔过自新

ju⁵kăt⁷nɔn²ɭau¹　生活清贫

ju⁵na³xa⁴lăɳ¹　诽谤

ju⁵năi¹ʔău¹ɬăn³　就地取材

ju⁵ban³ju⁵xɔŋ¹　在寨子里

ju⁵măn³tăɳ³xăn¹　深居简出

ju⁵jin¹kin¹sɔk⁷　安居乐业

ju⁵mɔŋ¹său¹hăi³　伤心落泪

ju⁵dăi³kin¹pin¹　生活过得去

ju⁵dɔk⁹kin¹dai¹　无所事事

ju⁵di¹kin¹van¹　安好

ju⁵di¹mi²lum²　安康

ju⁵dɔk⁹kin¹dai¹　无所事事

ju⁵dɔk⁹ju⁵dai¹　游手好闲

ju⁵jăi⁵tsăi¹năk¹　高高在上

ju⁵hə⁴nɔn²hɔ¹　服劳役

ju⁵hə⁴tʰam²vek⁸　服劳役

ju⁵hə⁴sut⁷tsan²　服劳役

ju⁵hăi⁴kin¹jak⁸　生活困难

ju⁵xɔn³kin¹tɔm¹　合伙

ju⁵suk⁷kin¹van¹　安居乐业

ju⁵mɔŋ¹kɔn²tʰa³　悲叹

jɔ³kăm²hăm⁵mɛ³　冷嘲热讽

jăi⁵jau²xau¹suŋ¹　魁梧

jăi⁵na³ka³ban¹　茁壮成长

jăi⁵di¹pi²mak⁸　健壮

jai¹je⁴jai¹jet⁹　摆得满地

jău⁵jău⁵hɔn⁶hɔn⁶　摇摇晃晃

jau³pʰăi¹hən²măn²　各家各户

jau³hən²pʰən¹kin¹　家庭

jăŋ⁵hak⁸tak⁹băi¹　生根发芽

jaŋ⁵na³jaŋ⁵ta¹　留情面

juŋ⁵jăm¹năp⁸tʰɯ¹　尊敬

jɔŋ³jɛn⁵sɛn⁵tsəŋ²　兴高采烈

jan⁵het⁸jan⁵pɛŋ¹　制作

jin¹hu¹jin¹tsăi¹　清静

jin¹mok⁷jin¹tsăi¹　清静

jin⁵tɛp⁸jin⁵tom²　心悦诚服

jin⁵lap⁹jin⁵pʰɔn⁵　忏悔

jɔn⁵xɯn³jɔn⁵luŋ²　提上吊下

jɔn⁵tin¹jɔn⁵mɯ²　蹑手蹑脚

jɛn⁵jɔi⁴lam⁶din¹　坠枝盖地

jam³dɔi³jam³kin¹　嗜好吃

jam³het⁸tsɯ¹pɛŋ¹　重犯

jem³tăi³jem³nə¹　东张西望

jem³pi⁶tsăi²nɔŋ⁴　探亲

jɔk⁹din³jɔk⁹xo¹　逗乐

jɔk⁹dăi³jɔk⁹ʔău¹　随意拿取

jɔk⁹jăi²săi¹len³　调情；逗玩

jɔk⁹len³jɔk⁹xo¹　开玩笑

jɔk⁹haŋ⁴tsa¹sau¹　谈情说爱

jɯt⁷jɔn⁵pʰɔn⁵luŋ²　减少

jap⁹jak⁸năk⁷na¹　艰难险阻

jip⁷sam¹ŋam¹si⁵　偷偷摸摸

jep⁷xin⁴jep⁷xo²　缝东西

jep⁷hɔi³sɔi⁴măi¹　针线活

jɔp⁷jɔp⁷jɔi¹jɔi¹　寥寥无几

ts低

tsă⁸xɔŋ⁵tsă⁸xeu¹　红的绿的

tsă⁸tsă⁸hăŋ⁴hăŋ⁴　肮脏

tsă⁸năi¹tsă⁸năn⁶　各式各样

tsă⁸năm¹tsă⁸ŋam²　好式样

tsă⁸nă⁸pʰap⁹pɛ⁴　胜利

tsă⁸siŋ⁶siŋ⁵deu²　肯定

tsi²ku²tsi²năŋ²　盲目估计

tsi⁴tsɔŋ⁶bɔŋ⁶taŋ²　引导

tsi⁴na³păk⁷ɹa¹　指名道姓

tsi⁴voŋ⁴tsi⁴vaŋ⁴　指手画脚

tsi²vit⁸sai¹tsăi¹　命脉

tsi⁴na³săk⁷ta¹　当面指责

tsi⁴păi¹tsi⁴ɹa²　指手画脚

tsi⁴păi¹săk⁷ma²　指手画脚

tsu²dăi⁴tsu²piŋ¹　可以

tsu⁴hăk⁸tsu⁴pɛŋ²　情人

tsu⁶xɔ³tsu⁶ta¹　面面俱到

tsu⁶kɔ⁴tsu⁶ɬun²　人人

tsu⁶jau³tsu⁶hən²　各家各户

tsu⁶jiŋ²tsu⁶tsai²　男男女女

tsu⁶tsə⁴tsu⁶soŋ⁶　各种各样

tsu⁶tʰan³tsu⁵xăk⁸　各阶层

tsu⁶ti⁶tsu⁶hɛŋ⁵　各处

tsu⁶tʰăp⁸tsu⁵paŋ¹　每次

tsu⁶pʰu³tsu⁶kun²　每人

tsu⁶mɯ⁴tsu⁵văn²　天天

tsu⁶ban³tsu⁶xoŋ⁵　各村各寨

tsu⁶băk⁷tsu⁶bat⁹　各个步骤

tso⁶kău⁵tso⁶kɔn⁵　古代

tso⁶jau²xau²jan⁶　漫长岁月

tso⁶jau²xau²hɯŋ¹　漫长岁月

tso⁶pu⁵tso⁶mɔn⁵　祖辈

tso⁶pʰăi¹pan¹măn²　各个世代

tso⁶luk⁸tso⁶ɬan¹　子孙后代

tsə⁴tsău³tsə⁴xun¹　贵族

tsə⁴tsaŋ⁴haŋ⁶mɛu²　象种猫形

tsə⁴dăi¹tsə⁴năn⁴　各种各样

tsə⁴ʔɯn⁵taŋ²dăi¹　意外；其他

tsə⁴tsat⁸vuŋ²sa¹　族系

tsə⁴nɯŋ⁶tsə⁴deu¹　唯一

tsăi²jă⁸tsă⁸nă⁸　胜利

tsăi²jă⁸ti⁴tʰi¹　吉利

tsăi²jau³tsăi²hən²　探家

tsăi²pi⁶tsăi²nɔŋ⁴　探亲

tsăi²pʰo¹tsăi²mə²　相亲

tsăi⁴to¹tsăi⁴xiŋ²　自己动手

tsăi⁴pit⁷tsăi⁴pɔt⁷　使唤

tsăi⁴păi⁴tsăi⁴xəi¹　说媒

tsăi⁴lik⁸tsăi⁴lai²　送信

tsai⁴hu¹tsai⁴ta¹　斜眼

tsai⁴dɔk⁹tsai⁴dai¹　愚夫

tsɔi⁶pak⁹tsɔi⁶va⁶　帮腔

tsɔi⁶mon⁶tsɔi⁶jəm²　助兴

tseu⁶jai⁵tseu⁶suŋ¹　长得快

tseu⁶hu⁴tseu⁶lăk⁷　理解快

tsaŋ⁴tʰău³jăm⁶ŋoŋ²　老态龙钟

tsaŋ⁶tsa⁴tsaŋ⁶ket⁸　爱生气

tsaŋ⁶va⁶tsaŋ⁶mi²　善于形容

tsaŋ⁶lep⁸tsaŋ⁶pʰăn¹　善于攀登

tsaŋ⁶pak⁹tsaŋ⁶va²　能说会道

tsiŋ²nǎm⁴tsiŋ²din¹　争夺土地

tsɛŋ²to¹tsɛŋ²xiŋ²　保重身体

tsɛŋ²sop⁷tsɛŋ²pak⁹　守口；讲究

tsɔŋ⁶nɯŋ⁶tsɔŋ⁶dǎi¹　个别

tsɔŋ⁶dǎi¹tsɔŋ⁶nǎn⁴　各种各样

tsɔŋ⁶dɔi³tsɔŋ⁶kin¹　食物

tsɔŋ⁶nɔi⁴hɔi²fan²　羊肠小道

tsɔŋ⁶nɔi⁴taŋ²fan²　羊肠小道

tsɔŋ⁶ju⁶taŋ²pǎi¹　行动

tsəŋ⁵ju⁵tsəŋ⁴pǎi¹　慢条斯理

tsəŋ⁴tin¹tsəŋ⁴mɯ²　笨手笨脚

tsəŋ⁴tsəŋ⁴tʰəŋ²tʰəŋ²　慢腾腾地

tsǎn⁴tsə⁴hə⁵xǎi²　亲属

tsan²hɔk⁵tsan²dap⁹　刀山

tsin⁴to¹ho¹nǎn¹　肉类

tsin⁴hun³tsin⁴vin²　贡肉

tsɛn⁴xa⁶vuŋ²sa¹　宗族

tsɛn⁴tsə⁴hə⁵xǎi²　直系

tsǎm²tsɪ̌⁸hɪ̌⁸va⁶　批评指责

tsǎm²lǎ⁸xǎ⁷si¹　擦洗

tsǎm²lǎ⁸mot⁷sǎi¹　打扫清洁

tsum²tsɯŋ⁶jin²di¹　感谢，满意

tsum⁶na³ta¹ban¹　喜笑颜开

tsɔm²ku³tsɔm²ni³　追债

tsɔm²kun³tsɔm²kɔi¹　尾随

tsɔm²xa¹tsɔm²xɛŋ⁶　跟随

tsɔm²xɛŋ⁶tsɔm²xa¹　尾随

tsɔm²xin⁴tsɔm²xo²　继承遗产

tsɔm²siŋ⁵tsɔm²tʰam¹　追问

tsɔm²hǎŋ⁶tsɔm²mi²　继承财产

tsɔm²na³tsɔm²lǎŋ¹　前呼后拥

tsok⁸lap⁸kap⁹tsa³　运气

tsut⁸dɔi³tsut⁸kin¹　缺吃的

tsut⁸jok⁷tsut⁸ja¹　缺医少药

tsut⁸hǎi⁴xen¹tsǎi¹　贫苦

tsɔp⁸man¹pʰan²dǎi³　遇好运猎获多

tsɔp⁸hit⁸mɛn⁶kɔŋ²　合理合法

s低

sǎ⁸kɔŋ⁴sǎ⁸kɔŋ¹　敲锣打鼓

sǎ⁸sɪ̌⁸ʔoi⁵pəŋ¹　铺张浪费

sǎ⁸na³ja⁴ta¹　出丑

sǎ⁸nɛn⁶tɛn⁵tɛ¹　震撼

sa⁴sɔŋ²mɔŋ²haŋ⁵　箩筐

sɔ̌⁸jau³sɔ̌⁸hən²　抄家

sŏ⁸la⁶ha¹kɯn¹	寻食	sun²xaŋ³sun²ʔɛu¹	煽动
sŏ⁸lim⁴sŏ⁸ɫoi¹	翻箱倒柜	sɛn⁴tʰɔi³sɛn⁴kăm²	追根问底
sɯ⁴xɔ¹sɯ⁴xa¹	买锄头	sɔn⁴kiŋ⁵sɔn⁴xa⁶	添枝加叶
sɯ⁴tʰuk⁹xɛi¹peŋ²	投机倒把	săm⁴tsăi¹săm⁴xɔ²	死心；无法
sɯ⁴pik⁸sɯ¹hɛ²	买布匹	săm⁴kam⁵sut⁷bun¹	死
sɯ⁶săi¹năi⁻tsɛŋ³	光明磊落	săm⁴kɯt⁸săm⁴pɔŋ¹	无计可施
sɯ⁶sɯ⁶săi¹săi¹	老老实实	săm⁴tso⁶vai²pan¹	寿终正寝
sɯ⁶săi¹băi⁴kan³	赤胆忠诚	săm⁴pi⁴săm⁴jaŋ¹	透彻
sɯ⁶sɯ⁶jo²jɔ²	老老实实	săm⁴ba⁵săm⁴hɛn²	不遗余力
sɯ⁶na³sɯ⁶ɩa¹	正前面	săm⁶pŏ⁸săm⁶pě⁸	摸黑
sɯ⁶băi³sɯ⁶but⁷	憨厚耿直	săm⁶pŏ⁸săm⁶jă⁸	一跛一拐的
sə²mok⁷sə²ːsăi¹	高高兴兴	sam²sa⁵ja⁵tsăi¹	自由自在
soi²puk⁸soi²păk⁸	扑扑跳的声音	sim²si⁴sim²sĭ⁸	密密麻麻
soi⁶na³soi⁶ta¹	洗脸	sum²na³se¹ta¹	丢脸
soi⁶na³soi⁶ɲi³	洗脸	sum²luk⁸se¹nai²	损兵折将
soi⁶nə⁴soi⁶ɔ¹	擦澡	sum²hăk⁸sum²peŋ²	失宠；失去友情
soi⁶mɯ²soi⁵ma²	洗手	sum⁶dăm¹săm⁶mɯt⁸	摸黑上路
soi⁴ho¹soi⁴ɫaŋ¹	斜削两端	səm⁴nɛn³va⁶năk⁷	强调
sɔi²kup⁷sɔi²kăp⁷	乱得乱切	sɛm⁶păi¹sɛm⁶ma²	喋喋不休
său²mok⁷să²tsăi¹	休息	suk⁸săk⁸jak⁸tsăi¹	麻烦
său²mɛ³fək⁷lɛn⁵	休整	sat⁸na³sat⁸ta¹	掠过眼前
sau⁶dɛt⁵sau⁶fun¹	稍淋，稍晒	sɛt⁸sɛt⁸sɯ⁶sɯ⁶	正正直直
səu⁶xău³səu³năm⁴	收割	sup⁸sup⁸sap⁸sap⁸	叽叽咕咕
saŋ⁶mok⁷saŋ⁶tsăi¹	伤心	sop⁸ʔe⁴sop⁸ʔek⁸	打晃儿
siŋ⁶so⁴siŋ⁶son²	摇摇晃晃	sop⁸său²ŋău¹ju⁵	萎靡不振
sɔŋ⁶na³tɛn²ta¹	眼前	sop⁸vi³sop⁸văk⁷	打盹儿

j低

jă⁸mu⁵pin¹sun¹　化整为零

ja²xɔŋ¹tɔt⁷tsăi¹　触景生情

ja²tsok⁷kun²xɔ¹　乞丐

ja²na³ja²ta¹　毁坏名誉

ja²hit⁸ja²kɔŋ²　伤风败俗

ju²taŋ⁶tam¹tsăi¹　随心所欲

ju⁴păi¹ju⁴ma²　推来推去

ju⁴suk⁸ju⁴tăm¹　猛推

ju⁴ja⁴ju⁴ja⁶　皱皮皱胯

je²xău³je²kə¹　粮仓

je²xău³je²sɛŋ¹　宝库

je²kɛu³je²sɛŋ¹　宝库

jo²jan²sa¹man²　下贱的

jɔ²kuŋ⁵jɔ²ku²　歌功颂德

jɯ⁶na³jɯ⁶ta¹　亮相

jɯ⁶nok⁸jɯ⁶nu¹　打鸟

jɔi²năm⁴jɔi²fun¹　淋雨

jɔi⁴ja⁴jɔi⁴jăn⁶　淋淋的

jau²jot⁸sut⁷ta¹　一望无边

jiŋ²jiŋ²tsai²tsai²　男男女女

jiŋ²dɔk⁵jiŋ²dai¹　平凡女人

juŋ²xop⁷mɛŋ²kap⁸　蚊虫叮咬

jeŋ⁶xɔ³jeŋ⁶ta¹　个把件

jeŋ⁶kɔ⁴jeŋ⁶kun²　个把人

jeŋ⁶tə⁶jeŋ⁶ti²　个把次

jeŋ⁶ʔai¹jeŋ⁶tau⁶　越怕越跌交

jeŋ⁶ko¹jeŋ⁶tai¹　越怕死越死

jeŋ⁶kin¹jeŋ⁶van¹　越吃越好吃

jeŋ⁶het⁸jeŋ⁶di¹　越做越好

jeŋ⁶lai¹jeŋ⁶di¹　越多越好

jeŋ⁶mə⁶jeŋ⁶jam²　一朝一夕

jeŋ⁶tso⁶jeŋ⁶tsat⁸　一生一世

jeŋ⁶het⁸jeŋ⁶hai⁴　变本加厉

jeŋ⁶ju⁵jeŋ⁶lai¹　越来越多

jeŋ²to¹san¹hăp⁷　量体裁衣

jeŋ²păi¹jeŋ²ma²　左看右看

jeŋ²na³jeŋ²ta¹　端详相貌

jeŋ²ti⁶jeŋ²hɔn¹　看准恰当处

jeŋ⁶tsok⁷jeŋ⁶tsai⁵　节省开支

jeŋ⁶dɔi³jeŋ⁶kin¹　省吃俭用

jan²mok⁷jan²tsăi¹　拖拖沓沓

jan²hăk⁸jan²pɛŋ²　友谊

jan²tin¹jan²mɯ²　松劲

jin²hu⁴jin²hăn¹　听过，见过

jɔn⁴dɔi³jɔn⁴kin¹　从中渔利

jɔn⁴hu⁴jɔn⁴hăn¹　道听途说

jən^{4}jan^{4}kər^{4}kan^4　勉勉强强

jăm^{2}jɔi^{6}tɔi^{6}pʰuŋ^1　砸得粉碎

jăm^{6}ji^{2}ti^{1}pʰuŋ^1　粉碎

jăm^{6}hit^{8}jăm^{6}kɔŋ^2　违法乱纪

jăm^{6}kău^{3}jăn^{6}ho^1　踩在头上

jăm^{6}jăm^{6}jɔk^{8}jok^8　践踏

jăm^{6}hit^{8}jăm^{6}hau^2　践踏法规

jam^{2}jɛp^{8}pʰɛp^{8}ta^1　一瞬间

jam^{2}tsău^{4}jan^{2}tsi^6　早期

jam^{2}pɔi^{2}jam^{2}lam^2　佳节

jam^{2}hăi^{6}jam^{2}na^2　农忙时节

jam^{2}lɛŋ^{4}hɛr^{3}xan^5　旱季

jɛm^{2}jɔi^{6}tɔi^{5}ɔʰuŋ^1　砸得粉碎

jɛm^{2}jɔi^{6}ti^{1}pʰuŋ^1　砸碎

jɔm^{4}na^{3}jɔm^{4}ta^1　化妆

jɔm^{2}tsit^{7}jɔm^{2}tsăi^1　心服口服；心甘情愿

jəm^{2}dɔk^{5}jəm^{2}dai^1　白欢喜

jəm^{2}su^{3}sa^{5}sən^1　兴高采烈

jəm^{2}mok^{7}jəm^{2}tsăi^1　心情舒畅

jak^{8}tsăi^{1}jak^{8}xɔ^2　为难

jak^{8}jin^{2}hin^{1}loŋ^4　甚难

jak^{8}mok^{7}jak^{8}tsăi^1　为难

jok^{8}jun^{2}sun^{1}sɔ^5　挑拨离间

jok^{8}jun^{2}păt^{8}lum^2　煽风点火

jup^{8}jup^{8}jău^{6}jău^6　密密麻麻

t高

ta^{1}ku^{5}ta^{1}mɛn^2　眼鼓鼓的

ta^{1}săk^{7}ta^{1}sɛ^5　盯着

ta^{1}na^{3}sa^{4}pʰɛk^7　纪念品

ta^{1}ʔɔk^{5}ta^{1}se^1　支出

ta^{1}bɔt^{9}ta^{1}mo^2　瞎子

ta^{1}ləŋ^{1}mɛŋ^{2}ɲɯt^8　天昏地暗

ta^{1}jăi^{5}lə^{1}tɔŋ^4　贪婪

ta^{1}du^{1}hu^{1}pʰɔ^5　眼看耳听

ta^{1}dăi^{3}ta^{1}ʔău^1　报酬

ta^{1}tsut^{8}ta^{1}jɔm^2　差额

ta^{1}dăi^{3}ta^{1}se^1　得失

tĭ^{7}ten^{1}nen^{2}ta^2　毁谤

ti^{1}pʰuŋ^{1}ti^{1}ji^2　打碎

ti^{1}kɔŋ^{4}ti^{1}kɔŋ^1　敲锣打鼓

ti^{1}lɔ^{4}pɔ^{4}pan^2　敲锣打铓

tŭ^{7}tŭ^{7}pi^{2}pi^2　肥肥壮壮

tŭ^{7}pi^{2}di^{1}ŋam^2　健壮

tɛ^{5}kău^{3}tɛ^{5}kɔn^5　很久很久以前

tɛ⁵tsău⁴jăŋ²văn²　早时候

tɛ⁵nɤ⁸tɛ⁵pʰuk⁸　目前

tɛ⁵kău⁴tʰɯŋ¹pai¹　从头至尾

tɛ⁵tun³tʰɯŋ¹pai¹　自始至终

tɛ⁵kău⁴tɛ⁵pɯn²　本来

tɛ⁵dăi¹ma²dăi¹　历来

tɛ⁵nɤ⁸mə²na³　从此以后

tɛ⁵nɔi⁴tɛ⁵dɛŋ¹　从小自幼

tɛ⁵bău³tɛ⁵bɔ⁵　原本生成

to¹ka¹to¹ŋɔ²　鸦字弯字

to¹jăi⁵hɛŋ²loŋ¹　彪形大汉

to¹tai¹tot⁸jăŋ²　死有余辜

to¹pʰăi¹xiŋ²măn²　各人，各自

to¹di¹to¹ŋam²　漂亮，英俊

to¹deu¹peu⁵pɔi²　孤独

to¹pit⁸to¹măi²　害虫

to¹hai⁴to¹bə⁵　丑八怪

to¹peu⁵xiŋ²pɔi²　孤单

to¹dăm¹to¹dɛŋ¹　孤家寡人

tŏ⁷tin¹tŏ⁷mɯ²　接手

tɔ¹tɛk⁸tɔ¹tem²　例子

tɔ⁵na³tɔ⁵ta¹　跟前

tɔ⁵na³tɛn²ta¹　面前

tɔ⁵na³tăm¹ta¹　不留情

tɔ⁵hu⁴tɔ⁵lăk⁷　斗智

tăi⁵ti⁵săi⁴si⁴　盘根问底

tăi³laŋ⁶kaŋ¹tʰun¹　楼下

tăi³sin³tăi³sə³　下流，庸俗

tăi³tăi³nə¹nə¹　上上下下

tai¹mɔi⁶tai¹kɛn²　劳累死

tai¹dip⁷tai¹xeu¹　死于非命

tai¹moi⁴tai¹miŋ⁶　死绝死尽

tai¹păi¹xɯn²ma²　死去活来

tɔi⁵nok⁷tɔi⁵na¹　提醒

tău³ʔɛu⁵păi¹ma²　逛来逛去

tiu⁵xə²ha¹noi⁵　顺藤摸瓜

tăŋ³kău⁴sut⁷pai¹　自始至终

tăŋ³kău⁴tʰɯŋ¹pai¹　从头到尾

tăŋ³tun³tʰɯŋ¹pai¹　从头到尾

tăŋ³nɔi⁴tʰɯŋ¹jăi⁵　从小到大

tăŋ³ni³mə²na³　从此以后

tăŋ³kău⁴pʰɛu¹pai¹　从头至尾

tăŋ³tsăi¹xăi⁶xɔ²　别有用心

tăŋ³tsăi¹tăŋ³xɔ²　诚心

tăŋ³jau³tăŋ³hən²　安家落户

tăŋ³xău³tăŋ³pʰăk⁷　煮饭菜

tăŋ³tɯn²tăŋ³hɔn²　投资

tăŋ³hit⁸tăŋ³kɔŋ²　立法

tăŋ³jau³tɯ²hən²　成家立业

tăŋ³na³tăŋ³ta¹　板着脸

taŋ¹hu¹taŋ¹ta¹　作为耳目

taŋ⁵păi¹taŋ⁵ma²　运输

taŋ⁵pʰăi¹taŋ⁵măn²　各人各自

taŋ⁵taŋ⁵na²na²　种种

taŋ⁵ban³taŋ⁵məŋ²　他乡

taŋ⁵kɔ⁴taŋ⁵kun²　别的人

taŋ⁵kun²taŋ⁵va⁶　各说不一

taŋ⁵kun²taŋ⁵ju⁵　各在各的

taŋ⁵tsăi¹taŋ⁵xɔ²　变心

teŋ¹nok⁸teŋ¹nu¹　野瓜

teŋ⁵xɛ¹me²di¹　调解，整顿

teŋ⁵năm⁴xăm²din¹　治山治水；
　治理河山

toŋ³toŋ³nău⁵nău⁵　又吵又闹

tăn¹tik⁷tăn¹te¹　严实；一窍不通

tăn¹ha¹ta¹loŋ¹　眼大肚小

tăn¹ha¹mo²hă⁷　贪得无厌

tan³ʔɔn¹het⁸lun²　先礼后兵

tan³pak⁹tsen¹tsa¹　言谈

tin¹jɔ⁷mɯ²kʷɛŋ⁵　手舞足蹈

tin¹fɔŋ⁵mɯ²fɔŋ⁵　毛手毛脚

tin³si²ni¹pai⁶　逃跑

tin⁵mɯ⁴tin⁵văn²　定期

tun³ja³dɔk⁹măi⁴　花卉

tun³dɔk⁹pɔk⁸xăm²　锦上添花

tun³nɯŋ⁶xum¹deu¹　单株

tun³măi⁴xə²xău¹　植物，树木

tun³sai¹pai¹het⁷　事之因果

tun³ho¹pʰo¹me²　原配夫妻

tun³măi⁴tun³mɔn²　花木

tɛn¹tɯk⁷tɛn¹te¹　水泄不通

tɛn¹ha¹ta¹loŋ¹　贪得无厌

tɯn⁵tsit⁷tɯn⁵tsăi¹　觉醒

tən¹hɔŋ⁴bɔk⁹păn¹　大声疾呼

tăm¹pʰɯ¹tăm¹pʰăŋ¹　横冲直撞

tăm¹pʰik⁸tăm¹kə¹　心乱

tăm⁵kɔi⁴nɔi⁴tsăi¹　灰心丧气

tăm⁵nəŋ²kəŋ²tsăi¹　担心

tam¹pin¹tam¹kət⁹　事实经过

tam¹ka⁶tam¹sin¹　照价

tam¹hăŋ⁶tam¹mi¹　凭据富有

tam¹tsăi¹tam¹xɔ²　随心

tam¹sɯ⁶tam¹săi¹　直爽，坦白

tam¹tin¹tam¹mi²　亲手

tim¹tsăi¹tim¹xɔ²　满足

tum³tum³tam³tam³　煮

tem³na³tem³ta¹　化妆

tɔm⁵tit⁷tɔm⁵tɔi³　提心吊胆

təm⁵tin¹təm⁵mɯ²　协助

tak⁹xoŋ⁵tak⁹xă³　晒谷子

tak⁹dɛt⁷tak⁹fun¹　日晒雨淋

tek⁷pʰut⁷tek⁷mɛn²　勉强

tɛk⁹xo¹ho⁵hɔŋ⁴　哄堂大笑

tɛk⁹nɔ⁵tɛk⁹lăm²　开花结果

tok⁷taŋ²pin¹ti⁶　落实

tok⁷ka⁴luŋ²xai¹　做生意

tok⁷ti⁶pin¹di¹　成功

tok⁷năm⁴luŋ²ta⁶　下河洗澡洗衣

tok⁷luk⁸pa²me²　成家

tok⁷kiu⁵tok⁷kɛn²　遇难

tok⁷tsăi¹lăi¹tɯn⁵　惊醒

tɔk⁵lăk⁷păk⁷tɔ¹　树敌

tɔk⁵na³tăm¹ta¹　毫不留情

tɯk⁷lău³tɯk⁷tsin⁴　劝酒劝肉

tɯk⁷fɯn²tɯk⁷făi²　加柴凑火

tit⁷tsap⁸kăp⁷kăn¹　联系

tɛt⁷kan¹tɛt⁷kăm²　断案

tɛt⁷xat⁹ʔa²lăi²　断绝关系

tɛt⁷ʔɔn¹sɔn¹lun²　惩前毖后

tăp⁷dăm¹săi³kăm⁵　黑心肠

tăp⁷tăi¹xoŋ²năi²　胗肝肚杂

tăp⁷văi¹tsăi¹sɛn⁵　心慌意乱

tap⁹tap⁹fuŋ¹fuŋ¹　补补钉钉

tap⁹pʰot⁹tap⁹pʰat⁹　左拍右拍（救火）

top¹sa⁵năn²nɘŋ²　热烈鼓掌

tɔp⁷văi¹tsăi¹sɛn⁵　心惊胆战

tɔp⁹ba⁵tɔp⁹hɛŋ²　报酬，酬劳

tʰ 高

tʰă⁷lă⁷tʰi¹li¹　成片的

tʰă⁷nă⁸ti⁶năn⁶　职位

tʰa³mɘ⁶tʰa³jam²　待机

tʰi¹na²tʰa¹nɘŋ⁶　犹豫不定

tʰi¹păi¹tʰi¹ma²　挪来挪去

tʰi¹ni³tʰi¹na³　推这推那

tʰi¹tʰɔ¹ha¹kăn¹　协调

tʰi¹tʰăi¹lăi¹len⁶　调整

tʰu¹păi¹tʰu¹ma²　挪来挪去

tʰŭ⁷kun⁶păn²păi¹　冲塌

tʰɛ³năm⁴tʰɛm¹hɛŋ²　火上加油

tʰɛ³ba⁵tʰɛm¹hɛŋ²　加把劲儿；鼓励

tʰo¹mă⁸na²kun²　报恩

tʰɔ³mok⁷tʰɔ³tsăi¹　操心

tʰɯ¹pʰi¹tʰɯ¹saŋ¹　信鬼信神

tʰɯ¹hit⁸tʰɯ¹kɔŋ²　遵纪守法

tʰăi¹lɘk⁸puk⁹xɛm⁴　精耕细作

tʰai⁵năm⁴tăm²tun³　伺候

tʰoi³van⁵tsan¹tsin¹　锅碗

tʰɔi⁵tʰeu¹heu²hăi⁴　没落

tʰău³num⁵jiŋ²tsai²　男女老幼

tʰău³tsɛŋ¹lău⁶sɯ²　坦白

tʰău³kɛ⁵lɛ⁵ai²　元老

tʰău³num⁵pan¹kaŋ¹　老中青

tʰɛu¹kat⁹tʰɛu¹li²　街道

tʰaŋ¹jum²tʰaŋ¹xə²　披荆斩棘

tʰaŋ¹hăi⁶tʰɛŋ¹son¹　开荒

tʰeŋ¹hăi⁶tʰɛŋ¹son¹　地间窝棚

tʰɔŋ¹hu⁴tʰɔ˞¹tsaŋ⁶　精通

tʰɯŋ¹mə⁶tʰɯŋ¹jam²　到时候

tʰin⁵kɛu³hɔ˞¹sɛŋ¹　宫殿

tʰon³tʰuk⁷tim¹pɔ²　完美无缺

tʰən⁵kă⁷dur̥¹ko²　原始森林

tʰən⁵kă⁷dur̥¹kum¹　深山密林

tʰən⁵pa⁵tsa˞⁵dɔi¹　山林

tʰən⁵xə²fə¹ɕim³　密林

tʰam¹dip⁷tʰam¹dan³　质问

tʰam¹tʰi⁵tʰam¹han⁵　质问

tʰam¹pʰo¹tʰam¹me²　说亲

tʰam¹ni³tʰam¹tsaŋ⁵　要债

tʰam¹tʰăk⁷tʰam¹tʰi⁵　详细询问

tʰem⁵na³tʰem⁵ta²　凝视

tʰɛm¹năm⁴tʰɛm¹fãi²　加油

tʰɛm¹hu⁴tʰɛm¹lăk⁷　增加知识

tʰuk⁹hu¹tʰuk⁹ta¹　顺眼

tʰuk⁹hu¹luŋ⁶ta¹　顺眼

tʰuk⁹mun⁶ta²pɛŋ³　涂脂抹粉

tʰuk⁹tok⁸tʰuk⁹ta¹　犯罪

tʰuk⁹ku³tʰuk⁹ni³　欠债

tʰuk⁹ni³pa²tsa⁵　欠债

tʰup⁷tʰup⁷năm²năm²　络绎不绝

n高

na³soi³ta¹mán²　圆脸秀目

na³tsa⁴ta¹ŋău²　怒容

na³tsum⁶ta¹ᴐnăn²　和颜悦色

na³tsum⁶ta¹ᴐan¹　笑容满面

na³tsɯn⁶ta¹ᴐan¹　笑容满面

na³năi⁶xăi⁶xo¹　笑容满面

na³ta¹sa¹hop̥⁸　面貌

na³ta¹sop⁷pɛk⁹　嘴脸

na³tɛ⁴ta¹na⁶　容貌端正

na³lŭ⁷ta¹tai¹　焦头烂额

na³pʰak⁹ta¹dɔn¹　面目

na³hə⁶ta¹həŋ²　红光满面

na³fa⁴na¹văn²　天日；晴天

na³vɔ⁶na³vɛ⁶　面容憔悴

na³len⁶ta¹peŋ²　眉清目秀

na³dăi³ta¹se¹　得失

na³dan³ta¹xɛŋ¹　厚颜无耻

na³ban³ta¹məŋ²　地区面貌

na³but⁹na³nău¹　阴沉着脸

na³fau⁴ta¹hɛ¹　慌里慌张

na³săk⁷ta¹tsɛn²　横眉竖眼

na³hə⁶na³həŋ²　红光满面

na³hai⁴ta¹tsɛn²　怒容满面

na³săp⁷ta¹tsan²　怒容满面

na³hin¹na³pʰa¹　悬崖陡壁

nɛ¹săŋ⁵nɛ¹sɔn¹　指导

nɔ⁵hin¹nɔ⁵pʰa¹　石笋

nɔ⁵naŋ²haŋ¹măi⁴　笋子的总称

nə¹kău³nə¹ho¹　头上

nai⁵hai⁴nai⁵xat⁹　恨透

noi⁵tsə⁴noi⁵făn²　籽儿

noi⁵tsə⁴făn²pʰăk⁷　籽种

noi⁵tsit⁷noi⁵tsăi¹　心弦

năŋ³xɔ³năŋ³kăm²　逐词逐句

năŋ³xɔ³năŋ³ta¹　逐项

năŋ³to¹năŋ³to¹　逐个

năŋ³mɯ⁴văn²năŋ³　一天天地

nɔŋ¹lət⁸nɔŋ¹lai²　带血丝的脓汁

nɯŋ¹tin¹nɯŋ¹mɯ²　动手动脚

nim¹tin¹nim¹mɯ²　手脚不乱动

nim¹mok⁷nim¹tsăi¹　安心

nim¹tsăi¹nim¹xɔ²　安静

num⁵kăm¹lăm²kɔm⁴　年轻

nok⁹hu¹nɛn²tsăi¹　心烦

t低

ta⁴tu²mu²xi⁵　赌气

ta⁶bo¹ho¹hə²　海港，码头

ti⁶tsăp⁷ti⁶tsɔt⁹　栖息处

ti⁶tsăŋ³ti⁶pɯŋ⁶　根据地

ti⁶tsăŋ³tăn²pɯŋ⁶　根据地

ti⁶tsut⁸ti⁶xen¹　缺点

ti⁶tsut⁸ti⁶jɔm²　缺点

ti⁶pɯŋ⁶ti⁶ʔiŋ¹　靠山

ti⁶ju⁵ti⁶kin¹　环境

ti⁶len³ti⁶mon⁶　娱乐场所

ti⁶tsă⁸ti⁶hăŋ³　污点

ti⁶lik⁹ti⁶lɔ¹　死角

tŭ⁸pʰă⁸săŋ¹xă⁸　僧侣

tɛ⁴va⁶pin¹ʔi³　原来如此

to²sa¹văŋ²kăt⁷　冤仇

tăi²ban³tʰan³xoŋ⁵　村子里的人

toi²tsit⁷toi²tsăi¹　迁就

tău⁶va⁶năŋ³dăi³　但是

tau⁴kɛu³xuⰐhan¹　武士

tau⁴na¹pʲa²Ⱀăi⁵　高官厚禄

tăŋ²tso⁶tăŋˉtsin⁶　永远

tăŋ²tso⁶tăŋˉtsat⁸　终生

tăŋ²luk⁸tăŋˉme²　拖儿带女

tăŋ²ho¹tăŋˉin¹　全身

tăŋ²pik⁷tăŋˉmon²　全部

taŋ²dăi¹taŋ²ʔău¹　收入

taŋ²lot⁸taŋ²ˣʷen¹　公路

taŋ²dɔi³taŋˉkin¹　食物

taŋ²hu⁴taŋ²ʦaŋ⁶　技术

taŋ²hu⁴taŋˉĥăn¹　见解

taŋ²sɛn³taŋˉmin⁵　绝路

taŋ²nu¹taŋ²ňăi⁵　羊肠小道

taŋ²tok⁸taŋ²pʰan¹　苦衷，穷苦

taŋ²pʰit⁷taŋ²luŋ¹　过失

tuŋ⁶kʷaŋ³jaⰐpeŋ²　宽广的平坝

teŋ⁶tɛ⁴di¹diᐟ　真真正正

teŋ⁶nɯŋ⁶lăm²deu¹　统一

toŋ⁴tăk⁸jăk⁷Ⱉai¹　打招呼

toŋ²tsa⁴toŋ²dai¹　嫌弃

toŋ²na³toŋ²ta¹　讲情面

toŋ⁴xɛu⁴²ʔɛuˉvɛn²　身材苗条

tan²năm⁴tanˉtʰăm²　布施

tɔn⁴hu⁴tɔn⁴jin²　常闻

tɔn⁴dɔi³tɔn⁴kin¹　常吃

tɔn⁴hu⁴tɔn⁴hăn¹　常见

tɔn⁴păi¹tɔn⁴ma²　常来常往

tɯn²ka⁴pʰa³nɔn²　本钱

tăm²nɔŋ²kɔŋ²tʰăm²　正当途径

tăm²nɔŋ²kɔŋ²məŋ²　道理

tăm²nɔŋ²kɔŋ²văt⁸　清规戒律

tăm²jɔt⁸tăm²săk⁷　摆官架子

tɔm²hăŋ⁶tɔm²mi²　肥上加膘

tăk⁸mot⁸du¹mɔ¹　问卜

tuk⁸mə⁶tuk⁸jam²　每时每刻

tuk⁸hăi⁴xem¹tsăi¹　贫穷

tok⁸pʰan¹jan²kiu⁵　艰难困苦

tok⁸xă⁷xum¹xi¹　艰难困苦

tok⁸pʰan¹tok⁸lun²　贫穷落后

tăt⁸ta¹ja²jeŋ²　碰巧

tɛt⁸ta¹ja²tsăp²　凑巧

tɔt⁸tsit⁷tɔt⁸tsăi¹　全心全意

tɯt⁸xɛn¹lak⁸xa¹　扯后腿

tɯt⁸tɯt⁸lak⁸lak⁸　拉拉扯扯

tɛp⁸tsit⁷tɛp⁸tsăi¹　心服口服

top⁸mɔp⁷top⁸mɛp⁷　随便折

top⁸ŋɔk⁷top⁸ŋɛk⁷　弯弯曲曲

t^h低

$t^ha^2jat^8tam^1ts\check{a}i^1$　随心所欲　　$t^h\mathfrak{o}^2mok^7t^h\mathfrak{o}^2ts\check{a}i^1$　心情舒畅

$t^h\mathfrak{o}^2t\varepsilon^4t^h\mathfrak{o}^2na^6$　真舒服　　$t^h\check{a}p^8d\check{a}i^1pa\eta^1d\check{a}i^1$　历次

n低

$na^2lok^8na^2lai^2$　地狱　　　　　$n\check{a}m^4muk^8n\check{a}m^4m\check{a}n^2$　油水

$no^2tai^1no^2vai^2$　真是　　　　　$n\check{a}m^4la^3n\check{a}m^4l\mathfrak{o}\eta^2$　茶水

$n\mathfrak{e}^4to^1ka^1ja^2$　身体　　　　$n\check{a}m^4l\check{a}i^1t\check{a}i^3f\mathfrak{e}\eta^2$　隐患

$n\mathfrak{e}^4l\mathfrak{e}t^8x\check{a}i^1m\check{a}n^2$　血肉，血统　$n\check{a}m^4\Omega on^3n\check{a}m^4x\varepsilon\eta^1$　弹性

$n\mathfrak{e}^4t\check{a}\eta^2n\check{a}\eta^1xi\eta^6$　健康　　$n\check{a}m^4m\mathfrak{o}\eta^6n\check{a}m^4v\check{a}i^2$　速度

$n\mathfrak{e}^4t^h\mathfrak{e}n^5k^wa\eta^1fan^2$　野味　$n\check{a}m^4s\mathfrak{o}n^5xi^3li^5$　利率

$n\check{a}i^2ban^3n\check{a}i^2xo\eta^5$　村里　　$n\check{a}m^4k\varepsilon n^5n\check{a}m^4x\varepsilon\eta^1$　硬度

$n\check{a}i^2noi^5n\check{a}i^2mak^9$　果仁儿　$n\check{a}m^4xu\mathfrak{u}n^3h\mathfrak{e}^2fu^2$　水涨船高

$n\mathfrak{o}i^4n\mathfrak{o}i^4j\check{a}i^5j\check{a}i^5$　大大小小　$n\check{a}m^4m\varepsilon^6s\check{a}^7mut^7$　海洋

$n\mathfrak{o}i^4j\check{a}i^5j\mathfrak{o}m^1pi^2$　大小瘦胖　$n\check{a}m^4l\mathfrak{e}k^8din^1na^1$　天高地厚

$n\mathfrak{o}i^4n\mathfrak{o}i^4lai^1lai^1$　多多少少　$n\check{a}m^4hu^1n\check{a}m^4ta^1$　眼泪

$n\mathfrak{o}n^2n\mathfrak{o}n^2nan^2nan^2$　睡觉　　$n\check{a}m^4din^1h\check{a}i^6na^2$　土地

$n\mathfrak{o}n^2l\mathfrak{e}t^9n\mathfrak{o}n^2l\mathfrak{e}^2$　睡懒觉　$n\check{a}m^4hu^4ta\eta^2tsa\eta^6$　知识

$n\check{a}m^4f\check{a}i^2m\check{a}i^3to^1$　引火烧身　$n\check{a}m^4hu^4na^2tsa\eta^6$　技术

$n\check{a}m^4tsau^3din^1tsau^3$　召的领土　$nam^2n\check{a}k^8s\check{a}k^7j\check{a}i^5$　德高望重

$n\check{a}m^4\Omega u^3n\check{a}m^4\Omega ot^9$　吹嘘　　$n\mathfrak{o}m^4n\varepsilon p^8t\varepsilon p^8tom^2$　投诚

$n\check{a}m^4\Omega o^5n\check{a}m^4xau^2$　污泥浊水　$n\mathfrak{o}m^4nop^8xop^8v\check{a}i^3$　拜倒

nɔm⁴vai⁵kɐi⁵ho¹　投降

nɔm⁴vai⁵sɯm¹pan²　归顺

năk⁸pʰat⁹kuɯn¹hu⁴　知识分子

nɔk⁸neŋ¹nɐi²ʔon³　外强中干

nɔk⁸kat⁷nɔk⁸li²　黑市

nɔk⁸na³nɔk⁸ta¹　表面

nɔk⁸van¹nɐi²sum³　笑里藏刀

năp⁸ʔoi⁵fɛt⁸pəŋ¹　铺张浪费

năp⁸kuɯt⁸năp⁸tsa¹　捕风捉影

năp⁸ti⁶năp⁸fɛt⁸　乱丢乱扔

năp⁸va⁶năp⁸tsa¹　瞎说

năp⁸dăi³năp⁸het⁸　冒失

năp⁸dăi³năp⁸va⁶　胡说八道

năp⁸tʰɯ¹hit⁸hau²　循规蹈矩

p高

pă⁷tu¹hu²tɐŋ²　路口

pă⁷li⁴tsi⁴tsɔk⁵　狡猾

pă⁷lam²pă⁷la²　一连串

pă⁷jɔ⁵pă⁷jaɹ⁵　舒舒服服

pa⁵ʔăm³năɯ⁴săi¹　山清水秀

pa⁵ja³pa⁵pʰɔn¹　草原

pa⁵măi⁴duɹ¹xeu¹　森林

pa⁵mɔn²dɔɪ¹keu³　陵园

pa⁵lo¹pa⁵fuɯn²　柴林

pa⁵kʷaŋ³jaŋ²peŋ²　宽阔的平原

pa⁵lə⁴pa⁵tʰɛ¹　特多

pi¹ʔon¹pi¹ʔɛn¹　前几年

pi¹kɔn⁵pi¹kɛn⁵　前几年

pi¹na³pi¹năɹ²　明后年

pi¹na³fa⁴măi⁵　明年

pi¹kum³pi¹suk⁷　丰收之年

pi¹dən¹van²jam²　岁月，时间

pu¹pa¹ŋa²li⁶　小鱼小虾

pu⁵ja⁶ta¹nai²　祖辈，前辈

pe¹dap⁹pe¹hɔk⁹　舞矛耍剑

pe⁵tsăi¹pe⁵xɔ²　十分痛快

pĕ⁷tău²pĕ⁷kăi²　拍打青苔成片

pĕ⁷dɔi³pĕ⁷kin¹　骗吃骗喝

pɔ̆⁷năm⁴jăp⁸fun¹　被雨淋湿

păi¹tsău⁴pɔk⁸xăm²　早出晚归

păi¹di¹ma²lot⁸　平安无事

păi¹pɔt⁹ma²ŋam²　一路平安

păi¹tɛ⁴păi¹na⁶　真的去

păi¹păi¹ma²ma²　来来去去

păi¹ma²ha¹kăn¹　互相往来

păi¹văi²păi¹vi²　快走

păi¹la⁶ma²muŋ⁶　畅通无阻

păi¹na³kəŋ²lăŋ⁵   后顾之忧

pǎi¹pǎi¹pəi¹pəi¹   走

pǎi⁵kǎu⁵ʔǎu¹mǎi⁵   革新；喜新厌旧

pai¹dɔi¹pai¹kɔŋ²   山顶

pai¹hɔk⁹pai¹dap⁹   矛头

pɔi⁵lǎ⁸pɔi⁵ləm²   放任自流

pɔi⁵lǎ⁸pɔi⁵ləm²   放任自流

pəi⁵xeu³pəi⁵fǎn²   易嚼

pǎu⁵pi⁵si¹sɔ²   吹奏

pǎu⁵pi⁵si¹tiŋ⁵   吹笛拉琴

pǎu⁵vek⁸pǎu⁵kan¹   工闲

pǎu⁵vaŋ⁵haŋ⁵su¹   闲空

paŋ¹tsɯ⁶paŋ¹seŋ¹   空有虚名

paŋ⁵paŋ⁵leŋ²leŋ²   明亮；光明正大

piŋ³ʔɔk⁹ta¹se¹   苛捐杂税

puŋ¹hap⁹vaŋ²pa²   卸下担子；分娩

puŋ¹tʰuŋ¹vaŋ²xo²   放下包袱

puŋ¹mok⁷vaŋ²tsǎi¹   放心

puŋ¹mok⁷puŋ¹tsǎi¹   专心致志

puŋ⁵nəŋ²pʰɛ⁶kɯn²   兴旺

puŋ⁵nəŋ²fa⁴tsan²   发展

puŋ⁵nəŋ²həŋ²xɯn³   欣欣向荣

puŋ⁵nəŋ²hə⁶kɯn²   欣欣向荣

peŋ¹kan¹peŋ¹kǎm²   造谣生事

peŋ¹tsǎi¹peŋ¹xɔ²   有意，诚心

peŋ¹na³peŋ¹ta¹   做人情

pɔŋ⁵lɔŋ⁶pɔŋ⁵xau⁶   报讯

pɔŋ⁵soŋ²paŋ⁵saŋ²   疯疯癫癫

pɔŋ⁵kʷan³pɔŋ⁵san¹   报请流放

pɔŋ⁵vɔŋ⁴pɔŋ⁵sɛ¹   名扬四方

pəŋ¹tsit⁷pəŋ¹tsǎi¹   费心

pəŋ¹ba⁵pəŋ¹hɛŋ²   费力气

pəŋ¹xa¹pəŋ¹xɛŋ⁶   白走

pəŋ¹sop⁷pəŋ¹pak⁹   白费口舌

pəŋ⁵kan¹pəŋ⁵kǎm²   作指示

pəŋ³sut⁷hǎn¹na³   开门见山

pəŋ³pʰa³hǎn¹to¹   开门见山

pǎn¹lap⁸pǎn¹pon²   恩赐

pǎn³ʔun⁵tun⁵tsǎi¹   安慰

pǎn³ʔun⁵pǎn³tsǎi¹   安慰

pin¹nǎm⁴tsǎm²tsǎ⁷   水淋淋的

pin¹peu⁵xiŋ²pɔi²   孤独

pin¹kan¹pin¹kǎm²   出事

pin¹xɔ³pin¹ta¹   有条有理

pin¹xǎi³pin¹nau¹   生病

pin¹kǎŋ⁶pin¹lǎi¹   匆匆忙忙

pin¹ket⁸pin¹tsa⁴   生气，愤怒

pin¹xau⁶pin¹xə²   有条不紊

pin¹xɛm⁴pin¹tʰi⁵   清清楚楚

pin¹su³pin¹jəm²   欢欢喜喜

pin¹tsǎ⁸pin¹lu⁶   分期分批

pin¹tʰan³pin¹xǎk⁸   一层层的

pin¹ni³pin¹tsək⁸　负债

pin¹tok⁸pin¹pʰan¹　受苦受难

pin¹pʰuŋ¹pin¹ji²　落花流水

pin¹mu⁵pin¹tsum²　成群结队

pin¹mɯn⁵pin¹sɛn¹　成千上万

pin¹mɔŋ⁶pin¹văi²　雷厉风行

pin¹mon⁶pin¹mi²　热热闹闹

pin¹van¹pin¹lăm²　有滋有味

pin¹hɛu¹pin¹nɛu²　险峻

pin¹băk⁷pin¹tʰan³　等级

pin¹ʔu¹pin¹set⁷　了不起

pin¹ʔe³xʷat⁸xʷa⁴　独霸

pin¹di¹mi²hăn⁶　富有

pin¹ka⁶pin¹sin¹　值钱

pin¹tin¹pin¹mɯ²　指手画脚

pin¹tɛ⁴pin¹na⁶　了不起

pin¹taŋ⁴pin¹ti⁶　落实

pin¹min⁴pin¹pə³　成气

pin¹peu¹pin¹fɔŋ²　轰轰烈烈

pin¹na³pin¹ta¹　体面；为名

pin¹măn³pin¹kɛn⁵　牢固

pin¹văt⁷pin¹ʔăi¹　伤风感冒

pin¹po¹lom²la²　服侍

pin³ŋok⁷pin³ŋau⁵　翻来覆去

pin³laŋ⁵taŋ⁵tsăi¹　叛变

pin³haŋ¹tok⁷ho¹　本末倒置

pin³ho¹pok⁷haŋ¹　颠倒是非

pen⁵hun⁵pen⁵haŋ⁶　换貌

pen⁵măi⁵tʰăi⁵di¹　更新换代

pen⁵măi⁵săi¹həŋ²　更新

pɔm¹peu¹pɔm¹fɔŋ²　冒风险

pɔm¹fun¹pɔm¹lum²　顶风冒雨

păk⁷xʷit⁷păk⁷xʷaŋ¹　翻倒

păk⁷xʷit⁷păk⁷tsoŋ⁶　翻翻滚滚

păk⁷săn⁴tăn³măn³　扎根

pak⁹nan²xan¹tsəŋ⁴　说话慢吞吞

pak⁹pak⁹xo¹xo¹　说说笑笑

pak⁹pɔŋ⁴xoŋ³xɯ²　干涉

pak⁹dăi³va⁶pin¹　能说会道

pak⁹di¹va⁶di¹　和气

pak⁹tu¹hu²taŋ²　要道

pak⁹tan³tsen¹tsa¹　谈话

pak⁹nan²xan¹tsəŋ⁴　慢条斯理

pak⁹van¹xan¹mon⁶　嘴甜

pak⁹jăm¹kăm²ka⁶　金言玉语

pak⁹van¹xai¹mon⁶　甜言善语

pak⁹lem³pʰem⁴xum²　金言玉语

pak⁹din³pak⁹xo¹　开玩笑

puk⁹hăi⁶dăm⁵na²　种田种地

puk⁹măi⁴pin¹pa⁵　植树造林

puk⁹tsɯ⁶mai¹sɛŋ¹　取名

puk⁹tau⁴tsăm²xun¹　封官

puk⁹mǎi⁴hɛp⁸mɛ⁶　培养接班人

pɔk⁹pək⁹lɔk⁸nǎŋ¹　剥皮

pɔk⁹na³lɔk⁸ta¹　撕破脸皮

pɔk⁹pək⁹pɔk⁹nǎŋ¹　剥皮

păt⁷ko¹xo¹xɔt⁵　彻底扫光

păt⁷slat⁹kʷat⁹ju²　扫地

păt⁷jau³kʷat⁹hən²　打扫庭院

pat⁹tsin⁴tʰə¹nǎŋ¹　剥皮剐肉

put⁷juk⁷put⁷jǎk⁷　破破烂烂

put⁷na³xat⁹lǎŋ¹　前破后烂

pet⁷kǎi⁵mu¹ma¹　家禽家畜

pot⁷tʰuŋ¹vaŋ²pa²　卸包袱

pot⁹lon⁴tʰon³tim¹　完美无缺

puɯ⁹xǎi¹puɯ⁹pʰɔm⁴　开幕

puɯ⁹hǎi⁶xǎm²na²　开荒造田

puɯ⁹hǎi⁶pɛŋ¹na²　开垦

pʰ 高

pʰǎ⁷dǎp⁷pʰǎ⁷da²　装饰

pʰǎ⁷sum²tsum²num²　集中

pʰǎ⁷mat⁹du¹xʷɛn²　欺负

pʰa³hum⁵xo²nɔn²　行李

pʰa³pʰɛn⁵hǎm²tai²　布匹

pʰa⁵kit⁹pʰa⁵kɔi³　一点点儿

pʰa⁵peu¹pʰa⁵fɔŋ²　乘风破浪

pʰi¹sə¹pʰi¹pʰai²　牛鬼蛇神

pʰi¹pʰə⁴pʰi¹pʰai²　鬼怪

pʰi¹saŋ¹kaŋ²dɛŋ¹　妖魔鬼怪

pʰi¹pǎu⁵jin¹joŋ²　一片荒凉

pʰi³haŋ⁴taŋ⁵nɔn²　离婚

pʰi³li¹pʰa⁶la⁶　乱七八糟

pʰu³tok⁸kun²pʰan¹　穷人

pʰu³pan⁵kun²pɔŋ¹　办事员

pʰu³di¹kun²man⁵　好人

pʰu³hai⁴kun²xat⁹　暴徒

pʰu³hai⁴kun²tson¹　坏人

pʰu³het⁸kun²saŋ³　劳动者

pʰu³man⁵kun²jo²　诚实人

pʰu³hai⁴kun²ŋan²　凶神

pʰu³tsǎi⁴kun²sɔi¹　佣人

pʰɛ⁵nəŋ²həŋ²xuɯn³　发扬光大

pʰɛ⁵pʰai¹jai¹hɔt⁸　传开

pʰo¹deu¹me²nuɯŋ⁶　一夫一妻

pʰɔ⁵tsɛŋ³lɛŋ²hǎn¹　重视，认清

pʰɔ⁵kʷaŋ³tɔŋ²kǎi¹　高瞻远瞩

pʰə⁵luk⁸pʰə⁵lan¹　为子孙着想

pʰǎi⁵xɔ³pʰǎi⁵kǎm²　作诗

pʰai³ta⁶pʰai³taŋ²　路过

pʰai³pǎi¹pʰɟi³ma²　来回路过

pʰai³na³pʰai³ta¹　走过

pʰiu¹pʰǎn²vǎn²nǎ⁸　光彩

pʰiu¹sə³nə⁴ɔʰa³　衣物

pʰeu³kʷat⁹lat⁸mot⁷　打扫卫生

pʰeu³jau³kⱽatʰʰən²　打扫屋子

pʰeu³mot⁷pɔt⁷lɛŋ²　打扫干净

pʰeu³ban³kⱽat⁹xoŋ⁵　打扫卫生

pʰeu³kʷat⁹lat⁸ju²　扫地

pʰeu³kʷat⁹mot⁷sǎi¹　清扫

pʰaŋ¹mǎn²sɪ⁵tən⁶　汽灯

pʰaŋ¹hai⁴pʰaŋ¹bə⁵　狼狈不堪

pʰǎn³hǎt⁸kǎ⁻⁸xiŋ⁶　严格控制

pʰan¹tsǎi¹pʰan¹xɔ²　艰难困苦

pʰan¹peu⁵xiɟ²pɔi²　孤苦伶仃

pʰɔn⁵dǎi³pʰɔn⁵sə¹　盈亏也罢

pʰɔn⁵pin¹pʰɔn⁵tai¹　舍生忘死

pʰɯn¹bǎi¹jǎ⁻²nuŋ⁶　衣着

pʰɯn¹sə³nə⁴pʰa³　衣物

pʰam¹ho²xɔꞁ⁸ma⁴　牛棚马厩

pʰam¹ho²pʰɟm¹xʷai²　牛棚

pʰom¹pʰa⁵fɔɟ²lum²　乘风破浪

pʰǎk⁷jə³naŋ²xeu¹　蔬菜

pʰuk⁹luk⁸pa²me²　拖儿带女

pʰək¹mǎn²luk⁸mǎi⁴　薯类水果

pʰǎt⁷sum³jɔi⁴nɔŋ⁶　拖拖拉拉

pʰǎt⁷dǎi³pʰan⁵pin¹　约定婚姻

pʰǎt⁷mɯ²pʰǎt⁷vǎn²　约定时间

pʰǎt⁷pʰǎi⁶lǎi⁶xɔp⁸　周转

pʰǎt⁷mun²hun¹xʷaŋ¹　转来转去

pʰǎt⁷xɔp⁸hɔp⁸xʷɔi⁶　环行

pʰat⁹xǎu³pʰat⁹ʔɔk⁹　跑出跑进

pʰat⁹mu⁵ju⁵peu⁵　孤独

pʰit⁷mɔ³pɔ⁴hǎi¹　指桑骂槐

pʰit⁷ʔat⁹pǎt⁸ja²　违法

pʰit⁷hit⁸pʰit⁷kɔŋ²　违反法规

pʰit⁷hit⁸pʰit⁷pəŋ¹　违法乱纪

pʰit⁷tsǎi¹pʰit⁷xɔ²　生气

pʰit⁷mok⁷pʰit⁷tsǎi¹　生气

pʰit⁷tʰeŋ¹heŋ²hɔŋ⁴　争争吵吵

pʰut⁹luk⁸pʰut⁹nǎŋ⁶　坐立不安

pʰɛt⁹tup⁸pʰɛt⁹həŋ⁶　喷人

pʰɔp⁷to⁶lɔ²ka¹　遍及全球

pʰɔp⁷pʰɛ⁵mɛ⁵kʷaŋ³　广泛，普及

m高

ma¹năi²sə¹mi¹　豺狼虎豹

ma⁵năm⁴tsăm⁴tsăi¹　怀恨在心

mu⁵xău³pʰən¹pʰăk⁷　餐桌

mu⁵xău³mu⁵lău³　酒席

mu⁵xău³mu⁵xʷɔn¹　婚礼桌

mu⁵pi⁶tsum²nɔŋ⁴　亲戚朋友

mɔ¹ja¹tsoŋ⁶ji⁶　中医

mɔ¹pak⁹mɔ¹va⁶　能说会道

mɔ¹het⁸mɔ¹pɛŋ¹　会做

mɔ³van⁵tsan¹tsin¹　锅瓢碗盏

mɔ³hăi¹tʰăi¹pak⁸　炊具

măi³tsăi¹măi³xɔ²　心急如焚

mai³peu⁵deu¹pɔi²　鳏寡孤独

miŋ¹miŋ¹mɔŋ⁶mɔŋ⁶　嗡嗡

man⁵tʰɔi³man⁵kăm²　断言

man⁵ja⁵man⁵tʰo²　实实在在

mun⁵lău⁴său⁴mɔŋ¹　郁郁寡欢

mɔn¹lai¹pʰɛk⁹nɔi⁴　大同小异

mɯn⁵xɔ³păn²kăm²　千言万语

mɯn⁵xɔ³sɛn¹kăm²　千言万语

mɯn⁵tso⁶sɛn¹tsat⁸　千秋万代

mɯn⁵tso⁶sɛn¹tsɯn⁶　千秋万代

mən¹kău⁵mən¹lăŋ¹　依然如故

mak⁹xău³met⁸năm⁴　粮食

mak⁹tău³mak⁹tɛŋ¹　瓜果总称

mak⁹sum³luk⁸van¹　水果

mak⁹laŋ²tɛŋ¹tău³　瓜果

mak⁹hin¹tin¹său¹　礅（柱子下的石
　礅）

mak⁹hin¹mak⁹pʰa¹　岩石

mak⁹puk⁹luk⁸măi⁴　果子

mik⁷mik⁷mɔk⁷mɔk⁷　斑斑点点

mok⁷tăk⁷văk⁸pău²　怀抱

mɔk⁷mɔk⁷mɛk⁷mɛk⁷　斑斑点点

mit⁷mit⁷mɔt⁷mɔt⁷　点点滴滴

mot⁷saŋ⁵paŋ⁵lɛŋ²　光明磊落

mot⁷săi¹văi²jă⁸　清洁

p 低

pă⁸jă⁸haŋ⁵pəŋ¹　示范

pa²tɔŋ⁴pa²xɔ²　怀孕

pa²xɔ²tsăi¹jăi⁵　狗仗人势

pa²lă⁸pa²tsat⁸　太过分

pa²lă⁸pa²lə¹　过分

pi⁶nɔŋ⁴vuˌɔ²sa¹　亲戚

pi⁶ʔai³tai⁴tsai²　哥哥

pi⁶ʔəi³naŋˌjiŋ²　姐姐

pi⁶tsun³nɑŋ⁴hăn⁴　嫡亲

pu²dɔi¹pu²kɔŋ²　高山峻岭

pĕ⁸făŋ⁵pĕᶟfəi²　漫溢

pɔ²tsăi¹pɔᶟxɔ²　心满意足

pɔ²dɔi³pɔᶟkin¹　够吃

pɔ⁶xɔi³mɛ⁵xɔi³　我的妈呀

pɔ⁶mot⁸mɛ⁶mɔ¹　巫师

pɔ⁶xim¹mɛ⁶măi¹　媒人

pɔ⁶săŋ⁵mɛ⁵sɔn¹　家教

pɔ⁶ʔɔk⁹mɛ⁶jɔ²　教父教母

pɔ⁶hăi⁶mɛ⁶na²　农民

pău⁶pan⁵het⁸taŋ¹　包办代替

paŋ⁶xaŋ³paŋ⁶ʔɛu¹　身旁

pɯŋ²mok⁷pɯŋ²tsăi¹　称心如意

pun⁴tin¹pun⁴mɯ²　脱手

pɯŋ²hak⁸pɯŋ²ho¹　本质

pɯŋ²ti⁵li⁵din¹　本地人

pok⁸pok⁸hɔ⁵hɔ⁵　包包裹裹

pok⁸vai⁵leu¹xɯn²　回头

păt⁸pʰak⁸tsak⁹kăn¹　分别

pit⁸tsă⁷lă⁸na²　小心；设法

pit⁸xɔm³pit⁸ŋai¹　翻来覆去

pet⁸să⁷ʔa²tsin¹　品质

pɔt⁸pet⁸lɔ¹lɛ¹　狡猾

pɔt⁸pet⁸ho¹lɛm¹　老奸巨滑

pop⁸na³pop⁸ta¹　遇着

pʰ 低

pʰa⁴pɔm³fɛi²tsĭ⁷　刀耕火种

pʰă⁸tit⁸hit⁸ˌxɔŋ²　规章制度

pʰi⁴xŭ⁷săŋ¹xă⁸　僧侣

pʰɔ²pʰɔ²pʰa²pʰa²　毛糙，乱说

pʰoᵏloᵏpʰeᵏlɔᵏ　花盛开，散开

pʰăi²na¹pa⁵kʷaŋ³　深山老林

pʰăi⁶nɔi⁴tăi²pa¹　百姓

pʰɔŋ²fɯn⁴pʰɔŋ²fan⁶　谋反

pʰɔŋ²dăi³pʰɔŋ²ʔău¹　谋取

pʰan⁴xa¹pʰan⁴xɛŋ⁶　绊手绊脚

pʰan⁶hɔn⁴pʰan⁶nau¹　忽冷忽热

pʰɔm⁶sop⁷pʰɔm⁶pak⁹　参议

pʰɔm⁶na³xaŋ²ta¹　光临，参加

pʰɔm⁶hu⁴pʰɔm⁶hăn¹　当事

pʰɔm⁶suk⁷pʰɔm⁶tok⁸　同甘共苦

pʰɔm⁶pin¹pʰɔm⁶tai¹　同生死

pʰɔm⁶tok⁸pʰɔm⁶jap¹　共患难

pʰak⁸mu⁵pʰak⁸tsum²　离群

m低

mă⁸no²ho¹tsăi¹　心，胸怀

mă⁸ha¹lă⁸tsa²　大王

ma⁴miŋ⁶siŋ⁵xɔŋ¹　牲口

ma⁴mɔŋ²xɔŋ¹leŋ⁴　牛马家畜

ma⁴la²xa¹xi⁵　牲畜

ma⁴la²ho²xʷai²　牲口

mi²tsăi¹mi²xɔ²　有心

mi²jot⁸mi²pʰuŋ²　有威望

mi²jot⁸mi²săk⁷　摆架子

mi²ʔat⁹mi²ja²　命令

mi²kău⁴mi²pɯn⁴　有始有终

mi²kău⁴mi²hak⁸　有根有据

mi²jɔt⁸mi²fəi²　有声有色

mɛ⁶haŋ⁴naŋ²sau¹　妇女

mɛ⁶haŋ⁴mɛ⁶mai³　寡妇

mɛ⁶tsa⁵mɛ⁶xo²　女厨师

mɛ⁶nə⁴mɛ⁶to¹　亲妈

mo²mo²mău²mău²　糊糊涂涂

mɔ²mɔ²nɛn²nɛn²　吵吵嚷嚷

mɔ²mɔ²dăŋ²dăŋ²　乱哄哄

mɯ⁴kat⁹mɯ⁴li²　街子天

mɯ⁴kat⁹văn²li²　街子天

mɯ⁴di¹văn²ŋam²　良晨吉日

mɯ⁴na³mɯ⁴năi²　明后天

mɯ⁴sɯ⁴mŭ⁸sŭ⁸　傻笑

măi⁶tsăi¹măi⁶xɔ²　后悔

măi⁴kup⁷măi⁴kăp⁷　下脚木料

măi⁴din⁵lo¹fɯn²　柴火

mău²tuk⁸mău²pʰan¹　流浪

mău²het⁸mău²pɛŋ¹　乱来

mău²lău³n̥ău²peŋ³　醉酒

mau⁴vɐn¹xɐn¹sɔk⁹　臂钏镯头

mɔi⁶dɛt⁹mɔi⁶lum²　疲乏

măŋ⁶mun²tun⁶tău⁴　富饶

maŋ⁴lu⁴pʰo⁵xʷai⁵　破坏

miŋ⁶miŋ⁶n̥ɔŋ⁶mɔŋ⁶　似懂非懂

muŋ⁶mok⁷muŋ⁶tsăi¹　顺利

mɔŋ²mɔŋ²maŋ²maŋ²　模模糊糊

məŋ²lum⁶məŋ²kaŋ¹　人间

man²huŋ⁴n̥an²va¹　怪胎

min⁴ʔo⁵min⁴lam⁶　臭名

mun²lă⁸m˞un²li²　原始

men⁴tsat⁸m̥en⁴tso⁶　寿终

men⁴tsɔt⁹tse²săm⁴　完整

mɛn⁶mə⁴mɛn⁶jam²　适时

mɛn⁶tsăi¹n̥ɛn⁶xɔ²　称心如意

mɔn²mak⁶loŋ¹lai¹　十分多

mon⁶tɛ⁴mon⁶na⁶　真热闹

mon⁴xɛn¹mɛn²mɯ²　拊胳膊挽袖子

mɔn²mɔk⁸ʔɛk⁹ʔɛ³　精髓

mɔn⁶jɔp⁷mɔn⁶jɛm²　粉碎

măk⁸suk⁷kin¹di¹　好逸恶劳

măk⁸ʔu³măk⁸jɔ²　爱吹嘘

măk⁸va⁶tsa¹suŋ¹　高谈阔论

măk⁸hăm⁶măk⁸hen²　好学

măk⁸pɛ⁴tsa¹lə¹　争强好胜

măk⁸mam³tăn¹ha¹　贪得无厌

mak⁸pɔŋ²lɔŋ¹lai¹　丰盛

met⁸hăk⁸să⁷hai¹　朋友

mɯt⁸mo²to²so¹　暗无天日

mɔp⁸na³mɔp⁸ta¹　蒙着脸面

mup⁸ma⁴mup⁸map⁸　垂危

f高

fə¹măi⁴fə¹ʈɔk⁹　树叶

fai⁵dɔi¹fai⁵kɔŋ²　山谷

fău³son¹fău³hək⁸　守园子

fuŋ¹tup⁷fuŋ¹tăp⁷　缝缝补补

fun¹jăi⁵lum²lɔŋ¹　狂风暴雨

fun¹tok⁷fun¹tăk⁷　下雨

fək⁷pak⁹fək⁷va⁶　学讲

făt⁷kɛp⁹ʔău¹san¹　精选

fet⁹jau³fet⁹hən²　收拾房屋

v高

vă⁷vă⁷vak⁹vak⁹　破破烂烂

vă⁷vă⁸vă⁷vai¹　歪歪斜斜

vi¹ho¹bai⁵kău³　梳妆

vi¹ho¹kău³keŋ³　梳妆

văi³nop⁸xop⁸xău⁵　跪拜

văi³nop⁸xop⁸jăm¹　五体投地

vai³xop⁸vai³pi¹　整年

vai³pi¹vai³tso⁶　从来

văŋ¹ha¹tʰa³kɔŋ²　期待

văŋ¹hu⁴văŋ¹tsaŋ⁶　求知

van¹sop⁷van¹pak⁹　甜言蜜语

van¹ʔum¹xum¹kɯn¹　含辛茹苦

l高

la³pi¹xʷai¹dən¹　今冬明春

lə¹ba⁵lə¹heŋ²　力所不及

lə¹tsăi¹lə¹xɔ²　困难

lə¹mu⁵lə¹tsum²　超群

lə¹săn⁵lə¹sɔn¹　不服管教

lə¹hit⁸lə¹kɔŋ²　违法乱纪

lăi¹la¹ʔa¹te²　梦呓

lai¹sop⁷lai¹seŋ¹　多嘴多舌

lai¹văi²di¹văi²　多快好省

lai¹tin¹lai¹mɯ²　七手八脚

lai¹tsə⁴lai¹jaŋ⁵　多种多样

lai¹tsăi¹lai¹xɔ²　多心

lai¹ti⁶lai¹heŋ⁵　多处

lai¹pi¹lai¹dən¹　长年累月

lai¹lɯp⁸lai¹pɔk⁸　三番五次

lai¹hu⁴lai¹tsaŋ⁶　多才多艺

lai¹hɔi⁴lai¹păn²　成千上万

lău⁵hăi⁶lău⁵son¹　荒地

lău³peŋ³heŋ³ja¹　烟酒

leu¹tăi³leu¹nə¹　东张西望

leu¹na³leu¹lăŋ¹　左顾右盼

laŋ⁵tin¹laŋ⁵mɯ²　失手

luŋ¹hun⁵luŋ¹heu¹　迷失方向

luŋ¹ta⁶luŋ¹taŋ²　迷路

luŋ¹mok⁷luŋ¹tsăi¹　错误

luŋ¹lɔ³luŋ¹lɔ¹　癫狂

luŋ¹luŋ¹lãi¹lăi¹　晕头转向

lɛŋ³na³lɛŋ³ta¹　装模作样

lɛŋ³năi⁶lɛŋ³xo¹　假仁假义

lɛŋ³băi³lɛŋ³ŋau⁶　装聋作哑

lɛŋ³băi³lɛŋ³mău²　装疯卖傻

lɛŋ³ba³lɛŋ³mău²　装疯卖傻

lɛŋ³hu⁴lɛŋ³tsaŋ⁶　不懂装懂

lan⁵vek⁸lan⁵kan¹　误事

lun¹het⁸lʌn¹peŋ¹　蛮干

lɔn³lɔn³ʔɛk⁹ʔak⁹　赖皮疙瘩

lăm⁵deu¹peu⁵pɔi²　单调

ləm³na³ləm³ta¹　嬉皮笑脸

ləm³ləm³lɔk⁸lɔk⁸　油头滑脑

ləm⁵kʷaŋ³pʰə⁵kăi¹　宽宏大量

ləm⁵ŋăm²kăm⁴tsu²　支持

lăk⁷la⁵xʷɛ²xʷi²　摸头不着脑

lăk⁷lɛu¹sɛɯ²ka³　聪明伶俐

lak⁹na³lak⁹ta¹　陌生

lak⁹hu¹lak⁹ta¹　陌生

luk⁷lu⁴luk⁷lu⁵　摸头不着脑

lik⁹mok⁷lik⁹tsăi¹　离心离德

lɔk⁷ʔɔk⁷lɛk⁷ʔɛk⁷　坑坑洼洼

lək⁹hu¹lək⁹ta¹　瞪眼

lək⁹hu¹kɯ¹ta¹　瞪眼

lut⁷tin¹lut⁷mɯ²　失手

lut⁷tin¹laŋ⁵mɯ²　失手

lut⁷haŋ⁵kaŋ¹xau²　半途而废

let⁷lɛu¹sɛu²ka³　机灵

let⁷kɛŋ¹mɔŋ⁶văi²　活泼

lɔt⁷sop⁷lɔt⁷pak⁹　说漏了嘴

lɯt⁹tin¹lɯt⁹mɯ²　熟练

lăp⁹hu¹lăp⁹ta¹　合眼

lăp⁷ta¹ʔət⁷hu¹　闭目塞听

lap⁹lɔn⁵pʰɔn⁵puŋ¹　悔过自新

lop¹lăi⁵tsɔm²lăŋ¹　随后

lop¹lin⁴pin³xʷam²　出尔反尔

f低

fa⁴fun¹lɯm²lɔŋ¹　狂风暴雨

fa⁴xau¹daɯ¹sɔŋ⁵　月明星秀

fa⁴mɯt⁸fa⁴mo²　天昏地暗

fa⁴tsɛŋ³daɯ¹săi¹　月明星秀

fa⁴pʰɛ³fa⁴ɲɛn²　天叫地吼

fa⁴dɛt⁹fa⁴dit⁹　天晴

fa⁴hɛŋ³pi¹xem¹　旱灾

fa⁴lɛŋ³pi¹xem¹　坏年成

fa⁴di¹pi¹tʰuk⁹　风调雨顺

fa⁴dɛt⁹dau¹sɔŋ⁵　晴朗

fa⁴dɛt⁹dau¹di¹　天气晴朗

fa⁴kʷaŋ³din¹na¹　天高地厚

fa⁴kʷaŋ³din¹xʷaŋ¹　广阔天地

fa⁴lɛŋ⁴hɛŋ³xan⁵　旱灾

fɔ⁶dɛt⁹fɔ⁶lum²　遭风吹雨打

fai⁴ho¹fai⁴haŋ¹　削头砍尾

fãŋ²pǎi¹fãŋ²ma²　想来想去

fãŋ²tsǎi¹fãŋ²xɔ²　考虑

fãŋ²nǎi¹va⁶hǎn³　道听途说

faŋ⁴ban³hɛn¹məŋ²　保家卫国

faŋ⁴na³faŋ⁴lǎŋ¹　顾前顾后

fɯŋ⁴fi⁶fi¹faŋ²　乱七八糟

fɯɯn⁴xiŋ²tiŋ¹to¹　翻身

fən²ja³tɯɯn⁵ŋu²　打草惊蛇

fãt⁸fɔk⁸tɔk⁹tǎm¹　冲突

fɛt⁸kǎu⁵ʔǎu¹mǎi⁵　吐故纳新

fot⁸fi²mi⁶mɔ²　喧嚣

v低

vǎ⁸tʰǔ⁷ŋɯɯn²xǎm²　财经

vǎ⁸tʰǔ⁷xǎu³xɔŋ¹　财富

va⁶tɛ⁴va⁶na⁶　说实在话

va⁶hai⁴tsa⁴xat⁹　说坏话

va⁶ʔɔk⁹pɔk⁸ti¹　出尔反尔

va⁶kot⁸va⁶liu⁴　讲话拐弯抹角

va⁶jɔ³va⁶ha¹　含沙射影

va⁶jɔ³va⁶jam⁵　讽刺

va⁶jɔk⁹va⁶jǎi²　开玩笑

va⁶tɛ⁴mi²tɛ⁴　活灵活现

va⁶fat⁸va⁶fəi²　试探

va⁶dǎi¹mi²nǎn⁴　说一不二

va⁶din³va⁶xo¹　说说笑笑

va⁶len³va⁶xo¹　说说笑笑

va⁶va⁶xɯɯn¹xɯɯn¹　颠三倒四

vi²te²ha¹hat⁸　强盛之国

vi⁴sa²na²tsaŋ⁶　技术

vi⁴sa²nǎm⁴tsaŋ⁶　学识

vi⁴tǎk⁷sǎŋ¹ka¹　怀疑

vɛ⁶tǎi³vɛ⁶nə¹　东停西停

vɛ⁶tuŋ⁴vɛ⁶vǎn²　左停右停

vo²xʷai²pai¹xǎu¹　大牲畜

vo²xʷai²tsaŋ⁴ma⁴　大牲畜

vo²han¹kan¹tɛm³　文学

vǎi⁴tsǎi¹vǎi⁴xɔ²　决心

vǎi⁴pʰaŋ²paŋ¹tsɯ⁶　架空

văi⁴na³văi⁴ta¹　留情面

vaŋ²tsăi¹vaŋ²xɔ²　放心

vaŋ²mok⁷vaŋ²tsăi¹　放心

vaŋ²xiŋ²ʔiŋ¹mɔn¹　高枕无忧

vaŋ²vek⁸vaŋ²kan¹　放下工作

vuŋ²sa¹pi⁶nɔŋ⁴　亲戚

veŋ⁶vɔ⁴veŋ⁶vɔi²　懵懵懂懂

vəŋ⁶vaŋ⁶vəŋ⁶vaŋ⁶　眩晕欲倒

văn²văn²xɯn²xɯn²　日日夜夜

vin⁴jok⁷vin⁴jau⁵　跳过去

vɔn²mok⁷vɔn²tsăi¹　愉快

vak⁸na³leu¹lăŋ¹　犹豫；三思后行

vek⁸ban³kan¹məŋ²　公务

vek⁸jau³kan¹hən²　家务事

vek⁸het⁸kan¹tʰam²　职业

vek⁸xɛ⁴vek⁸xin⁶　私活

vɔk⁸tai¹liŋ²hăi³　兔死狐悲

vɯk⁸na³vɯk⁸lăn¹　前堵后截

văt⁸va²ʔa²lam²　佛寺

vit⁸sa²na²tsaŋ⁶　科学技术

vut⁸tʰi²tsăm⁶hən²　吉利

l低

lă⁸văi²păi¹ma²　交通

lă⁸văŋ²faŋ⁴hɛn¹　防卫

lă⁸văŋ²hăk⁸sa¹　保卫

lă⁸vek⁸se¹kan¹　旷工

lă⁸hai⁴su³di¹　改邪归正

lă⁸ŋăp⁸kăp⁷hai¹　消失

lă⁸nɯk⁸kɯt⁸tʰɯŋ¹　缅怀

lă⁸tʰ1⁸pet⁸sa¹　作风

lă⁸kă⁸ləm²kəm²　指作风不正派

la²ve²pe²paŋ⁵　干扰

li²tsi²lak⁸tsak⁸　调皮捣蛋

li⁴pun²kun²han¹　人马

lu⁴na³se¹ta¹　败坏名声

lu⁴tan⁶ban¹xiŋ²　损人利己

lu⁴vai²hai¹bɔp⁹　毁灭

lu⁴vai²hai¹tsɯ⁶　消亡

lu⁴lat⁸xat⁹păŋ²　破破烂烂

lu⁶ma⁴sa⁴xɔ²　抢掠

lo²la²pa¹sum³　混为一谈

lo²pʰa²tɛn¹ha¹　贪得无厌

lɔ⁶xeŋ⁶lɔ⁶xa¹　散步

lai⁶na³lai⁶ta¹　花言巧语

lău⁴xău³je²pa¹　仓库

lău⁶lɯ²xăp⁷jɔ²　歌颂

laŋ²ju⁵laŋ²păi¹　行动

luŋ⁶xă⁷luŋ⁶xăi¹　和睦

liŋ⁴ho²po¹xʷai²　放牛

leŋ⁴mu¹leŋ⁴mɛŋ²　养猪

leŋ⁴xau²leŋ⁴ŋai²　请吃饭

loŋ²lai⁵xai⁵ni²　这一带

loŋ²hɯ²loŋ²het⁸　乱来

loŋ⁶ti⁶loŋ⁶dɛn¹　过分

lɔŋ⁴nɔŋ¹xɔŋ¹xut¹　鱼塘

lɔŋ⁶lai²kai¹kăi³　侵犯

lan⁴tsat⁸sɛn¹tsin⁶　千年万代

lan⁶tă⁷lan⁶te¹　稀烂

lan⁶tă⁴lan⁶tă⁷　稀烂

lun⁴ʔat⁹lə¹ja²　违令

lin⁴bău⁵săi⁵sɛ⁶　惹是生非

len²văn²len²xɯn²　整天整夜

len⁶peŋ²kăn¹seŋ³　一律平等

lɛn⁶tăi³lɛn⁶nə¹　东奔西跑

lɛn⁶tai¹pai⁶tok⁸　逃难

lɯn⁶na³lɯn⁶ta¹　嬉皮笑脸

lən⁶kə̆⁸lən⁶han⁵　跌跌爬爬

lăm⁴dăp⁷lăm⁴da²　连贯

lăm⁴dăp⁷xăp⁸xau²　连续不断

lăm⁴bak⁹jak⁸tsăi¹　困苦

lăm⁴bak⁹lə¹hɛŋ²　艰难困苦

lăm⁴bak⁹pʰan¹tsăi¹　艰难困苦

lăm⁴loŋ⁶koŋ⁵kai¹　太过分

lum²daŋ³lum²sɯŋ¹　风湿病

lum²jăn⁴fɔŋ²nim¹　风平浪静

lum²său²fɔŋ²jup⁸　风平浪静

lum²păt⁸fɔŋ²ti¹　风吹雨打

lum⁴lum⁴lai²lai²　形形色色

lum⁴kəi⁴lum⁴kai⁴　羞答答的

lɯm²kuŋ⁵lɯm²kun²　忘恩负义

lɯm²na³lɯm²lăŋ¹　忘性

lăk⁸ka⁴lăk⁸xai¹　走私，黑市

lăk⁸het⁸taŋ²dăm²　阴谋诡计

lăk⁸sɯp⁷ha¹kăn¹　秘密串联

lăk⁸sɯ⁴lăk⁸xai¹　投机倒把

lăk⁸lop⁸kău²jɔk⁷　贪污腐化

lak⁸xɛŋ⁶lak⁸xa¹　拖后腿

lak⁸xa¹lak⁸xɛŋ⁶　拖后腿

lak⁸lu⁴lak⁸lun⁶　强迫拉走

lik⁸to¹xʷam²hu⁴　文化

lik⁸to¹kăm²pak⁹　语文

lik⁸lai¹pai¹tɔŋ¹　信件

luk⁸jak⁸pak⁹tsən⁴　言行困难

luk⁸tsău⁴nɔn²dək⁷　起早贪黑

luk⁸tău³xău³xau¹　子女

luk⁸pʰə̆k⁹luk⁸măn²　芋头薯类

luk⁸me²pe¹fai³　家眷

luk⁸lan¹pan¹tsɔm²　子孙后代

luk⁸ʔəi³naŋ²jiŋ²　姑娘

luk⁸kɛu³doŋ²sɛŋ¹　教子

luk⁸nə⁴lan¹tun¹　亲生子女

luk⁸tsaŋ⁴luk⁸ma⁴　少爷小姐

luk⁸kep⁹luk⁸leŋ⁴　养子养女

luk⁸tau⁴lan¹pʰja²　贵族子弟

luk⁸nə⁴luk⁸to¹　亲生儿女

lɔk⁸na³lɔk⁸ta¹　剥去画皮

lək⁸ti⁶lək⁸mi²　某些地方有

lăt⁸sɯ⁶lăt⁸kaŋ¹　直穿而去

lot⁸pă²lot⁸tsem¹　无间隔的

lot⁸văn²lot⁸xɯn²　整天整夜

lət⁸tok⁷jaŋ²²ɔk⁹　流血流汗

lăp⁸kan³băŋ¹băi¹　隐瞒

lăp⁸na³lăp⁸ta¹　背地里

lăp⁸pʰa⁴lăp⁸mit⁸　磨剪子磨刀

lap⁸peŋ²leŋ²ŋam²　平坦美观

lep⁸păi¹lep⁸ma²　绕来绕去

lop⁸dɔi³lop⁸kin¹　骗吃骗喝

h高

ha¹kan¹săi⁵to¹　庸人自扰

ha¹dɔi³ha¹kin¹　觅食

ha¹hăm⁶ha¹hen²　求学

ha¹pu¹ha¹pa¹　捕鱼

ha¹hu²ha¹hɔi²　吹毛求疵

hu¹kɛŋ¹ta¹vɔŋ²　耳灵眼快

hu¹ja²ta¹pʰap⁸　有目共睹

hu¹na¹ta¹mo²　耳聋眼瞎

hu¹tsɛŋ³ta¹leŋ²　耳灵眼快

hu¹hu⁴ta¹hăn¹　耳闻目睹

hu¹văi¹tsăi¹săi⁵　关心

hɛ⁵hɛ⁵hɛn¹hɛn¹　护送

ho¹kat⁹haŋ¹li²　街头巷尾

ho¹pʰək⁹ho¹măn²　薯类

ho¹măi⁴ho¹dɔk⁹　树根草根

ho¹mɔn⁶ton²dɔi¹　山区

ho¹mɔn⁶tɔn⁶dɔi¹　山区

ho¹dɔi¹ho¹mɔn⁶　山区

ho¹dăm¹ho¹dɛŋ¹　百姓

ho¹hɔk⁹mɔk⁹xau¹　鬓发斑白

ho¹tʰəu⁴ho¹nău²　头头

ho¹hən²dən¹dau¹　户口，家庭

ho¹mǎn²ho¹min²　薯类

hɔ¹hən²dən¹dau¹　家

hə⁵pǎŋ²dǎŋ¹jɔi⁴　汗流浃背

hə⁵tok⁷jaŋ¹jɔi⁴　汗流浃背

hə⁵xo¹mon⁶jəm²　喜笑颜开

hǎi³tai¹hǎi³vai²　无奈何

hǎi³hǎi³xo¹xo¹　哭哭笑笑

hǎi³bǎu⁵pin¹seŋ¹　泣不成声

hǎi³hǎi³hui¹hui¹　哭哭啼啼

hǎi³hɔn¹vɔn²tok⁸　哀泣

hai¹mɔi⁶hai¹kɛn²　消除疲劳

hoi³lək⁸tʰən⁵loŋ¹　深山峻岭

hoi³lək⁸duŋ¹na¹　深山野林

hoi³taŋ⁴vaŋ⁵xǎu¹　山沟

hoi³lək⁸huɯk⁷na¹　深山密林

hɔi³tsit⁷hɔi³tsǎi¹　惦念

hau¹lǎp⁷hau¹nɔn²　打哈欠

hɛu¹hin¹hɛu¹pʰa¹　石壁

haŋ³tsit⁷haŋ³tsǎi¹　思想准备

hiŋ¹sa¹la²ve²　排挤；伤害

hɔŋ³kat⁹tʰɛu¹li²　街道

hǎn¹tʰǎk⁷hǎn¹tʰi⁵　显著

hǎn¹mok⁷hǎn¹tsǎi¹　失信

hun¹ku⁴hun¹kaŋ⁵　进退两难

hun⁵haŋ⁶jaŋ⁵pəŋ¹　模样

hɔm¹ʔon³hɔm¹ʔɔn⁵　香郁

hɔm¹xo³hɔm¹xɛ²　菜味香

hɔm¹tsit⁷hɔm¹tsǎi¹　聚精会神

hɔm¹jɔp⁷jɛŋ⁶tsǎi⁴　勤俭节约

hǎk⁷mǎi⁴xɯn²taŋ²　自拦前途

hǎk⁷na³hǎk⁷ta¹　驳斥

hǎk⁷mǎi⁴tiŋ¹to¹　自绝

hok⁷hok⁷soi²soi²　蹦蹦跳跳

hɔk⁹dap⁹mɔk⁸nat⁸　刀枪

huɯk⁷na¹ha¹mǎn³　粗而牢靠

hǎt⁷kɯt⁸hǎt⁷pɔŋ¹　敢想敢做

hǎt⁷pak⁹hǎt⁷va⁶　敢说

het⁷bə⁵het⁷mǎu²　毒菌

het⁹na³het⁹lǎŋ¹　前因后果

hǎp⁷sop⁷hǎp⁷seŋ¹　闭而不谈

hǎp⁷sop⁷hǎp⁷pak⁹　闭口

hap⁹vek⁸hap⁹kan¹　负担

hup⁹hup⁹fuŋ¹fuŋ¹　缝缝补补

d高

da⁵tɔ²va⁶hai⁴　谩骂

di¹ko¹di¹hɛ¹　可怕

di¹jɔ²pɔ²mɔŋ¹　可歌可泣

di¹tɛ⁴di¹na⁶　真好

di¹hum¹di¹kəi²　平易近人

di¹hăk⁸di¹pɛŋ²　可爱

du¹daŋ¹pʰaŋ¹hai⁴　狼狈不堪

du¹min⁵tsin⁶xɛn²　欺人太甚

dăi³sɔk⁹xău³va²　得寸进尺

dăi³haŋ⁶lɯm²hun¹　得意忘形

dăi³tsăi¹dăi³xɔ²　得人心

dɔi¹jăi⁵pu²suŋ¹　崇山峻岭

dɔi¹nɔi⁴kɔŋ²tăm⁵　丘陵

dɔi¹suŋ¹taŋ²liŋ⁵　山高坡陡

dɔi¹nɔi⁴kɔŋ²peŋ²　丘陵

dɔi¹dan³kɔŋ²ʔoŋ¹　荒山野岭

dɔi¹lan⁴kɔŋ²ʔoŋ¹　荒山野岭

dɔi¹jăi⁵kɔŋ²suŋ¹　崇山峻岭

dɔi³jok⁷kin¹ja¹　吃药

dɔi³ʔim⁵kin¹tim¹　丰衣足食

dɔi³ʔim⁵kin¹pɔ²　吃饱喝足

dɔi³dɔi³kin¹kin¹　吃吃喝喝

dau³loŋ²xoŋ²nĭ⁸　这一带

dau³loŋ²xoŋ²năn⁶　那一带

duŋ¹kă⁷duŋ¹kum¹　原始森林

duŋ¹kă⁷duŋ¹ko²　原始密林

din¹lan⁴kɔŋ²ʔoŋ¹　不毛之地

din¹kʷaŋ¹xoŋ¹mak⁸　地大物博

din³năm⁴sɛu²hə²　划龙船

din³sɛn⁴tu²pʰai⁴　赌博

din³na³din³ta¹　嬉皮笑脸

din³mon⁶pɔi²lam²　娱乐

dun³sə³dun³teu⁵　缝衣服

dɛn¹hăi⁶dɛn¹na²　田地界

dɛn³dɔn¹tsɔn²tʰən³　翻山越岭

dɔm¹kɔk⁹tʰa³fan²　守株待兔

dăm³pʰa³ʔăm¹nat⁸　政权

duk⁹dau³xau³xɔ⁶　骨骼

dɔk⁹măi⁴dɔk⁹mɔn²　花朵

dɔk⁹dɔn¹loŋ²lai²　图案

dək⁷dăm⁵xăm⁶xɯn²　深更半夜

dut⁹fin⁵dut⁹ja¹　吸毒

dut⁹jok⁷dut⁹ja¹　抽烟

dɛt⁹ka³dɛt⁹vɔn²　烈日

dɛt⁹ka³lum²hɛŋ²　赤日炎炎　　　　　dɛt⁹tʰɔ³lum²ti¹　风吹日晒

dɛt⁹xɛŋ¹mɛŋ²hɔŋ⁴　炎热　　　　　　dăp⁷tʰɛt⁷dăp⁷tʰə¹　一系列

dɛt⁹tʰɔŋ⁵lum²ti¹　风吹日晒　　　　dăp⁷văn²tʰeu¹xɯn²　白天黑夜地

b 高

bă⁷kă⁷bă⁷kă⁷　嘻嘻哈哈　　　　　bău⁵ja⁵bău⁵jɔn⁵　不松懈

ba⁵xɛŋ¹hɛŋ²ka³　强壮　　　　　　bău⁵jɯt⁵bău⁵pʰə⁵　不折不扣

ba⁵xɛŋ¹hɛŋ²tăn³　身强力壮　　　　bău⁵hai⁴bău⁵di¹　不好不坏

ba⁵pe³hɛŋ²jɔi²　体弱无力　　　　bău⁵hai⁴bău⁵dai¹　一般

ba⁵pe³hɛŋ²hoi²　力量弱　　　　　bău⁵fau⁴bău⁵hip⁸　不慌不忙

ba³bun⁵xun⁵mo²　疯狂　　　　　bău⁵pʰɔ⁷bău⁵tăn³　不破不立

ba³sop⁷ba³pak⁹　胡说八道　　　　bău⁵lɛu⁴lot⁸lɛu⁴　不了了之

bŭ⁷tʰŭ⁷tsăn²kun²　俗人　　　　　bău⁵ho¹bău⁵haŋ¹　不伦不类

bi¹ti¹jin²di¹　无限感激　　　　　bău⁵hun¹bău⁵tʰɔi¹　不退缩

be³ŋɯn²lan²xăm²　钱财　　　　　bău⁵huk⁷bău⁵na¹　简单

bɛ̆⁷ba⁴bɛ̆⁷baŋ⁵　仰睡　　　　　bău⁵di¹bău⁵ŋam²　不好

bə⁵lăŋ¹tsăŋ²na³　恨之入骨　　　　bău⁵bit⁷bău⁵beŋ⁵　不偏不倚

bai¹ja³tɔm²kău⁴　薅秧　　　　　bău⁵hen²bău⁵mɔ¹　不学无术

bău⁵ʔɯ⁵bău⁵xăŋ²　不呻吟　　　　bau⁵tsău³sau¹naŋ²　公主少爷

bău⁵ʔɛu³bău⁵ŋɔn⁴　不骄不躁　　　bau⁵peu⁶teu⁵kʷaŋ³　少男

bău⁵ʔɔn⁵bău⁵nɔm⁴　不屈不挠　　　bau⁵bau⁵sau¹sau¹　青年男女

bău⁵tʰai⁵bău⁵dai¹　相当多, 不一般　beu³beu³bɯ³bɯ³　歪歪扭扭

bău⁵tsa⁴bău⁵dai¹　一般, 差不多　　băŋ¹na³băŋ¹ta¹　遮脸

bău⁵siŋ⁵bău⁵tʰam¹　不闻不问　　　băŋ³făi²să⁷lot⁷　高升

băn³fãi²dɔk⁹măi⁴　火花

bɛŋ⁵mon²pin¹jɔi⁶　化整为零

bɛŋ⁵fun⁴tɛŋ⁵pʰak⁸　分化瓦解

bɛŋ⁵xău³bɛŋ⁵ŋɯɯn²　分配

bɛŋ⁵pʰak⁸tsak⁹kăn¹　分离

bɛŋ⁵vek⁸bɛŋ⁵kan¹　分工

ban³tăi³na²nə¹　前村后寨

ban³kăi³ban³kim⁵　邻村

ban³kău⁵məŋ²lăŋ¹　原籍

ban³kău⁵lău⁵hăi⁶　故乡

ban³kət⁹məŋ²pin¹　出生地

ban³jăi⁵məŋ²lɔŋ¹　大地方

ban³tuŋ⁶na²pʰeŋ¹　农村

ban³mɔn⁶məŋ²dɔi¹　山区

ban³lɯ⁴məŋ²tăi²　傣族地方

ban³nɔi⁴məŋ²ʔɔn⁵　小地方

ban³nɔk⁸xɔp⁹dɛn¹　偏僻村寨

ban³nɔk⁸na²paŋ⁶　偏僻村寨

ban³mun²kun²pʰɛ⁶　兴旺村寨

ban³mɔn⁶tɔn⁶dɔi¹　山区

ban³pi⁶məŋ²nɔŋ⁴　兄弟国家

ban³hăk⁸məŋ²pɛŋ²　友好国家

ban³hoi³məŋ²hɔŋ²　山沟村寨

ban³di¹məŋ²ŋam²　锦绣河山

ban³dɔi¹məŋ²kɔŋ²　山寨

bun¹kăm²bun¹tsu²　幸运

bun¹nɔi⁴kam⁵ke⁵　薄命

bun¹lai¹kam⁵mak⁸　福分大

bɛn³lɔ⁴bɛn³lɔk⁸　横眉瞪眼

bɛn³na³bɛn³ta¹　嬉皮笑脸

bɛn³hu¹kɯ¹ta¹　做鬼脸

bɯn¹sop⁷bɯn¹pak⁹　�’嘴

bɯn¹na³bɯn¹ta¹　嬉皮笑脸

bɯn³băn⁴kăm²deu¹　一哄而起

băk⁷kək⁷kăm²deu¹　突然

băk⁷tsɯ⁶băk⁷seŋ¹　指名道姓

băk⁷băk⁷kum¹kum¹　必定

bak⁹bə³bak⁹bə³　满地

bok⁷hăi⁶bok⁷son¹　开园子掘地

bok⁹lup⁸kun²han¹　加减乘除

bok⁹lum³xum¹năm⁴　水塘

bɔk⁹tsɛŋ³lău⁶sɯ⁶　坦白

bit⁷lau⁴bit⁷lɯɯn²　歪七扭八

bap⁹bun¹kun²tot⁸　善恶功过

bap⁹na¹ʔa²tʰăm²　罪恶滔天

bip⁹făn⁴kăn⁴mei⁶　按摩

bip⁹făn⁴kăn⁴not⁸　按摩

bup⁷ho¹ti¹ta¹　殴打

bup⁷pʰa¹ma²la²　花

h低

hu⁴tsăk⁷măk⁸kʷɛn⁵　熟悉

huŋ⁶jăi⁵hɛŋ²loŋ¹　彪形大汉

hu⁴hɔt⁸hăn¹tʰɯŋ¹　认识到

haŋ⁶di¹hɛŋ²ŋam²　美貌

hu⁴na³hăn¹lăŋ¹　知前知后

haŋ⁴mai³tai⁴hăk⁸　鳏寡孤独

hu⁴na³tʰɔŋ¹lăŋ¹　博古通今

hɔŋ⁴ha¹va⁶ʔău¹　召唤，招抚

hu⁴mɔŋ⁶hu⁴mɛŋ⁶　一知半解

hɔŋ⁴hɔŋ⁶hăi³hăi³　又哭又闹

hu⁴lăk⁷săk⁷sat⁹　聪明

hɛŋ²tɔ⁶lan⁴tsaŋ⁴　力大无比

he⁶hai⁴he⁶hai²　七零八落

hɔŋ²hə⁶ʔat⁹năm¹　雄伟壮丽

ho⁴put⁷tsan²xat⁷　破败不堪

han²ka⁶han²sin¹　讨价还价

hə⁶həŋ²pəŋ²săi¹　光辉灿烂

han²mok⁷han²tsăi¹　胆战心惊

hăi⁶hăŋ⁴na²ham²　荒地

hen²lik⁸hen²to¹　学文化

hăi⁶son¹bon¹ja³　荒地

hen²tʰɔi³hen²kăm²　鹦鹉学舌

hɔi⁴²ʔăn¹păn²tsɔŋ⁶　千头万绪

hen²hu⁴hen²lăk⁷　求学

hɔi²tsep⁷hɔi²bat⁹　伤痕

hon⁶kă⁷hon⁶dăŋ²　喧腾

hɔi⁴kɯt⁸păn²pɔŋ¹　千方百计

hon⁶hɔŋ⁴kɔŋ³dăŋ²　热火朝天

hɔi⁴tso⁶sɛn¹tsin⁶　千秋万代

hon⁶hon⁶dăŋ²dăŋ²　轰轰烈烈

hɔi⁴tso⁶sɛn¹tsat⁸　千秋万代

hon⁶hon⁶nəŋ²nəŋ²　轰轰烈烈

hɔi⁴tso⁶sɛn¹pan¹　千秋万代

hon⁶hon⁶mɔ²mɔ²　吵吵嚷嚷

hɔi⁴tsə⁴păn²tsɔŋ⁶　千头万绪

hɔn⁴mok⁷hɔn⁴tsăi¹　焦急

hɔi⁴săm⁵sɛn¹pəŋ¹　各种各样

hăm⁶hăi²pʰăi²tʰɔi³　磨蹭

hɔi⁴tău⁶păn²pun¹　千百倍

him²hăi⁶him²na²　田边地角

hăŋ⁶mi²pin¹di¹　生活富裕繁荣昌盛

hum⁶pɔ⁶hum⁶mɛ⁶　亲手足

hăŋ⁴ha⁴hăŋ⁴hai⁶　邋遢

hum⁶pɔ⁶taŋ⁵mɛ⁶　同父异母

hum⁶pin¹hum⁶tai¹　共存亡

hum⁶ban³hum⁶məŋ²　同乡

hăk⁸sa¹da¹kɛm²　细心保管

hăk⁸pɛŋ²fɛŋ¹făi⁵　亲密无间

hăk⁸lăm⁴hăk⁸loŋ⁶　溺爱

hăk⁸hum¹juŋ⁵jăm¹　爱戴

hak⁸măi⁴sɔn¹xʷan¹　吃一堑长一智

hit⁸kău⁵kɔŋ²lăn¹　旧规章

hit⁸jau³kɔŋ²hən²　家规

hit⁸ban³kɔŋ²məŋ²　地方习俗

het⁸kok⁹het⁸kak⁹　粗制滥造

het⁸xɛm⁴tʰăi¹lək⁸　深耕细作

het⁸jap⁹het⁸fɯt⁹　为难

het⁸het⁸saŋ³saŋ³　不停地劳动

het⁸tɛ⁴het⁸na⁶　实干

het⁸hăi⁶het⁸na²　耕田种地

het⁸hai⁴tsa⁴xat⁹　行凶

het⁸vek⁸pɛŋ¹kan¹　做工

het⁸kun²het⁸ʔăn¹　每人一个

hap⁸pɛŋ²lɛŋ²ŋam²　平坦

hip⁸dɔn⁵sɛn¹păn²　迫不及待

hip⁸hɔn⁴tɔn⁴măi³　迫不及待

hip⁸hip⁸văi²văi²　迅速

hɛp⁸xaŋ³hɛp⁸ʔɛu¹　身旁

d低、kʷ高、xʷ高、xʷ低

dot⁸da⁴do²dă⁷　走路蹒跚状

kʷăŋ¹sop⁷kʷăŋ¹pak⁹　说疯话

kʷăŋ¹hu¹kʷăŋ¹ta¹　惊恐

kʷăŋ¹kʷɛ¹năi¹nău¹　迷惑

kʷăŋ¹kʷăŋ¹mau²mau²　晕头转向

kʷaŋ¹fan²sə¹mi¹　野兽

kʷat⁹mot⁷pot⁷lɛŋ²　打扫干净

xʷai¹tsit⁷xʷai¹tsăi¹　回心转意

xʷai¹hu⁴xʷai¹tɛn²　觉悟

xʷam²kɯt⁸tsit⁷tsăi¹　思想意识

xʷam²hu⁴lik⁸to¹　文化

xʷam²hu⁴xʷam²hăn¹　知识

xʷam²hăk⁸xʷam²pɛŋ²　情意

参考文献

一　专著类

[美]爱德华·萨丕尔：《语言论》，陆卓元译，商务印书馆 1985 年版。

[美]布龙菲尔德：《语言论》，袁家骅等译，商务印书馆 1980 年版。

曹成章：《版纳絮语》，山东画报出版社 1999 年版。

曹成章、张元庆：《傣族》，民族出版社 1984 年版。

陈保亚：《20 世纪中国语言学方法论》，山东教育出版社 1999 年版。

程湘清：《汉语史专书复音词研究》，商务印书馆 2003 年版。

戴庆厦、岭福祥：《彝语词汇学》，中央民族大学出版社 1998 年版。

戴昭铭：《文化语言学导论》，语文出版社 1996 年版。

刀国栋：《傣族文化漫谭》，民族出版社 1996 年版。

丁椿寿：《彝语通论》，贵州民族出版社 1993 年版。

冯胜利：《汉语的韵律、词法与句法》，北京大学出版社 1997 年版。

高立士：《西双版纳傣族传统灌溉与环保研究》，云南民族出版社 1999
　　　年版。

高立士：《西双版纳傣族的历史和文化》，云南民族出版社 1992 年版。

高名凯、石安石：《语言学概论》，中华书局 1987 年版。

郭家骥：《西双版纳傣族的稻作文化研究》，云南大学出版社 1998 年
　　　版。

郭玉萍：《傣族文化探究》，广西民族出版社 2002 年版。

贺国伟：《汉语词语的产生与定型》，上海辞书出版社 2003 年版。

江应梁：《傣族史》，四川民族出版社1983年版。

李拂一编译：《泐史》，国立云南大学西南文化研究室印行，1939年。

李锦芳：《侗台语言与文化》，民族出版社2002年版。

梁敏、张均如：《侗台民族概论》，中国社会科学出版社1996年版。

梁晓虹：《佛教词语的构造与汉语词汇的发展》，北京语言学院出版社
　　1994年版。

林耀华主编：《民族学通论》，中央民族大学出版社1997年版。

刘叔新：《汉语描写词汇学》，商务印书馆1995年版。

刘岩：《南传佛教与傣族文化》，云南民族出版社1993年版。

吕叔湘：《汉语语法分析问题》，商务印书馆1979年版。

罗常培：《语言与文化》，语文出版社1989年版。

罗美珍：《傣语方言研究》，民族出版社2001年版。

骆小所：《现代修辞学》，云南人民出版社1999年版。

马学良：《语言学概论》，华中理工大学出版社1985年版。

苗东升、刘华杰：《浑沌学纵横论》，中国人民大学出版社1993年版。

莫彭龄：《汉语成语与汉文化》，江苏教育出版社2001年版。

宋蜀华：《百越》，吉林教育出版社1986年版。

[日]水野弘元：《巴利文法》，许洋主译，台湾华宇出版社1985年版。

王松、王思宁：《傣族佛教与傣族文化》，云南民族出版社1998年版。

王晓娜：《歇后语和汉文化》，商务印书馆2001年版。

王渝光等：《汉傣语言文化论》，云南教育出版社1997年版。

温端政、周荐：《二十世纪的汉语俗语研究》，书海出版社2000年版。

巫凌云、张秋生：《西双版纳傣语文概况》，云南民族出版社1981年
　　版。

伍雄武、韩培根编：《傣族哲学思想史论集》，民族出版社1993年版。

[德]威廉·冯·洪堡特：《论人类语言结构的差异及其对人类精神发展的
　　影响》，姚小平译，商务印书馆1999年版。

邢福义：《文化语言学》，湖北教育出版社 2000 年版。

岩峰：《傣族风情拾趣》，云南民族出版社 1999 年版。

岩峰、王松、刀保尧：《傣族文学史》，云南民族出版社 1995 年版。

岩温扁、杨胜能、吴显能等：《贝叶文化》，四川民族出版社 2000 年
　　版。

杨能胜编著：《西双版纳传说风情趣话》，云南大学出版社 2001 年版。

姚荷生：《水摆夷风土记》，云南人民出版社 2003 年版。

叶宝奎：《语言学概论》，厦门大学出版社 1996 年版。

云南民族学会傣族研究委员会编：《傣族文化论》，云南民族出版社 2000
　　年版。

张公瑾：《傣族文化》，吉林教育出版社 1986 年版。

张公瑾：《傣族文化研究》，云南民族出版社 1988 年版。

张公瑾：《文化语言学发凡》，云南大学出版社 1998 年版。

张公瑾、丁石庆：《文化语言学教程》，教育科学出版社 2004 年版。

张公瑾、王锋：《傣族宗教与文化》，中央民族大学出版社 2002 年版。

征鹏、杨胜能：《西双版纳风情奇趣录》，云南民族出版社 1996 年版。

周庆生：《语言与人类》，中央民族大学出版社 2000 年版。

二　资料类

高立士：《傣族谚语》，四川民族出版社 1990 年版。

刘玉凯、乔云霞编注：《中国俗成语》，上海文艺出版社 1991 年版。

《民族问题五种丛书》云南省编辑委员会编：《傣族社会历史调查 1—10
　　册》，云南民族出版社 1983 年版。

《民族问题五种丛书》云南省编辑委员会编：《西双版纳傣族社会综合调
　　查 1—2 册》，云南民族出版社 1983 年版。

王均：《壮侗语族语言简志》，民族出版社 1984 年版。

西双版纳傣族人民政府：《傣汉词典》，云南民族出版社 2002 年版。

西双版纳傣族自治州政协编：《版纳文史资料选辑 1—13 册（内部资料）》

西双版纳州民委编：《巴塔麻嘎捧尚罗》，岩温扁翻译，云南人民出版社 1989 年版。

《语言文字百科全书》，中国大百科全书出版社 1994 年版。

玉康：《汉傣泰常用会话手册》，云南民族出版社 2001 年版。

玉康、李韬：《傣老汉简易会话手册》，云南民族出版社 2001 年版。

喻翠荣、罗美珍：《傣仂汉词典》，民族出版社 2004 年版。

喻翠荣、罗美珍：《傣语简志》，民族出版社 1980 年版。

张永祥、许士仁等：《苗汉词典》，贵州民族出版社 1990 年版。

征鹏主编：《西双版纳概览》，云南民族出版社 1993 年版。

中央民族学院民族语言研究所第五研究室编：《壮侗语族语言文学资料集》，1983 年。

三　论文类

B. И. 阿巴耶夫：《语言史与民族史》，《民族问题译丛》1957 年 12 月号。

曹瑞芳：《〈论语〉成语研究》，《山西大学学报(哲学社会科学版)》1996 年第 3 期。

陈秀兰：《"成语"探源》，《古汉语研究》2003 年 1 期。

刀世勋：《巴利语对傣语的影响》，《民族语文》1982 年第 6 期。

龚锦文：《德宏傣语四音格词的结构形式及其特点》，《民族语文》1992 年第 2 期。

胡书津：《藏语并列四字格结构初探》，《西南民族学院学报》1989 年第 4 期。

黄希庭、陈伟锋：《结构对称性汉语成语的认知研究》，《心理科学》
　　1999 年第 22 卷。

鞠君：《四字格中"1+3"音段和"3+1"音段组合规律初探》，《汉语学
　　习》1995 年第 1 期。

李如龙：《汉语词汇衍生的方式及其流变》，苏新春、苏宝荣编《词汇学
　　理论与应用（二）》，商务印书馆 2004 年版。

刘叔新：《汉语复合词内部形式的特点与类别》，《中国语文》1985 年第
　　3 期。

刘振前、邢梅萍：《汉语四字格成语语义结构的对称性与认知》，《世界
　　汉语教学》2000 年第 1 期。

刘振前、邢梅萍：《四字格成语的音韵对称与认知》，《语言教学与研
　　究》2003 年第 3 期。

马宏基：《成语的范围问题》，《山东理工大学学报》2002 年第 4 期。

孟尊贤：《傣语四音格浅析》，中央民族学院少数民族语言研究所编：
　　《民族语文论丛·第一集》，1984 年。

莫彭龄：《关于成语定义的再探讨》，《常州工业技术学院学报（社会科
　　学版）》1999 年第 1 期。

史有为：《关于四字格及其语音节奏》，《汉语学习》1995 年第 5 期。

王吉辉：《从原型理论来看固定语的识别》，《词汇学理论与应用
　　（二）》，苏新春、苏宝荣编，商务印书馆 2004 年版。

王吉辉：《成语的范围界定及其意义的双层性》，《南开学报》1995 年第
　　6 期。

温端政：《论语词分立》，《词汇学理论与应用（二）》，苏新春、苏宝
　　荣编，商务印书馆 2004 年版。

吴东海：《"词"的本质》，《内蒙古民族大学学报》2005 年第 3 期。

吴东海：《傣语四音格与傣族文化的多元性》，《广西民族大学学报（哲社版）》，2009年第5期。

吴东海：《傣语四音格中的傣族经济政治》，《傣族文化研究论文集》，云南民族出版社2007年版。

吴东海：《傣语四音格中的傣族文化》，《民族学报（第六辑）》，2008年。

吴东海：《傣语中的水文化》，《湖北民族学院学报》2005年第1期。

吴东海：《对汉语成语的再认识》，《云南师范大学学报（对外汉语教学与研究版）》2012年第1期。

吴东海：《汉藏语系四音格产生的必然性》，《云南民族大学学报》2008年第6期。

吴东海：《浑沌学对语言学的启示》，《浑沌学理论与语言文化研究》，中央民族大学出版社2005年版。

伍崇文：《成语的音读美》，中国学术期刊网。

谢志礼、苏连科：《谈四音格词语的结构兼及凉山彝族的源流问题》，《西南民族学院学报》1990年第1期。

徐续红：《成语分类问题研究》，《宜春学院学报(社会科学)》2003年第5期。

岩罕：《傣族诗歌艺术特征片谈》，《山茶》1990年第2期。

杨晓红：《试论引用语和成语的交接关系和交叉现象》，《广播电视大学学报（哲社版）》1999年第4期。

姚鹏慈：《"成语与文化"札记》，《广播电视大学学报(哲学社会科学版)》2000年第4期。

张公瑾：《傣文〈维先达罗本生经〉中的巴利语借词——以〈十愿经〉第一节为例》，《民族语文》2003年第4期。

张公瑾：《傣族自称"tai"来源于古越人的"越"字》，《汉语和少数
　　民族语关系研究》，中央民族学院学报编辑部，1990 年。

张公瑾：《关于文化语言学的几个理论问题》，《民族语文》1992 年第 6
　　期。

张公瑾：《语言的生态环境》，《民族语文》2001 年第 2 期。

赵红棉：《"成语"一词源流考》，《古汉语研究》1992 年 3 期。

郑飞星：《四字格新词刍议》，《镇江师专学报(社会科学版)》1985 年第
　　3 期。

周光庆：《成语内部形式论》，《华中师范大学学报(哲社版)》1994 年第
　　5 期。

周荐：《论成语的经典性》，《南开学报》1997 年第 2 期。

后　记

　　由我的博士论文改写的《傣语四音格研究》就要出版了，此时，离我博士毕业竟快十年了！在感叹时间过得真快的同时，也为我自己的不够努力感到阵阵惭愧。

　　我想起一幕幕往事。

　　记得，我第一次接触傣文是在 1999 年秋。那时我刚到昆明不久，大概是国庆节的时候，我们几个同学相约到昆明的民族村公园游玩。在游览傣寨时，出于好奇，我们也跟着游客们进入傣族寺庙拜了佛、求了签。然而，当我们打开签文时却傻眼了，那上面七拐八弯的文字，我们一点都看不懂。庙里的和尚告诉我们，这是傣文，若要解读，还要交二十块钱。在当时，这对我们穷学生来说，肯定是舍不得的。尽管我们后来多方努力，最终也没有找到人帮我们解开签文，但神秘的傣族文化已给我留下了深刻的印象。

　　2002 年秋，满怀着对张公瑾先生的仰慕，我踏进了中央民族大学的校门。

　　当时，张先生已年近古稀，但仍然坚持在教学的第一线。张先生不仅为博士生、硕士生开课，还坚持为本科生开课。我们几位同学在完成自身学业的同时，又选修了张先生为本科生开设的傣语课。

　　张先生上课特别认真。每个傣文字母的书写，他不仅要求正确，还要求美观；

　　每个学生的傣语发音，他都要仔细听辨并反复纠正。张先生对学生非常亲切和蔼，以至于一些学生即使学得不是很好，也不会逃课。在学习傣语的过程中，我们可以深深感受到张先生对傣语傣文的真挚感情。这些傣文字母仿佛是珍奇异宝，他总是小心翼翼地呵护着它们；这些傣文字母又是那么生动有趣，讲着讲着他自己常常会情不自禁地哈哈大笑。我们也都被张先生的情绪所感染，被张先生的精神所感动。从此，在民大的校园内，每天清晨，当别的学生在树下背诵着英语单词时，我们几个大龄学生却用另一样的腔调在大声地朗读着傣文字母。

　　就在我们几个同学较着劲地学习傣语时，我突然生病了。来北京两个月，我第一次出校门竟然是横着出去的！胃出血，病情很严重，医生连续两天下了病危通知。张先生为我垫付了医药费，并多次到医院看望我；我的同学保明所、戴红亮、李文君、张卫国、谭志满等日夜守护着我，伺候着我；中央民大院系领导老师和同学也都去医院慰问我。最后，在尚未完全康复的情况下，我坚持要求出院——我不能落下我的傣语课。

　　2004 年初春，我和保明所同学来到了我们早就向往的西双版纳。我们吃住在傣家，与傣族人民一起生活、一起劳动、一起收获。我们走访了傣族学者，收集了傣族资料，调查了傣族习俗。在街头，我们和小卜哨一同品尝美味；下田间，我们帮农民除草施肥；入温泉，我们跟村民一块儿泡澡聊天；进寺庙，我们与小和尚一起诵读经文。来自农村的我，对这一切都感到那么的亲切和熟悉，仿佛我从小就生于此长于此。我们还有幸赶上了傣族泼水节，亲身体验了傣族这一盛大节日的魅力。花车游街，泼水嬉戏，龙舟竞渡，高升入云，赞哈咏歌，佛爷诵经，村民赶摆，信徒赕佛等等。这是一个善良的民族，这是一个勤劳的民族，这是一个欢乐的民族。

　　2005 年 5 月，书稿《傣语四音格研究》终于成型。

　　如今即将出版，我的内心却充满忐忑。傣族语言美妙动听，傣族文化博大精深，我深知自己的研究能力有限，傣语水平不高，文中错误和不足之处在所难免，敬请各位专家学者批评指正。

　　本书的出版得到了云南大学人文学院院长段炳昌教授、副院长王卫东教授、中文系主任董秀团教授等领导的热情帮助和大力支持，在此谨向他们表示衷心的感谢！

吴东海

2015 年 1 月 17 日于昆明市云大小区